DRIBLANDO A DOR

DRIBLANDO A DOR

Luiz Sérgio

Psicografia: Irene Pacheco Machado

RECANTO

13ª Edição
2015

Sérgio, Luiz *(Espírito)*

Driblando a Dor / Luiz Sérgio; psicografia : Irene Pacheco Machado. — 13. ed. — Brasília : Livraria e Editora Recanto, 2015.

272 p.: il. ; 21 cm.
ISBN 978-85-86475-16-0

1. Espiritismo. 2. Tóxico. 3. Reencarnação.
I. Machado, Irene Pacheco. II. Título

CDU 133.9

ISBN 978-85-86475-16-0
Capa e ilustrações: Mauricio Maia Soutinho

N.E.
1 — O trabalho de psicografia que compõe esta obra transcorreu no ano de 1989, em Brasília, DF, Brasil.
2 — 1ª edição: 1991 — 20.000 exemplares.
3 — Esta edição: do 86° ao 88° milheiro.

SUMÁRIO

MENSAGEM AO LEITOR

Queridos amigos, ao iniciar este outro volume desejo que, ao ficarmos juntos por algumas horas, durante a sua leitura, venhamos a entrelaçar as nossas auras irmãs em uma vontade muito grande de orar e lutar pelos sofridos. Não importa o tamanho da dor, importa, sim, que o homem suporte o seu fardo e tenha a dignidade de carregar a sua cruz nunca precisando de paliativos para aliviá-la, mas da confiança em Deus, na certeza de que Ele, o querido Pai, sempre estará em nós, mostrando o verdadeiro mundo.

Gritar, chorar, maldizer ou buscar nos vícios o alívio é perda de tempo; para enfrentar a dor precisamos ter fé, somente ela banha o nosso espírito, dando-nos força para viver. Quem não possui fé, morto se encontra, ou morre lentamente, porque só a fé sustenta o homem neste Planeta de expiação e provas.

É isso, irmão, se a dor, o desequilíbrio ou a fraqueza buscarem sua alma, não se deixe abater. Segure a mão de Deus e com fé lute contra as adversidades, principalmente quando desejar tomar tranquilizantes ou algum outro tóxico que poderá levá-lo à dependência; nada disso dribla a dor, o que precisamos é transpor a dor com o coração repleto de fé e de amor.

O livro está aqui, é todo seu. Não se escandalize, são fatos verídicos vividos por uma sociedade sem amanhã que precisa das preces daqueles que acreditam em Jesus, quando Ele diz: "O meu reino não é deste mundo".

LUIZ SÉRGIO

Capítulo 1

NO VALE DO BRILHO

A música tomava conta do ambiente. O anfiteatro dava a impressão de ser maior, muito maior, porque eu o visitava vazio. Só a música e o perfume de jasmim me faziam companhia. Olhei as paredes e estas me pareceram fluorescentes; a tonalidade azul-celeste foi dissipando-se, tornando-as translúcidas. Observei-as novamente e notei que vibravam com a música, ora azul mais escuro, da "cor do céu", como dizemos, ora brancas.

Sentei-me na cadeira duzentos e trinta e três, mas, ao fazê-lo, algo me colocou para fora, a cadeira me rejeitava. Assustado, disse para mim mesmo: "sai dessa, Luiz Sérgio". Tentei duas vezes, aí liguei o "desconfiômetro" e fui saindo sem pressa. Na portaria, o espírito que ali já se encontrava quando entrei sorriu-me com ternura. Perguntei:

— Irmão, a minha cadeira está com defeito? Não consigo me sentar.

— Desculpe, mas ainda não está na hora da conferência.

— Não posso esperar os outros lá dentro? insisti.

— Poder pode, mas não deve. O local está sendo preparado e o irmão, com sua curiosidade, pode atrapalhar os encarregados desse trabalho de equilíbrio.

Acho que fiquei cor-de-rosa e vermelho ao mesmo tempo. Que vergonha! Como não me dei conta que estava incomodando? Olhei para o irmão da portaria e lhe falei:

— Um dia chego lá. Um dia deixarei de ser tão desesperado.

Ele apenas sorriu e desejei muito abraçá-lo pela educação de que era possuidor, pois não me barrou a entrada nem foi lá dentro para ver o que eu estava fazendo. Afastei-me, de costas, dizendo:

— Até logo, irmão.

— Até já, Luiz Sérgio.

Só naquele instante reparei o pátio, as flores, as pedras, enfim, o jardim, e que jardim! Procurei um banco e fiquei a recordar cada amigo, sentindo uma saudade imensa da Universidade Maria de Nazaré, onde convivi com o teatro vivo de Jesus. Alguns minutos depois percebi que muitos irmãos já entravam no salão e para lá me dirigi. A música chegava até o jardim, era lindíssima. Meu corpo parecia volitar. Nesse êxtase, ouvi uma voz:

— Frade, como evoluíste, hem? Volitando!...

Voltei-me, à procura da dona daquela voz, e quem vi? A minha amiga Sara. Corri e lhe dei aquele abraço. Rimos muito.

— Não me diga que vai participar dessa reunião, Sara.

— Não só eu, como a Karina, o doutor Carlos, o Sadu, a Samita, enfim, toda a nossa patota.

Não cabia em mim de felicidade.

— Você está brincando! Então voltaremos a "atacar" novamente? perguntei.

— Claro, Sérgio, voltaremos com força total.

— Cadê os outros?

— Já entraram, não compreendo por que tu estás aqui fora. Estou estranhando, mudaste muito. Antigamente eras o primeiro...

Confesso que sorri amarelo, não lhe contando o meu fiasco junto àquela cadeira.

Entramos. Ela procurou a sua cadeira e eu, meio cabreiro, fui apalpando a minha antes de me sentar. Mas com que carinho me acolheu, senti-me como se estivesse em um trono. A tudo observava. Confesso que não busquei nas pessoas as fisionomias conhecidas, estava atento ao palco.

E aqui tentarei desenhar para vocês o que vi:

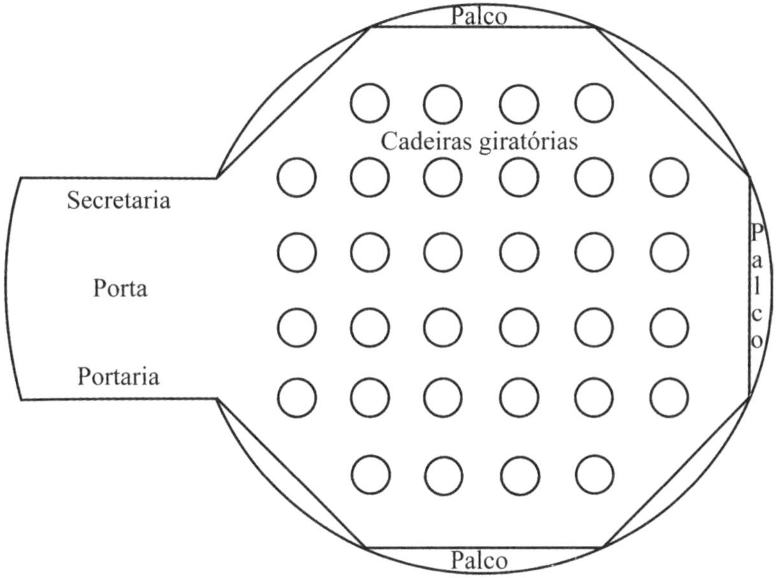

O anfiteatro era redondo, com cadeiras giratórias. Havia sete palcos. Quando sentamos, o número um estava aceso, os outros seis apagados, ou melhor, na penumbra. Na hora certa o número um acendeu-se de vez e deslocou-se bem para a frente, nele aparecendo uma senhora, que fez a prece inicial. Ouvimos, atentos. Meus olhos marejaram de lágrimas, tão linda foi a oração. Aí iniciou-se a preleção de um irmão, que também já se encontrava no palco:

— "Prezados irmãos em Jesus. Estamos empenhados em combater o maior dos males que hoje afeta a humanidade: a droga. E a sociedade, indiferente, vira as costas ao viciado. Propomos organizar um trabalho, esperando contar com a boa vontade de espíritos que, mesmo já possuindo condição de viver em planos melhores, preocupados se encontram com a dor dos que ainda sofrem na terra e se juntaram a nós para dar, àqueles que ficaram, orientação sobre a besta do Apocalipse: a droga. Precisamos de almas desprendidas e com esperança nos planos sublimes, porque se avolumam as que gemem de dor e remorso nas esquinas e ruelas do planeta Terra. Os companheiro que se juntarem aos Raiozinhos de Sol devem lembrar que cada caso corresponde a uma situação particular a ser compreendida e tratada com carinho, lançando mão não de receitas milagrosas, mas de ideias e dos conhecimentos adquiridos nos cursos da Universidade de

Maria. Cada Raiozinho de Sol já é considerado um profissional apto a servir a Jesus nesse difícil caminho, que uns dizem sem volta, porém, bem orientados, muitos podem se salvar e voltar a compor a sociedade a qual o cidadão tem obrigação de bem servir. Aqui estamos, esperando que cada equipe crie o seu método de treinamento, nunca esquecendo que o doente deve ser respeitado e que cada caso é um caso, não importando sua gravidade, lembrando sempre que Jesus é o Médico e que o seu companheiro é um enfermeiro em trabalho. O amor é a essência que todos precisam usar nesse tratamento de almas sem vida. Queremos que as pessoas sejam instruídas e alertadas sobre o perigo das drogas, que a população seja bem informada; que se peça, às Casas religiosas, profissionais para trabalharem na área social, alertando para o perigo das drogas, mostrando às famílias que elas precisam inteirar-se do problema e que somente a compreensão e o equilíbrio poderão ajudar a enfrentar a questão. O tratamento inicia-se no lar; é nele que o jovem aprende a viver em sociedade. Um lar sem disciplina leva o jovem a afundar-se no ócio e nos vícios. Os pais devem desenvolver no jovem o senso de responsabilidade com relação à própria vida. A criança já deve ser orientada sobre o seu valor como ser humano e o quanto a sociedade precisa de pessoas portadoras de moral; que cada ser recebe de Deus uma tarefa e ai daqueles que não tiverem tempo nem força para realizá-la. Desejamos a todas as equipes um bom trabalho e que todos tragam para Jesus almas renovadas e felizes, e que cada jovem seja despertado para a verdadeira vida, deixando para trás as suas fraquezas, voltando a viver para o cumprimento do plano divino. Muita paz, amigos, que Deus nos acompanhe." (Lourival)

Fiquei ainda um bom tempo ali sentado. Quando saí, encontrei minha patota e quase chorei de alegria; só o Rayto ali não se achava. Estávamos de novo juntos.

— Por que estamos novamente nesse trabalho? perguntei a Sara.

— Simplesmente, porque a droga está tomando conta da Terra e a cada segundo desencarna uma pessoa com *overdose*.

— Verdade? Voltaremos, então, a escrever algo que foi tão combatido? Muitos dizem que os espíritos devem ficar longe disso.

Samita foi quem respondeu:

— Existem muitas divergências sobre informação e prevenção, que devem ser avaliadas por quem deseja trabalhar com drogados. É desagradável para o viciado e para quem deseja ajudá-lo ouvir um milhão de palavras inúteis sobre repressão e ameaças. O que se deve fazer é levar a pessoa a se interessar por si mesma, a se gostar, mostrar-lhe o quanto a sociedade perde por tê-la tão distante, agonizante mesmo. A pessoa precisa conhecer o perigo que está enfrentando. Quem a está ajudando não está fazendo isso apenas por fazer, mas sim porque é um conhecedor do assunto. Cabe explicar a um provável consumidor, ou já dependente, que o drogado carrega um estigma, por parte da comunidade, de difícil aceitação para a família.

— O dependente de drogas é um doente psíquico, completou Carlos. Ele tem no seu inconsciente um trauma. Quem consome droga deseja driblar a dor, não é mesmo, Luiz Sérgio?

— Tem razão, Carlos. O jovem, quando busca o tóxico, o faz por alguma causa. Se buscarmos a origem, encontraremos primeiramente a fraqueza familiar, ou seja, pais inseguros; lar desequilibrado, filhos negligenciados ou superprotegidos, quer dizer, mimo ou desprezo. Ainda mais: dinheiro fácil, excesso de liberdade.

Nisso que estávamos conversando, eis quem chegou: o nosso Enoque, chamado por todos nós de Rayto ou Rad. Abracei-o bem forte. Ele olhou-me com carinho, dizendo:

— É, Luiz Sérgio, a Terra está esfumaçada, ou melhor, com tanto pó que fica difícil respirar.

Começamos a caminhada. Enoque, sempre alegre, ia-nos contando os últimos acontecimentos. Meu coração nem cabia no peito de tanta ansiedade e contentamento. A patota toda ali, Sara, Karina, enfim, os meus amigos. Rayto convidou-nos a acompanhá-lo até o terceiro umbral e para lá nos dirigimos, mas antes oramos para captar energias. À medida que fomos chegando, o ar me pareceu pesado, o lugar era escuro e ainda não havíamos divisado qualquer irmão. Rayto, aproximando-se de mim, perguntou:

— Por que o silêncio? Não o estou reconhecendo, Frade.

— Fique sabendo que estou envelhecendo e preciso tomar vergonha na cara, não posso mais aprontar.

— Engana-se, Sérgio, pequenas brincadeiras não fazem mal a ninguém, somente quando atingem o próximo, aborrecendo-o.

Ficamos calados. O vento se encarregava de fazer o barulho, que era desesperador. Todos nós estávamos orando em silêncio, quando nos deparamos com cenas difíceis de narrar: o chão mais parecia nuvens vermelhas e pegajosas e no meio delas irmãos em total desespero. Eles iam varando a atmosfera com dificuldade, mesmo assim caminhavam sempre juntos. O grupo que encontramos era composto de três homens e dois garotos, todos em estado deprimente: roupas rasgadas, olhos saindo das órbitas, lábios sangrando, assim como os braços e as pernas. Passaram por nós mas não nos viram. Enoque usava um aparelho para detectar o que os nossos olhos não enxergavam.

— O que é isso? perguntei.

— Estou vendo o estado do perispírito e se eles desejam ser ajudados.

— Acho que sim, quem quer ficar nesse inferno?

— Eu!... gritou um espírito que quase me derrubou, tão ruim era a sua vibração.

Enoque acercou-se de nós.

— É mesmo, irmão, gostas daqui? perguntou.

— Claro que gosto, aqui vivemos como se estivéssemos na carne. Aspiramos pó, nos picamos, enfim, vivemos num barato. Onde vocês se encontram? Por que não aparecem? falava, olhando para todos os lados.

Sara pegou outro aparelho e o focalizou. Ele cobriu os olhos, blasfemando contra Jesus.

— Se vocês são amigos do Cordeiro, vão para o inferno!

— Mas nós estamos nele, aqui é o inferno.

— Mas eu gosto daqui, temos aqui tudo o que se tem na terra.

— Não acredito, então nos mostre, falou Enoque.

— Não, pensam que me enganam? Nada mostrarei, se desejarem descubram a nossa aldeia.

— Eu não! Depois, nem acredito... continuou Enoque.

— Se é assim, siga-me. Eu vou mostrar só uma parte da nossa aldeia e depois sumirei, assim vocês serão um dos nossos.

Nisso, Enoque fez com que Lílian, uma jovem recém-desencarnada, estudante de Medicina, ficasse visível. O espírito, aproximando-se dela, disse:

— Está ótimo, esta estou vendo e estou gostando.

Quis segurar o ombro de Lílian, entretanto ela continuou firme, como se petrificada. Enoque me pareceu ocupar o corpo da Lílian, que olhou tão duro para Celso que ele ficou na dele. Fomos andando até um portão vermelho, onde estava escrito: "Seja bem-vindo ao Vale do Brilho". Aí, ele parou, dizendo a Lílian:

— Sinto, garota, mas só você entra, a sua turma não pode.

O Rayto, servindo-se do corpo de Lílian, falou:

— Eu não quero entrar, e depois, meus amigos já se mandaram.

— Covardes, falou Celso, deixando uma garota como você sozinha.

Venha, querida, vamos entrar. De hoje em diante você é minha companheira.

O portão abriu-se com o tocar de um dedo de Celso. Nesse momento Lílian estremeceu, mas o portão se fechara. Celso, muito preocupado, ainda olhou para fora, como se nos procurasse, não sabendo ele que o Enoque, ao se servir do corpo perispiritual de Lílian, havia-nos dado condição de também nos acercarmos dela e entrarmos numa boa. Respirei fundo.

O lugar era árido, nem flores nem árvores o enfeitavam, apenas umas esculturas louvando o sexo. Lâmpadas vermelhas tomavam conta do pátio e a música que tocava era parecida com a lambada; pares se retorciam no chão do salão que ora penetrávamos. Celso enlaçou a cintura de Lílian e ela, comandada por Enoque, fingiu que estava gostando. Nisso, um homem bem alto aproximou-se de Celso, falando:

— Já lhe disse para não entrar aqui com estranhos!

— Chefe, esta garota é das nossas e está querendo se divertir.

— Eu não gosto de estranhos, bem sabe que só trago para cá os que morrem no embalo, caso contrário os discípulos de Jesus lhes prestam auxílio. E fique sabendo que eles já estão desconfiados desse local. Naira já foi abordada por um "santo", querendo salvá-la.

— Gino, não se preocupe, ela é das nossas.

— Então, garoto, aproveite — falou, sorrindo, o chefe.

Confesso que as minhas pernas tremiam. Como Enoque iria sair dali? E a Lílian, que se encontrava visível? Celso, olhando-a, disse:

— Boneca, fique aqui um pouco que vou lá dentro buscar algo para você se ligar.

Ao deixar Lílian sozinha, nós nos aproximamos.

— Vamos, Lílian, dar no pé, falou Enoque.

Saímos dali numa velocidade tão grande que quase me afoguei de susto. Ganhamos a sala do Gino e verificamos que ele estava por dentro de todos os locais de consumo da droga. E com que segurança dava as ordens aos subordinados para levarem àquele local os suicidas por tóxico.

— Agora compreendo por que estou aqui, falei a Karina. No último livro presenciei os lírios colhidos por Jesus e aqui vou presenciar os lírios sendo cortados com a fúria do ódio e da ganância. Não sei o que fazer para me sentir forte. Estou tremendo na base, acho que estou destruído.

— Que nada, Luiz, falou-me Damian. Você está é estranhando a nossa vibração, andou muito tempo na Universidade, junto aos evangelizadores, agora está sentindo a diferença de trabalhar no umbral.

Olhei-o com aquele olhar de quem não gostou, mas Damian é um grande amigo e sei que compreendeu o meu desequilíbrio. Ouvimos cada palavra do Gino com sua equipe de busca aos desencarnados por tóxico e fomos saindo devagar. As nuvens pegajosas facilitavam a nossa invisibilidade. Só Lílian permanecia visível. Quando Celso a reencontrou, desdobrou-se em carinho e com muita delicadeza lhe ofereceu um canudo. Ela perguntou:

— Cadê o pó?

Ele a segurou pelo braço, dizendo:

— Venha cá depressa, o pó acabou de chegar, está no ponto desejado.

Entramos junto com a Lílian num quarto onde dois espíritos recém-desencarnados debatiam-se no chão; haviam se suicidado com *overdose* de cocaína. Celso simplesmente colocou o canudo na gengiva do espírito desencarnado e foi aspirando o pó.

Estávamos apatetados com a cena. Aqueles "cadáveres" eram condutores de tóxicos do plano físico para o espiritual. Em seguida, ele foi aspirando a pele dos toxicômanos. Ao notar que Lílian não o queria fazer, ele a empurrou com força.

— Ou você aspira ou lhe coloco pra fora daqui! gritou.

As vítimas da *overdose* continuavam debatendo-se no chão, com a língua asfixiando-as, olhos fora das órbitas, trapos humanos, e ainda vampirizados pelos espíritos desencarnados. Era demais, principalmente quando a Lílian se debruçou sobre o jovem e foi aspirando a coca, a maconha e os comprimidos. Ao mesmo tempo, Enoque ia dispersando os fluidos tóxicos da jovem. Celso parou, assombrado.

— Menina, como você é boa, hem? O coitado ficou a zero. Ainda bem que não lhe dei os dois.

À medida que Lílian ia aspirando o corpo da garota, Enoque, Samita, Carlos e Sadu iam curando o doente. Em determinado instante, Lílian piscou para o jovem e Celso não gostou, mas Damian lhe ofereceu algo que ele "bodou" logo. Saímos dali levando os dois desencarnados.

— Enoque, estou com dó de Celso, ele vai sofrer com Gino, que não vai perdoá-lo, falou Lílian.

— Engana-se, eles se entenderão. Depois, se Celso sofrer alguma agressão saberemos logo, porque de agora em diante o teremos em nossas mãos. Ele nos será de grande valia.

— Ainda bem, falou Lílian. Não quero que ninguém sofra por minha causa.

Olhei-a e alisei seus cabelos. Lílian desencarnou no Rio de Janeiro em desastre de automóvel. Cursava o terceiro ano de Medicina. Os seus pais moram em Brasília e com fé enfrentam a dor corajosamente, tudo fazendo para o crescimento da filha desencarnada.

— Obrigada, Luiz Sérgio, por tudo — e sorriu para mim.

— Não há de quê, estarei sempre em qualquer lugar para ajudá-la, porque eu amo você, sabia?

Karina aproximou-se.

— Veja só, agora é Lílian a preferida.

Fitei a bela Karina.

— Não tenha ciúme, querida, o papai aqui é de todas.

— De todas não, de todos, falou Carlos. O aprendiz de Jesus ama a todos com o mesmo carinho.

— Veja quem fala, o teórico médico do receituário mediúnico. Por falar nisso, me receite um remédio para saudade.

Carlos escreveu no papel: serviço, iniciar na caridade. Rimos todos, acho que de nervoso, porque já estávamos na saída da aldeia do pó. Nisso, Enoque abriu o portão e nos vimos lá fora, onde a atmosfera era mais densa e tínhamos dificuldade para andar.

— Levite, Sérgio, recomendou-me Samita.

— Engraçadinha, respondi.

O vento era gelado e o ar, diminuto. A nossa turma me pareceu estar varando as nuvens como fazem as aeronaves. Olhei para baixo e não vi o chão compacto, dando a impressão de vazio.

— Onde estamos? perguntei ao Enoque.

— Em um dos umbrais mais próximos da terra, respondeu. Se o irmão desejar, poderá perceber que se entrelaçam o plano físico e este lugar.

Confesso que nada fiz para ver onde estava, apenas acompanhei os outros, orando em silêncio. Encontramos várias caravanas de drogados que se dirigiam para a Casa do Pó, mas nós as ignoramos. O que precisávamos fazer havíamos feito. Enoque só brincou conosco quando pisamos em solo firme. Avistamos, então, o Cantinho de Maria, uma casa branquinha, rodeada de rosas silvestres, composta de uma sala e um amplo quarto, onde irmãs de caridade, junto com Eustáquio, prestavam auxílio aos recém-desencarnados. A casa assemelhava-se a um ninho de amor. Ali encontramos não só o leito acolhedor, como ouvimos música e escutamos belas histórias dos lábios de Eustáquio, o querido frei dos pobres. As irmãs Noêmia e Cenira eram de uma gentileza sem conta, tudo faziam para que nós nos sentíssemos reconfortados. Nos leitos, encontravam-se dez entidades recém-desencarnadas que logo seriam levadas até o Hospital de Jesus. Lá eram socorridos os espíritos errantes, ou melhor, aqueles que, mesmo socorridos, somente desejavam ficar na terra ao lado dos familiares, querendo resolver seus problemas, não sabendo como fazer para obter a passagem. Eustáquio possui uma equipe que leva essas criaturas primeiro ao Lar de Maria, para depois ganhar o grande Hospital.

— Gostaria de morar aqui, acho lindo este lugar, falei para Noêmia.

— É mesmo? Todos os locais seriam lindos se nós os imantássemos de amor e paz. Deus fez o Universo maravilhoso, o homem é que o deforma através dos sentimentos de ódio e orgulho.

Tirou uma flor do vaso e me ofereceu. Eu não só beijei a rosa, como também a mão carinhosa que ma ofertou. Cerrei os olhos e orei baixinho:

"Senhor, abençoai este recanto, fazei dele um relicário da Vossa paz. Dai aos que o buscam a serenidade e a luz do Vosso caminho. Fazei com que as almas que aqui cheguem sintam o perfume da querida Mãe que os enlaça com braços carinhosos e amigos, para que todos sejam beneficiados. Que a cura dos nossos espíritos se perpetue até a eternidade, quando encontraremos a paz."

Capítulo 2

DOENTES DA ALMA

Aquele aconchegante lugar era um cântico divino. Assemelhava-se a um pedaço do céu, flutuando nas nuvens escuras dos umbrais. Irmão Eustáquio dedicava-lhe um carinho todo especial e ali, na enfermaria de Jesus, presenciávamos a prática da verdadeira caridade. Os irmãos socorridos eram elucidados, através de lindas preleções de Irmão Eustáquio. Ele, na sua bondade, mostrava aos andarilhos que nada se leva da terra, a não ser as lembranças e as saudades. A cada um dirigia uma palavra de amor e respeito.

Ao me aproximar de uma jovem, senti o seu desespero: havia desencarnado em desastre de automóvel e, mesmo socorrida, não desejava partir para longe do namorado e de seus pais. Permanecendo junto a eles, sem que sua presença fosse notada, vivia momentos dramáticos. Descobriu muitas coisas que não sabia quando encarnada e a agonia tomou conta do seu espírito, que desejava sair à procura da paz, mas por mais que a buscasse, não a encontrava. A família não lhe apresentou Jesus e ela apenas cultivara a vaidade e os bens temporais. Só foi socorrida quando, desesperada, pediu ajuda divina. Chegara há algumas horas apenas e parecia dormir. Olhei o seu semblante em desalinho, as roupas em farrapos, enfim, uma verdadeira "morta". As irmãs, carinhosamente, lhe trocaram a roupa e lhe curavam as chagas.

— A família é muito culpada nesses casos? perguntei a Samita.

— Quantos filhos hoje se encontram longe do Evangelho, simplesmente porque a família reluta em viver com o Cristo. Com a chegada de uma nova era, o homem tem por obrigação encontrar um caminho, e queira Deus seja esse o caminho certo.

Ainda observei Isilda. Ela me pareceu, com os cuidados das irmãs, uma garotinha. Devia ter uns dezoito anos.

— Sérgio, se os pais não despertarem seus filhos para a realidade da vida, continuaremos a ver almas como Isilda, que na terra vivem intensamente, bem longe das verdades divinas. Por que os espíritas, em vez de levantarem tantos Centros, não criam uma fundação, ou melhor, um bom colégio onde se ensine desde a moral evangélica até os compromissos sexuais do homem? Uma escola como a de Pestalozzi, na Suíça, com as portas sempre abertas, mas a disciplina e o dever trancafiados na consciência; escolas espíritas ensinando a nascer e a morrer. Diante de tal verdade, o homem tudo fará para bem viver a vida.

— Não sei, não, falou Enoque. Para tal trabalho não podemos contar com fanáticos nem seres orgulhosos. A verdade kardequiana tem de ser a base de todo o ensino, não devendo ser misturada a teoria com as práticas mediúnicas, mas revelar aos não-conhecedores a força das manifestações mediúnicas. É um trabalho de mestre e este tem de possuir uma educação evangélica para equilibrar, e não desesperar ou amedrontar os iniciantes.

Aceitei a colocação de Rayto, mas ponderei que se torna cada vez mais difícil um instituto com tal moralidade.

— Engana-se, Luiz Sérgio, logo teremos na capital do País um instituto como o de Pestalozzi, tendo à frente, entretanto, só educadores espíritas.

— És um sonhador, falou Samita.

— Não, minha irmã, continuou Enoque. Tenho fé que um dia a educação evangélica não ficará trancafiada só nos Centros Espíritas. Temos de levar ao jovem o conhecimento dos fluidos energéticos da vida após vida, dos corpos que possuímos, como se processa a captação dos fluidos, como fazer para não tombarmos diante dos obstáculos.

Irmão Eustáquio, que nos honrava com sua presença, falou:

— Também oro para que os colégios espíritas sejam jardins com excelentes jardineiros, só assim não teremos tantas plantinhas tenras arrancadas com violência pelos inúmeros vícios que se alastram.

— Irmão, qual foi o caso mais triste que o amigo já socorreu? perguntei.

— Um dia, alguém me contou a história de uma irmã que desencarnou com *overdose* e que há dois anos sofria ao lado do corpo. Ela não aceitava a situação vivida no momento e todos os que dela se aproximavam eram agredidos, pois julgava serem seus inimigos. Essa jovem, muito rica, jamais imaginara que um dia teria de deixar o corpo físico, mesmo já tendo presenciado o desencarne de vários familiares. Era uma fera ao lado do corpo e do imenso patrimônio material. Sofria horrores, tinha visões distorcidas dos familiares, tal o desequilíbrio do seu espírito. Quando presenciou a distribuição da fortuna, gritou no tribunal: "ladrões! ladrões!", e com ódio aproximou-se da filha, herdeira de grande fortuna. A criança apresentou logo uma debilidade não descoberta pelos médicos. Era ela, desejando tirar a filha de perto dos atuais tutores. Uma cena estarrecedora, a jovem rica era um espírito maltrapilho. Desci, então, à crosta da Terra e procurei a irmãzinha que, desconfiada, ouviu minhas palavras. Quando terminei, ela me abraçou, pedindo que a matasse de vez, dizendo que não suportava a morte física, pois ao presenciar os últimos acontecimentos viu que jamais tivera amigos e felicidade. Abracei-a com amor e a trouxe para este recanto de paz e ela, com muita felicidade, foi inteirando-se das verdades espirituais. Hoje ainda se encontra em um hospital. Sempre a visito e uma vez ela me disse: "Irmão, ainda hei de fazer a minha herdeira doar uma boa quantia para os seus pobres". "Engana-se, irmã, falei. Os pobres não só me pertencem, como também à sociedade, que os ignora. Se de cada lar saísse uma cota de sustento para uma criança pobre, teríamos mais tranquilidade, pois a criança hoje educada é o cidadão digno de amanhã".

— Onde essa jovem se encontra?

— Na casa de Jesus, na escola do amor, cercada de amigos e de alguns familiares.

— É, irmão, se o homem descobrisse Jesus, através de um conhecimento espiritual, sofreria menos, não é verdade?

— Sim, se o homem conhecer a verdade do nascimento e do desencarne, procurará viver com dignidade e terá uma vida muito mais feliz.

— Perdão, interveio Enoque, precisamos partir. Levaremos a presença amiga de vocês na lembrança, esperando voltar logo. Que Jesus esteja sempre ao lado de todos nós.

— Assim seja, falei.

Levamos não só a recordação de um belo lugar, mas a certeza de que Deus está ao lado de todos os Seus filhos, não Se importando com a evolução deles.

Lílian aproximou-se de mim, dizendo:

— Obrigada, Sérgio, por me chamar a este trabalho.

— Não me agradeça ainda, só no final dele. Você nem sabe o que nos espera...

Ela sorriu. Fiquei a meditar: "meu Deus, gostaria de dizer a todos: morto o corpo, a individualidade sobrevive. Aí é que atua o seu estado psíquico, de acordo com as crenças do indivíduo, seu modo de vida na terra, seu grau de evolução. Por isso muitos creem que não morreram, buscando o céu ou o inferno, enfim, vivendo em desequilíbrio". Dei graças ao Senhor por ter encontrado um dia um mundo repleto de amigos, que me ensinam a viver bem.

Paramos. Enoque fez uma prece, comunicando-nos:

— Irmãos, agora desceremos ao plano físico. Vamos levar socorro aos sofridos. Não esqueçam que nos propusemos a ajudar a Jesus. Todos somos capazes. Agora, vamos limpar a nossa mente, buscando forças no Universo.

Todos nós, de braços abertos, ali ficamos, imóveis. Depois descemos, levados pela força das nossas mentes, à crosta da Terra. Buscamos o "Solar dos Sonhos", uma pequena casa que fortalece os Raiozinhos de Sol. Quando lá chegamos, fomos recebidos por Etelvina e Terência, duas abnegadas irmãs, que logo nos levaram até o auditório, onde um gráfico assinalava o aumento do número de viciados, principalmente em cocaína. Foram mostrados vários países e em muitos deles existiam dois milhões e meio de viciados em coca. Vimos, também, as plantações de maconha e coca e, em um país amigo, notamos que num vale a coca era tão bem cuidada que até parecia um jardim.

— Por que não ateamos um foguinho nesse vale? perguntei.

— Porque não temos esse poder, mas podemos fazer com que seja descoberto. Isso é pouco?

— Amigo, falei com Enoque, quando escrevi "Consciência"[1] ficamos atordoados diante dos fatos que registramos, mas hoje percebo que aumentou tanto o consumo que até as autoridades estão alarmadas.

---

(1) N.E. — 10° livro da Série Luiz Sérgio.

— O uso de drogas é tão antigo quanto a própria humanidade.

— Entretanto, o século XX é o “século das drogas”, mais parece uma epidemia.

— E o pior é que os jovens, ou melhor, as crianças, estão-se afundando no lodaçal dos vícios.

— Quais são, no momento, perguntou Samita, os tratamentos realizados no plano físico com os drogados?

— Existem vários métodos, explicou Enoque, sendo o primeiro através de clínicas para toxicômanos, para onde a família, ou a polícia, leva o doente. Sendo assim, pouco se faz ao paciente. A psiquiatria de uma clínica tenta curar o vício e não o homem, e o drogado é um ser doente, fraco e carente. Nessas clínicas o psiquiatra não dispõe de tempo para cuidar da alma. Em segundo lugar, vêm os recintos religiosos, louvados por nós. O jovem larga a droga e busca o Cristo na leitura do Evangelho. É inserido num rígido regime cotidiano, tarefas caseiras, leituras da Bíblia e cultos em horas fixas. Esse programa ensina o doente a se disciplinar. Queríamos que em muitos lugares existissem trabalhos semelhantes a esses. Só que o viciado muitas vezes não aguenta a pressão religiosa. Mas, mesmo assim, esse programa tem ajudado inúmeras famílias. Muitas vezes, contudo, o viciado larga o vício mas se torna um fanático religioso, não voltando a ser ele mesmo.

— Mas como, Rayto? perguntou Sadu. Não é melhor tornar-se um fanático religioso do que um pária da sociedade?

— O homem tem obrigação de usar o seu livre-arbítrio. Não se cura a doença provocando outra doença. O viciado tem de largar a droga conscientemente, tendo a certeza de que ela é algo que para ninguém serve. Volto a dizer: o dependente de drogas é um ser fraco e não é justo que ele faça da sua religião um vício. A fé é muito mais do que muitos imaginam. Ela fortalece o homem, não o deixando vulnerável. Ele crê, porque já se descobriu a si mesmo e não porque os outros o levaram a crer.

— Enoque, qual o método correto? perguntou Carlos.

— Estamos à procura, mas aumenta a cada hora o número de dependentes. A espiritualidade, no momento, procura orientar o viciado sobre o seu próprio comportamento, fazendo-o compreender o valor da vida. Enfim, ganha a confiança do doente para aplicar o remédio. É preciso contar com a cooperação dos pais, sem se sentirem culpados, nem filhos acusando-os. A droga adotou o seu filho e você precisa vencê-la. Quando o jovem busca a companhia da droga é porque algo acontece com ele. Ele é um doente. A família tem de conscientizar-se de que algo falhou na vida do jovem. Ou ele é por demais orgulhoso, ou tímido e complexado. Um jovem dono de si mesmo jamais se droga. A família de um drogado deve buscar a orientação de um bom psicólogo. Algo o jovem deseja: agredir a família ou se autodestruir. Ele, muitas vezes, é agressivo, e outras vezes ótimo filho, dependendo do ambiente familiar. Os pais não são culpados, como também não o são os filhos dependentes. No dia a dia de uma família algo triste aconteceu e eles não perceberam as tendências do filho e alimentaram seu ego, fazendo dele um ser especial ou inexistente. O que é preciso é o filho ser tratado como um componente da família. Não importa a sua idade; importa, sim, que ele se julgue útil e amado por todos. Geralmente, o jovem, quando deseja agredir os pais, tudo faz para que a família descubra o seu vício, ficando contente com as brigas da mãe e a violência do pai. Se os pais derem ao filho a certeza de um amor equilibrado, ele voltará atrás e abandonará o vício. Mas se os pais continuarem desejando que ele seja um homem de bem, sem a família ter um procedimento elevado, ele continuará a agredir. Quem descobrir que seu filho é viciado tudo deve fazer para mudar o ambiente familiar. O pai tem de voltar a ser o herói da época infantil e a mãe, o ninho de amor que o aconchega nas horas de tormenta. Se não for assim, o filho viverá distante da sociedade e a família sentirá ainda mais a sua ausência.

— É difícil, não é mesmo, Enoque? perguntei.

— Sim, é muito difícil, mas não impossível. A família tem de dar o exemplo moral ao filho doente. Se não for possível curá-lo, é porque junto a ele caminham criaturas que também são viciadas, possuidoras de outros vícios que ele também considera perniciosos.

As irmãs se entreolharam e nós nos acercamos de Rayto, unindo-nos em prece por todos os doentes da alma.

Capítulo 3

EDUCAÇÃO INFANTIL
UMA FESTA DA PESADA

Ali ainda permanecemos, recebendo orientação sobre como proceder com toxicômanos, ou melhor, viciados. Enoque muito bem nos elucidou e, para não perder tempo, perguntei:

— O que devemos fazer para ajudar alguém que sabemos ser consumidor de drogas?

— Caso se tenha um parente ou um amigo que consome drogas, jamais deve ficar falando, reclamando, porque de nada vai adiantar.

— E se for um jovem espírita a falar?

— Não diferencia dos outros e ainda vai ser chamado de "careta".

— E se convencermos o viciado a tomar passes?

— Pode tentar, mas dificilmente ele aceitará. Quem se vicia é porque gosta. Veja bem, Luiz Sérgio, o exemplo do obeso: se não partir dele a vontade de emagrecer, jamais deixará de ser gordo. Pode frequentar as melhores clínicas, que de nada adiantará. A cura parte de dentro para fora. O que a Casa Espírita precisa fazer é elucidar as crianças desde a evangelização, mostrar através de fantoches, de teatro infantil, o perigo do monstro devorador, que é a droga. Hoje, o casal dá aos filhos bons colégios, conforto, mas se esquece do diálogo, de sentar-se com as crianças e discutir o que está ocorrendo no mundo. Um garoto de seis anos já deve participar dos comentários relativos aos acontecimentos do dia, inflação, assuntos internacionais, enfim, estar a par do que está acontecendo na sociedade, através do que aprenderá a respeitá-la. Uma criança não deve apenas brincar. Deve, desde cedo, aprender a viver e só aprendemos a viver convivendo com as verdades. O mundo da criança só é fantasia até os quatro anos, passou daí ela precisa enxergar com seus próprios olhos.

— Não é dose muito forte para uma cabeça infantil? perguntou Lílian.

— É, mas é preferível o remédio ser dado pelos pais do que por um mundo sem Deus.

— O irmão acha prudente a mãe ou o pai, quando aumentar o preço do pão, por exemplo, chamar o filho e dizer: "de hoje em diante vamos controlar nossas despesas; de hoje em diante pão não se joga fora, ele está custando caro"? continuou indagando Lílian.

— E será que a criança vai compreender? perguntei.

— Sim, ela não é deficiente mental, e depois, o pai deve expor a situação econômica do seu país.

— Enoque, o que estamos precisando mesmo é de diálogo, não é? perguntou Lílian

— Sim. Observando as crianças de hoje, percebemos que, apesar dos belos trajes e dos mais sofisticados brinquedos, elas estão relegadas à solidão. E o meio que encontram de se fazerem notadas é gritar bem alto: "eu existo", mas esse grito sai do peito de várias maneiras: às vezes por brigas constantes na rua, outras juntando-se a turmas barra pesada, enfim, a criança percebe o que está ocorrendo ao seu redor e reage à sua maneira.

— O que você acha de pais que consentem que crianças de oito anos já frequentem festinhas que terminam a zero hora? indagou Lílian.

— Se os pais participarem da festa, não há mal algum, mas se essas festinhas são à meia-luz e os pais ausentes, cuidado, o seu filho ou filha já pode estar entrando na onda da moda: sexo e drogas. Tudo tem seu tempo. Hoje, dói-me ver as meninas todas borradas de batom, *blush*, sombra etc. e tal.

— Mas, Enoque, é a sociedade atual. Como não permitir, se todas as outras meninas se maquiam? perguntou Sara.

— Aí é que está a força de uma mãe, força espiritual: fazer a criança compreender que tudo tem o seu tempo. Acontece que os pais não querem se incomodar e aguentar as reações de uma criança zangada, que não são fáceis. Levamos horas e horas a convencer uma criança. E isso é praticamente impraticável para pais que estudam, trabalham e aplicam o seu tempo em academias e contas bancárias. O filho foi um acidente, a pílula falhou, ou foi encomendado, planejado, porque, enfim, todos precisam ter um filho... carma...

— Enoque, é certo presentearmos por demais a criança? perguntou Sara.

— Não vemos inconveniência nisso, apenas que a criança aprenda a amar seus brinquedos e não os destrua. Ela precisa sentir que os pais desembolsaram certa quantia para adquirir os seus brinquedos; mesmo a criança de tenra idade, quando a vemos agredir os brinquedos, devemos alisá-los e lhe mostrar que os brinquedos também gostam de carinho. Portanto, as Casas religiosas que evangelizam crianças também devem ajudar os pais, através de peças infantis que elucidem, eduquem e evangelizem. Porque as crianças não se preocupam ainda com a vida, devemos embelezar suas horas para que aprendam a bem viver.

— Não sabia, Enoque, interveio Sadu, que também conheces a alma infantil.

— Não a conheço; apenas, por conviver com os jovens, busco o passado de cada um e lá encontro a causa do desequilíbrio de hoje.

— O que aconselhas os pais a fazerem, nesta época da eletrônica, quando o consumismo toma conta de cada um?

— Não aconselho, imploro: o dia tem vinte e quatro horas; se vinte horas do seu tempo é pouco para tantos afazeres, lembre-se de dispor de quatro ou duas horas, no mínimo, em prol do seu filho. Ele não veio à terra para escandalizar, mas para aprender a ser digno. É árdua a tarefa de cada pai, mas bendito o lar que entrega para a sociedade gente de verdade e não homens com atitudes animalescas.

O silêncio reinou no ambiente. O jovem-sorriso olhou o painel e nele viu a palavra “socorro”. Esperei ansioso a explicação, quando ouvi sua voz:

— Irmãos, temos de partir, os Raiozinhos nos chamam. Em uma casa ocorre uma roda de coca e dois irmãos já estão prestes a sofrer uma parada cardíaca. Não poderei acompanhá-los, há um trabalho junto à fonte da rota, mas tenham a certeza de que todo mundo vai sair-se muito bem. Que Deus nos acompanhe.

Disse isso e retirou-se. Olhei com um amor de respeito e admiração o jovem Rayto de Sol, um metro e noventa de altura, olhos esverdeados, indiano em sua última encarnação. Engana-se quem diz que os Lanceiros de Maria vestem-se como marajás. Eles são os peregrinos da caridade, pés descalços e fronte limpa para receber os fluidos espirituais, que lhes dão condição de conviver com almas tão imperfeitas. Enoque sempre usa a sua calça tipo pescador, tórax nu, sorriso constante. De tanto conviver com jovens e crianças plasmou a fisionomia de dezoito anos. Mas o que mais nos toca é a luta desse espírito para salvar almas. Ele tudo faz para varar a atmosfera pesada do umbral da Terra, a fim de socorrer quem precisa.

— Como gostas dele, não é, Sérgio? observou Karina.

— Gostar é pouco, tenho por ele respeito e carinho e quando respeitamos alguém é porque esse alguém é muito importante para nós.

Verifiquei o painel. O pedido lá se encontrava e quase de imediato alcançamos o local. Cerca de uns duzentos metros já dava para ouvir a música estridente. Aproximamo-nos. Ao entrarmos, vimos casais se retorcendo, em verdadeiras cenas de sexo explícito. Coisa de arrepiar. Os parceiros às vezes se revezavam e nesse vaivém ninguém parava para se drogar, não era preciso. Os garçons passavam com as bandejas do "brilho" arrumado em fileira e, mesmo dançando, eles aspiravam a coca; muitos apenas passavam o dedo no pó e depois esfregavam-no na gengiva.

— Estamos em lugar errado, aqui é o décimo umbral! falou Damian.

— Não, filhinho, falei. Estamos em um baile da sociedade.

— Luiz Sérgio, isso aqui é um cabaré da pior espécie.

— Não, irmão, é uma casa que deveria ser um lar.

Percebemos que cada casal possuía junto a si uns dez espíritos completamente alucinados. Desde o pronto-socorro espiritual havia-nos acompanhado uma equipe de Lanceiros, espíritos capacitados para os trabalhos umbralinos e no momento em que as entidades desencarnadas sugavam os viciados terráqueos, eles tudo faziam para socorrê-los e muitos foram levados para o posto de recuperação de toxicômanos. Eram espíritos que desencarnaram, mas permaneciam junto aos dependentes de tóxicos. Cheguei perto de um dos Lanceiros, Khan, e lhe perguntei:

— Por que não foram socorridos na hora do desencarne?

— Simplesmente, porque não quiseram.

Não quis atrapalhar, mas ainda olhei para trás e me emocionei com o carinho daqueles espíritos. Segui os outros e deparamos com um jovem que se debatia no chão.

— Parece matança de galinhas! exclamou Sara.

O jovem se retorcia e para espanto nosso os outros o ignoravam.

Sadu, Carlos, Samita e o médico dos Lanceiros — Pattabhi — tudo faziam por aquele jovem. Havia misturado cocaína, maconha e álcool e, por último, aplicado na veia uma substância por demais tóxica. Do seu braço escorria sangue, um quadro de terror. O doutor Pattabhi juntou-se a uma garota que me pareceu a melhor deles e a intuiu a levar o rapaz até o hospital. Ali somente orávamos. Percebi que Lílian, por ser novata, estava cambaleante. Segurei-a fortemente, animando-a:

— Coragem, chega de doentes.

Logo se recompôs.

A jovem encarnada, intuída pelo doutor Pattabhi, começou a gritar:

— Roberto está morrendo! Roberto está morrendo!

Ninguém queria saber de nada. Um dos Lanceiros parou a música. Eles gritavam alucinadamente, entretanto, ajudaram o amigo. Antes não o fizessem, pois o jogavam para todos os lados e tentavam pegar a sua língua, enfim, em vez de ajudarem, estavam piorando a situação. O dono da casa, intuído por Sara, falou:

— Vamos levá-lo imediatamente a um hospital.

— Está louco, cara, vamos ser descobertos e, aí, adeus liberdade.

— Não posso deixar que ele morra em minha casa, é galho demais para meus pais.

Dois garotos seguraram Roberto, enquanto os Lanceiros de Maria e os Raiozinhos de Sol auxiliavam aquele jovem que tinha uma encarnação pela frente.

A festa terminou, pois nada fez o som funcionar, nem mesmo os chutes que o coitado do equipamento levou. Muitos deram no pé, somente uns três casais ali permaneceram e ninguém pode imaginar o que eles ainda fizeram. É o final dos tempos. As meninas de quatorze anos eram vítimas de uma época na qual os alucinógenos fazem dos homens animais doentes.

Roberto continuou debatendo-se, só que agora em menor espaço físico. O grupo que o levou para o hospital estava muito drogado, mas o susto diminuiu o efeito do tóxico e Felipe, o dono da festa, chorava com medo do escândalo, que envergonharia o nome da sua "santa família".

— Papai sempre me aconselhou a não me exceder, ele e a sua turma consomem sem exagero — dizia ele, lamentando-se.

— Mas o pó que eles usam é dos melhores e nós, para aumentar o nosso, fazemos as misturas. Eu já lhe falei, isso é que mata, retrucou Renato.

— Não me diga que ele vai morrer, senão estamos fritos!

Nisso, Felipe teve uma ideia: deixaria o carro bem longe, jogariam Roberto na porta do hospital e "pernas com o vento".

— É mesmo, agora o policiamento deve estar cochilando.

E assim fizeram. Colocaram Roberto no chão e nunca vi duas pessoas correrem tanto. O policial não sabia se corria atrás dos garotos ou se socorria Roberto, que mesmo recebendo um tratamento especial da equipe espiritual de socorro não suportou, vindo a falecer. No momento do desencarne eu nem sabia se chorava. Assim, presenciei mais uma violência ao plano divino. No livro "Lírios Colhidos"[1] presenciei o cordão de prata sendo desatado pela equipe de socorro. No desencarne de Roberto presenciei o seu esmagamento. Observando o corpo do jovem Roberto pude notar a sua corrente sanguínea: o THC[2] se ligou completamente às proteínas do plasma sanguíneo, sendo uma proporção com as lipoproteínas, outra com a albumina. O sangue corria até o cérebro, sobrecarregando-o por demais. Os pulmões, por ser Roberto viciado desde os doze anos, estavam diminuídos, ou melhor, atrofiados. Os médicos espirituais ali se encontravam tudo fazendo para minimizar a dor do irmão, mas ele nem me pareceu desligado do corpo físico. Apesar do impacto do desencarne, permanecia colado à matéria inerte, mas já declarado "morto" clinicamente.

— Meu Deus, Sadu, esse menino vai para a autópsia ainda "vivo" — observei.

---

(1) N.E. — 12º livro da Série Luiz Sérgio.

(2) Tetrahidrocanabinol — ingrediente ativo da maconha.

— Sim, ele não tem como se separar do corpo, pois estraçalhou os fios da vida e não tem força para "decolar".

— Explique, por favor.

— Muito simples: quando chega a época de o homem deixar a casca grossa, que é o corpo físico, as ligações dos corpos vão-se enfraquecendo, ou melhor, se desprendendo. Com o suicídio, o espírito não tem como deixar o corpo e, em vez de se deslocar,

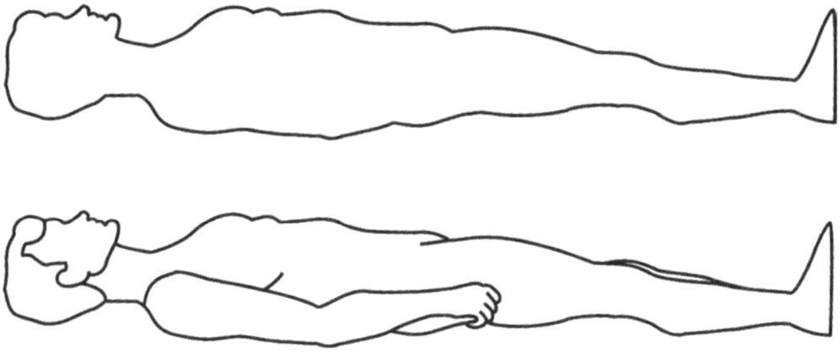

ele se agarra à matéria, assim:

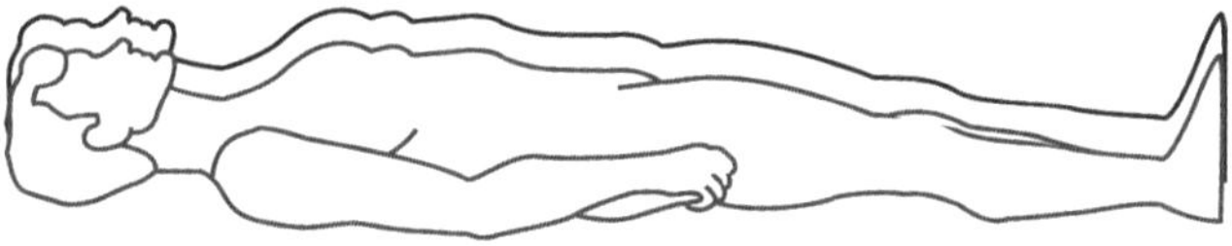

e, mesmo que desejemos, não há como separá-los.

— O que se pode fazer por Roberto, apenas prece?

— Não mais que isso, mas irá ajudá-lo, disse-me o doutor Pattabhi.

O corpo, clinicamente morto, estava envolto numa tela escura: o perispírito de Roberto, junto ao corpo que ele não soube respeitar. As veias estavam necrosadas pelos picos; o baço, o cérebro, tudo estava atingido por algo que mata, alucina, destrói e envergonha o espírito — o tóxico. Queria ficar ali mais tempo, estudando aquele corpo. Foi quando os pais, desesperados, chegaram, e notei que pediram ao médico sigilo, pois o filho era viciado em drogas.

— Eles não vão apurar a morte? perguntou Lílian.

— Não. Se fossem apurados todos os desencarnes por droga, viveríamos num mundo de escândalos.

— Não seria mais justo? Talvez, até um mínimo de jovens deixasse a droga.

— Talvez — falei e afastei-me.

A nossa equipe ainda ficou para tentar ajudar Roberto, mas eu achava muito difícil alguém fazer alguma coisa. O espírito do jovem ainda iria sofrer muito. Saí e esperei do lado de fora, antes passando pelo pronto-socorro, e vi o contraste da vida física: uns lutando para viver, outros morrendo a cada dia. Deitadas nas macas estavam pessoas atropeladas, doentes cardíacos, vítimas de desastre de carro, enfim, muitos seres necessitados de cuidados médicos. E ali, junto a eles, um jovem cheio de saúde jogou pela janela uma encarnação, de modo cruel, pelo excessivo uso de tóxicos. Esperei a minha turma e me deparei com outro grupo que prestava ajuda na terra. Quando nos reunimos, perguntei aos médicos:

— Até quando a besta vai matar?

— Até o dia em que cada família elucidar os filhos sobre a vida após vida, para viver com Deus, respeitar Suas Leis, o jovem amando o seu próximo e não somente a si mesmo.

— Doutor, o jovem fez uma vitamina de tóxicos, misturou tudo o que tinha direito, por isso a "explosão"?

— É, meu amigo, ele não estava num dia feliz; por mais que se drogasse, não se satisfazia. Brigou em casa, foi expulso do colégio e os pais não o queriam mais no lar. Nesse estado de espírito, angustiado, ele buscou alucinadamente os tóxicos naquela noite e foi misturando tudo, até produzir o que assistimos: uma explosão sanguínea. Nenhum organismo aguenta tanta substância tóxica, nem mesmo um coração jovem.

— Os pais pareciam aliviados.

— Sim. Quando descobriram que Roberto consumia drogas, levaram-no a um psicólogo, mas esse trabalho individual muitas vezes chega tarde até o profissional. O certo é curar o doente antes de consumir drogas.

— Todos os jovens devem procurar um psicólogo?

— Sim, se os pais notarem que há algo errado no comportamento dos filhos, se mente por demais, se é áspero com os irmãos, se agride a propriedade alheia, se é péssimo aluno, se destrói o que é seu e o que é dos outros ou apresenta mudanças de humor.

— Mas essa já não é a conduta de um viciado?

— Não, nesse estágio a droga ainda não chegou, mas as tendências da falta de educação familiar já. Portanto, o jovem difícil precisa de um tratamento da mente antes que o verdadeiro mal o atinja: o tóxico.

— Nunca imaginei que antes o jovem apresentasse a sua outra face.

— É verdade, com oito, dez ou doze anos a criança já está colocando para fora as suas neuroses. E parte sempre desse princípio, daí é que vem a dependência. O jovem se droga somente para se auto-afirmar, agredir a família e sentir que está na moda.

— Por que não se educa o jovem para não consumir tóxico?

— O certo é desde tenra idade oferecer ao filho uma educação firme e disciplinada, dando-lhe exemplos de hombridade, longe das mentiras e das fraquezas.

O irmão segurou o meu ombro e fomos deixando o hospital. Desejei pegar meu violão e dizer muitas coisas, mas apenas cantei uma canção de amor a Deus por Ele nos ter ofertado a vida e, trabalhando, pedir-Lhe perdão por fazer parte de uma família tão complicada. Como Deus deve sofrer por ter na Sua família toxicômanos, assaltantes, assassinos e outros mais. Mas, mesmo assim, Ele vive perdoando Seus filhos. Quanta dignidade!

Fitei o céu e pisquei para uma estrelinha, querendo dizer-lhe: vai, diz a todo o Universo que sou feliz, porque respeitei o meu corpo físico e tudo faço para me tornar digno trabalhador da seara do Mestre. Diz, estrela, isso: que sou feliz, porque em muitos corações deixei uma lembrança de saudade e amor. Diz, também, que um dia batalharei na eternidade, junto a todos os que acreditam em um mundo de paz.

Capítulo 4

O TRABALHO DESTRUIDOR DO TÓXICO VALIOSAS ELUCIDAÇÕES

Aumenta cada vez mais o número de pessoas envolvidas com o tráfico de drogas. É algo assustador. Encontramos lugares os quais o encarnado nem imagina existir, tal o avanço da tecnologia operada no refino do tóxico. São verdadeiras organizações. Dificilmente um traficante de peso é detido, só mesmo as chamadas minhoquinhas. Os "tubarões" são protegidos pela posição que ocupam na sociedade.

— Não seria mais prudente fazermos esses caras serem presos? perguntei ao Rayto.

— Às vezes eles se envolvem em escândalos, mas sempre se saem bem de qualquer situação.

— Volto a perguntar: por que em vez de ficar atrás dos doidões, não fazemos com que sejam descobertas essas organizações do tóxico?

— Não esqueça, Sérgio, que de vez em quando são descobertas toneladas de drogas e sempre existe um famoso traficante envolvido.

— Queria muito mais. O que estamos vendo são vales-fazendas com refinarias do mais alto poder tecnológico, tudo isso para destruir o homem.

— É mesmo, amigo, o traficante mata a cada minuto um filho de Deus.

— Gostaria de visitar os vales dos traficantes e dos torturadores políticos.

— Um dia iremos lá.

— Já tenho até o nome: desespero.

Rayto sorriu. Logo juntou-se a nós o querido Olavo, um grande conhecedor da alma.

— Olavo, por que o homem se droga e se alcooliza? perguntei.

— Porque sempre deseja algo mais, e para isso precisamos ter força para conseguir o almejado. Quando nos sentimos fracos, buscamos o que venha a nos fortalecer. Veja: uma pessoa com insônia busca o remédio, o sonífero, em vez de buscar a causa do problema. A insônia é a consequência dos acontecimentos atuais da pessoa. Até para dormir temos de nos exercitar, ou melhor, prepararmo-nos. Não se leva preocupação para o leito e sim o corpo, que precisa descansar. O viciado busca a droga, porque deseja algo e não consegue através de uma liberação consciente, isto é, natural, sem excitantes. Se a criança desde pequena fosse educada para enfrentar qualquer situação, correria pouco ou nenhum risco. O aumento do número de drogados ocorre, simplesmente, porque o ser que está chegando à terra é recebido erradamente e criado de maneira ainda mais errada.

— Explique, por favor, falou Lílian.

— No tempo atual o sexo está livre em termos, porque nunca se viu tantas pessoas presas de remorsos por trocas excessivas de parceiros. O jovem, no primeiro contato amoroso, já busca no sexo o completar do sentimento. E aí se iniciam as ligações de remorsos e tristezas. No primeiro amor, o lirismo deveria ser tanto que o sexo ficaria distante. Assim era antigamente e as pessoas eram mais felizes, porque se guardavam para o real momento, o que não se dá hoje. Uma jovem ou um jovem, muitas vezes depois de dois dias de conhecimento já se despiram um diante do outro. Despiram as roupas, não as almas, porque é muito difícil despir a alma diante de um desconhecido, e quem se conhece em dois dias não teve tempo ainda de mostrar todo o seu interior. A relação corpo a corpo, isto é, sexual, precisa dos atrativos da alma, senão ela se perde. Se no decorrer do relacionamento não surgir um terceiro personagem — um filho, muito bem; caso contrário, virão as cobranças ou a separação. O feto vive o desequilíbrio dos pais e isso se aloja na sua alminha como estigma, sentindo a incompatibilidade da sua presença entre os pais. E leva pela vida afora o complexo da rejeição. Junto aos colegas deseja atenção e, para se sentir o "tal", imita todos os que se acercam dele. Hoje, vemos quase todas as crianças nascerem assim, aumentando os dependentes, enfim, as cabeças ocas, seres teleguiados por neuroses uterinas, fatos ocorridos durante a gestação da mãe. Mas não só os filhos do desamor são fracos e inseguros. Os filhos de pais normais também. Se é o primeiro pimpolho, os avós, os tios e os pais o esperam inebriados de alegria e, ao nascer, os cuidados se desdobram; a criança se vê cercada de adultos e o centro das atenções. Quando vai para o colégio, inicia-se a insegurança, buscando na professora a mãe, os tios e a babá. E ali a mestra é mãe de vários filhos e a criança mimada é uma entre muitas. Aí inicia-se o processo: por que eu não sou amado aqui? A criança ora se torna doce, outras vezes agressiva. Não gosta do colégio, ou gosta para bater, morder, quebrar, enfim, chamar a atenção sobre si. Depois, essa criança por demais amada irá crescer e já não será admirada pela sociedade, vai ser um indivíduo como muitos outros. Isso a fere, a maltrata, e ai vai levando o seu fardo, que considera pesado demais para os seus ombros frágeis. Torna-se difícil em casa, na escola, enfim, uma criança desagradável.

— Meu Deus, disse Karina, então não tem jeito: carinho estraga e indiferença também?

— Todos nós passamos nove meses numa bolha fluídica, no ventre de uma mulher, alimentados e guardados por ela. O útero é um coração, onde o homem inicia a sua viagem reencarnatória. No seu interior, começa o seu contato com a sociedade. Ali ele é protegido pela mãe e pelos encarregados da reencarnação. Portanto, quando a criança nasce agarra-se às pessoas, sentindo-se desamparada. Necessita de carinho e do aconchego do corpo da mãe e das pessoas que a cercam. Com o passar dos meses e anos, a criança vai iniciando a sua vida, a tudo observando, principalmente os gritos do adulto. Aí o sacrifício dos pais, deixando para trás tudo o que pode alterar a mente do filho: discussões inúteis, mentiras "inocentes", mudanças de humor, ora brincando com a criança, para logo zangar-se se ela deseja continuar. Lembre-se de que ela, a criança, está ociosa, a mente não se preocupa com a conta do telefone, as prestações da casa, com coisa alguma, enfim. Ela só deseja ser amada. Infelizmente, os pais julgam que naquele corpo infantil a alma é retardada, e, assim, tomam atitudes que julgam que a criança não compreende e esta vai fazendo na mente uma colcha de retalhos só das atitudes dos adultos, atitudes essas descabidas. Dizem para ela não fazer algo e fazem coisas piores. A criança sofre em silêncio e toma atitudes violentas. Os pais proíbem e às vezes negligenciam fatos mais graves. Onde está o equilíbrio?

A criança brinca e, quando adulta, procura na caixa de recordações os seus momentos já vividos, deparando-se com proibições, excessos e mimos. Sua mente infantil trabalha milhões de vezes no mesmo ponto: por que eles são assim? Para se tomar algo da criança, deve-se tentar substituir por algo que ela deseja, ou então explicar por que ela não pode quebrar um vaso de cristal, por exemplo. Contarei, aqui, uma história ocorrida em meu lar: tinha uma das minhas filhas quatro anos; ela adorava um vaso de cristal lindíssimo, que minha esposa ganhara de uma amiga. O vaso era valiosíssimo. Ao menor descuido da minha mulher, minha filha era encontrada tentando pegar o vaso. Todos corriam para salvá-lo. Um dia, encontrava-me em casa quando ocorreu o fato e não deixei ninguém ir ao seu encontro. Ela, um pouco desconfiada, olhava se alguém iria interrompê-la. Lendo me encontrava e lendo fiquei. Minha esposa observava, atônita, e meus outros filhos desesperados, mas escondidos como eu havia pedido. Nisso, a garota subiu na cadeira para pegar o vaso. Levantei-me e me acerquei dela, dizendo:

— Queridinha, deixe o papai ajudá-la, é tão lindo este vaso que também tenho vontade de segurá-lo.

Ela parou, perguntando:

— Vai me deixar tocá-lo?

— Sim, creio que a minha princesa já está ficando grande e sabe que devemos tomar cuidado com os nossos objetos e também com os das outras pessoas. Este vaso não pertence à minha criança, pertence à mamãe, que o adora. Se a mamãe for até o seu quartinho e pegar a Greta, a sua boneca de estimação, e jogá-la no chão, quebrando-lhe a cabeça, a minha filhinha vai chorar de saudade; o mesmo vai ocorrer com a mamãe. O seu belo vaso, se segurado sem cuidado, poderá cair no chão e partir-se em vários pedaços.

Ela me olhou, assustada. Eu lhe entreguei, com dor no coração, o belo vaso de cristal da Bulgária. Protegeu-o com o próprio corpo, abraçando-o bem forte, dizendo:

— Papai, ele é lindo, não é? Mas a Greta é mais linda ainda. Não quero que a mamãe a deixe cair. Por isso, pegue o vaso da mamãe, senão eu poderei quebrá-lo.

Entregou-me o vaso. Respirei aliviado. Correu para seu quarto e lá ficou, brincando de porta fechada. Quando minha mulher foi chamá-la para o lanche, ela respondeu lá de dentro:

— Não entre, mamãe, logo estarei aí fora. A Greta está dormindo e ninguém pode acordá-la, já vou sair do quarto.

Assim fez e, ao passar pelo vaso, nem o olhou. Era algo que não desejava mais possuir, tomara conhecimento de que não lhe pertencia. Essa filha foi a minha cobaia e, graças a isso, tornamo-nos grandes amigos. Certa vez contou-me que, ao analisar o vaso, ficou feliz: a sua boneca era mais bonita do que o vaso da sua mãe, e quando era tentada a tocá-lo, sempre se recordava da minha voz: "cada pessoa possui um objeto de estimação; como nós não queremos que ninguém nos furte o objeto, não devemos também tirar o do próximo". Quem educa uma criança deve passar a observá-la, assim não perderá tempo, no futuro, em querer analisá-la. O que ela vai ser amanhã está hoje visível no seu olhar e nas suas atitudes. Criança sem amor e indisciplinada, criança infeliz.

— É certo darmos encargos à criança?

— Sim. Ela é um ser apto, portanto, ensiná-la a trabalhar é uma bênção, mas não esquecendo que ali está um corpo em desenvolvimento. Defecar, urinar nos recipientes próprios, alimentar-se, escolher os alimentos, tudo isso é trabalho para a mente infantil e a leva a ter reações cujo comportamento os pais devem observar.

— É por esses pequenos fatos que as crianças, ao se acercarem de companheiros, os imitam?

— Sim, a criança e o jovem, quando se iniciam em turmas, se bem orientados, passam por elas sem se macular, mas outros se afundam na loucura juvenil das agressões, destruições e tóxicos. Hoje o jovem está encontrando tudo com muita facilidade. Tem uma vida privilegiada, com doze anos já dirige veículos e frequenta as famosas festas de embalo. As crianças e os jovens estão envelhecendo prematuramente, desde cedo já vivem em festinhas. Com o passar dos anos tudo é rotina, não houve descoberta. Levados pelo cotidiano, buscam algo que os leve a viver situações diferentes. A droga é um alucinógeno repleto de surpresas; se o drogado tivesse uma reação idêntica, todos os dias, ele se cansaria do tóxico. Mas não, ela, ao chegar ao organismo, faz com que o dependente sinta aquilo que busca, por isso aumentam as doses dia após dia. O homem, ao se drogar, espera atingir uma satisfação que não encontra em seu estado normal.

— Olavo, por que ocorre esse fato? perguntei.

— Vou aqui falar do cérebro espiritual, como se processa a entrada do tóxico no organismo humano, como reage o cérebro, enfim, todo o corpo físico e espiritual. A região frontal do cérebro, responsável pela formação do juízo e ondas de retorno, governa todas as manifestações nervosas, centro de força mental. O diencéfalo, centro de força coronário, fixa conhecimentos, virtudes morais, compreensão. Aqui se encontra a consciência de cada indivíduo, é a sede do Espírito. Ele supervisiona os demais centros de força e lhes transmite os impulsos vindos do espírito. É ele que capta as energias da aura espiritual e as transmite aos chacras e ao físico. É a sede do Espírito, é dele que partem as decisões. Aglutina, transmite e dissemina energias do córtex cerebral para o funcionamento equilibrado do sistema nervoso. Ele é majestoso e de grande poder; é concentração de força do Espírito e das forças psíquicas e físicas do ambiente da vida. Irradia energias vitalizadoras e correntes magnéticas. Portanto, é máquina poderosa que, quando violentada por pensamentos ou ideias de mentes desencarnadas, ou algo forte como o tóxico, faz com que o cérebro trabalhe com sobrecarga, muitas vezes causando sérias lesões. Daí o viciado não trabalhar ou render pouco e suas cordas vocais ficarem deficientes, falando pausadamente. O tóxico age no sistema nervoso central, composto pelo cérebro e pela medula espinhal, centro esse formado por vários bilhões de células nervosas denominadas neurônios, que se comunicam entre si por meio de mensageiros químicos, denominados neurotransmissores. A droga, ao penetrar no cérebro, interfere diretamente nas transmissões desses neurotransmissores, esmagando cada célula, que possui vida própria. Estas, ao serem atingidas, fazem com que o viciado sinta sensações sempre novas e nunca idênticas. Mas morre... pouco a pouco também. À medida que vão aumentando as doses, o viciado apresenta uma doença cerebral orgânica, dificuldade de concentração, agitação ou prostração, perda de memória e muitas vezes uma dilatação dos ventrículos cerebrais, atrofia ou até mesmo morte destes ventrículos. O cérebro de um dependente apresenta-se alterado. Por isso ele nada teme, quando a droga já tomou conta, lesando-lhe o cérebro.

— Irmão, notamos que os consumidores de tóxicos, principalmente do pó, usam e abusam hoje da cocaína, que é passada na gengiva. Por que esse novo método?

— O drogado vive em busca do aumento de prazer, e esse novo método lhe oferece reações mais rápidas, mas também consequências mais terríveis. A gengiva é por demais sensível e o pó brasileiro contém muitos corrosivos, um deles o pó de mármore. Essa busca se dá pelo fenômeno chamado tolerância, que se caracteriza pelo consumo ininterrupto de uma droga, uma necessidade de se aumentar a dose, obter o mesmo efeito ou outros ainda desconhecidos. Muitos, com uma *overdose*, desencarnam; outros, com quantidades maiores, nada sentem. É o segredo da vida. O perigo de ocorrer o desencarne aumenta com os coquetéis de drogas. O indivíduo considerado um grande consumidor, na busca do prazer, é levado a misturar álcool, comprimidos, maconha, que é grande inimiga do álcool, coca, LSD e outros tóxicos. Não existe organismo que suporte, arrebenta tudo, é uma sobrecarga negativa na carcaça física e perispiritual. Muitas vezes, entretanto, quando socorrido em tempo, se salva.

— Como devemos proceder diante de tal fato?

— Afrouxar as roupas e aspirar secreções do vômito. Melhor e mais prudente, no entanto, é correr com o doente para um hospital. Sem isso, dificilmente se salvará.

— A "viagem" é interrompida pela passagem no cemitério, não é? falei.

— Mesmo sendo levado a um pronto-socorro e a um médico, muitas vezes não tem condição de se salvar. O mal, quando isso ocorre, é que o usuário da droga abusa não de uma só droga, mas de todas as que lhe caem nas mãos. Hoje a faixa etária está caindo assustadoramente, com crianças de tenra idade já se drogando, isso porque estão inseguras diante de um mundo sem amor e verdades. Para uma criança, o desmoronar de seus sonhos é muito mais grave do que para o adulto. E os adultos não estão respeitando o mundo da criança. Ela é um brinquedo para o adulto, algo deficiente. E num corpo infantil, irmãos, está um espírito velho, que volta à terra para buscar o que aqui deixou: as oportunidades perdidas. Vamos ajudá-lo, dando-lhe um lar, um verdadeiro lar, sem dogmas, apenas verdades e companheirismo. Só assim teremos uma sociedade sem os mortos-vivos, dependentes de drogas.

Capítulo 5

O DESEQUILÍBRIO DO CORPO FÍSICO

Olavo terminara e nós ainda meditávamos sobre suas palavras, quando Simeão, um dos espíritos do pronto-socorro, entrou no recinto. Nós o cumprimentamos e, feliz, nos disse:

— Sejam bem-vindos a esse tão belo serviço.

— É verdade, irmão, que a cada minuto desencarnam pessoas levadas pelo desequilíbrio, portanto, os chamados suicidas inconscientes? indagou Samita.

— Querida Samita, hoje vivemos em imensa agonia diante de uma humanidade distante de Deus. Os bens materiais suplantam as joias da alma: as virtudes, e longe da fé o homem vai sendo prisioneiro de si mesmo, dos seus anseios. O que temos visto? Pessoas extremamente indiferentes; crianças sendo assassinadas em noites de orgia; meninos assassinando, matando, violentando; almas completamente desequilibradas. Muitos até indagam: como pode o Ser Supremo — Deus — criar tais criaturas? Neste pronto-socorro de Maria temos convivido com a verdadeira dor; almas que se desligam do corpo das maneiras mais diversas das estabelecidas pelo plano divino.

— Irmão, completou Sadu, nós, como vários outros, estamos empenhados em socorrer suicidas inconscientes.

— Sei disso. Temos muitas equipes de socorro, mas estão aumentando assustadoramente esses fatos tão tristes, tornando-se cada vez mais necessária a vinda de irmãos socorristas para a crosta da Terra.

Pensei: "mas eu quase nada sei sobre desligamento!..."

— Junto aos Raiozinhos, respondeu-me Simeão, estarão irmãos capacitados para esse serviço. As organizações das trevas aproveitam o desequilíbrio dos encarnados e, com objetivos bem definidos, colhem os frutos antes do tempo. Lembram pessoas que furtam as frutas antes destas estarem prontas para serem colhidas.

"É mesmo, pensei, a fruta madura solta-se do galho, a verde é retirada com violência."

— Quantas criaturas, continuou Simeão, julgando o corpo físico eterno, por não conhecerem a vida espiritual, castigam os órgãos, sobrecarregando-os de remédios, de alimentos e de tóxicos. E essa máquina divina, violentada, estoura. Cada corpo físico é uma usina energética com eletricidade necessária para operar no plano material. Quando é destruída, a energia transborda e aí entram os espíritos que, mesmo não se encontrando mais no corpo físico, dela precisam para se sentirem encarnados. Para colher esses fluidos de vida, eles estudam, elaboram e fundam vales bem próximos da terra, para onde são levados os suicidas inconscientes.

— Até os hipocondríacos? perguntei.

— Esses existem mais do que se pode imaginar. Inúmeras pessoas se automedicam. Não imaginam os pais o mal que fazem aos filhos, quando os sobrecarregam de medicamentos. A criança, desde bebê, já toma remédio para prisão de ventre e para abrir o apetite. Os pais devem ser esclarecidos que os bebês sofrem cólicas intestinais, porque os seus órgãos ainda estão virgens e com o passar dos dias tudo vai funcionando paulatinamente, não sendo prudente uma ajuda artificial.

— O que fazer, então, neste caso?

— Usar bolsa de água quente, fazer massagem, não deixar o ventre descoberto. O ventre aquecido ajuda a máquina física a funcionar normalmente. Depois vem a época da dentição, iniciando-se outra corrida à farmácia, quando devíamos tudo fazer para evitar os remédios, só o fazendo quando o bebê estiver realmente doente. O corpo físico, para ter saúde, necessita estar equilibrado quanto ao número de elétrons. É comum a criança sofrer das amídalas, ter gripes, resfriados, bronquites. Os pais devem proteger os pés das crianças para evitar que toquem diretamente no chão, porque quem anda em chão gelado possibilita ao corpo tornar-se deficiente de elétrons, iniciando as doenças. Nas crianças, principalmente, a temida dor de garganta pode ser evitada trazendo-as calçadas. Hoje é comum a criança ficar descalça nos quartos acarpetados e depois colocar os pezinhos nas lajotas geladas. O carpete faz aumentar o número de elétrons e a lajota os torna deficientes. Desse modo, o corpo físico sofre uma violência e as crianças adoecem. Aí, são medicadas com antibióticos fortes, que podem estragar a saúde para o resto da vida. Devemos alertar os pais para o perigo das doenças.

— O certo seria adotarmos a homeopatia? indagou Karina.

— Mesmo a homeopatia não deve ser tomada sem critério. Recordemos que o nosso corpo possui defesas e que a menor quantidade possível de medicamentos irá ajudá-lo. Não é porque gostamos da homeopatia que vamos dela abusar. Só devemos tomar remédio quando precisamos dele, sem exagerar. Tudo em excesso é prejudicial. Muitas mães fazem dos bebês campeões de robustez e está provado que reside na errada alimentação da criança e do jovem o adulto doente. Encontramos os hipertensos nas classes média e rica, com maior acesso aos alimentos. Portanto, o encarnado não deve sobrecarregar o corpo físico; quando não cuidamos dele, ele explode.

— Tudo na vida é disciplina, falou Karina. Para viver, para morrer e para nascer de novo.

— Sim, irmã, um barco sem leme é mais fácil naufragar. O corpo humano é um relicário divino, uma roupa especial, que dá ao espírito condição de pagar suas dívidas pretéritas; destruir esse veículo que nos leva à salvação é ignorância, ou melhor, falta de conhecimentos evangélicos.

— Irmão, pensei que fôssemos socorrer só os toxicômanos, falei.

— Não, as equipes de salvação estão sendo chamadas todos os segundos, pois a legião das trevas fica atenta para esses tristes casos de suicídio.

Simeão pediu licença e foi dar assistência aos enfermeiros do pronto-socorro.

Ali ainda ficamos algumas horas. Adentrei uma sala onde estava sendo exibida na tela uma aula sobre a natureza semimaterial do perispírito, mostrando os elementos de sua constituição fluídica universal e do mundo onde o espírito está encarnado. Fiquei junto a alguns companheiros, assistindo a um filme que era passado para alguns doentes. Como não devemos perder tempo, aproveitei para aprender mais um pouco. Nisso, ouvi meu nome. O grupo me chamava. Saí, devagar, mas louco para correr até eles, porém já era tempo de me educar. Quando me juntei ao grupo, andava tão devagar que o Carlos perguntou-me:

— Frade, estás doente? Sofres de reumatismo?

Olhei-o com "aquele" olhar de secar pimenteira.

— Engraçadinho!... Estou-me autoeducando. Preciso deixar para trás a agitação. Como disse Simeão: as pessoas agitadas também desequilibram seus corpos.

— Onde você ouviu isto?

— Simeão estava falando com os doentes e aproveitei a aula. Falava do estresse e também da fadiga crônica, uma doença que afeta as pessoas de todas as idades. Ela decorre de falhas no organismo, é a própria doença em si.

— É a doença do século? perguntou-me Carlos.

— O estresse não precisa de remédios e a fadiga crônica é uma causa orgânica. Essa doença é pouco conhecida no plano físico; ainda não chegaram a uma conclusão, sabem apenas que ela está relacionada com a redução de dopamina em algumas regiões do cérebro, mas para os médicos espirituais é uma doença criada pela mente humana. Ela, a mente, para fugir de alguns fatos que não deseja aceitar, contraria tanto a personalidade que reduz o trabalho cerebral e este libera moléculas de dopamina, fazendo a movimentação da musculatura. Logo após, a dopamina é metabolizada pelo organismo e este fato altera o metabolismo.

— Por que a pessoa sofre dessa doença?

— Não sabemos. Ainda é matéria de pesquisa para os cientistas espirituais.

— Obrigado, doutor, disse-me Carlos.

— Não há de quê, meu irmão. Quando desejar saber algo mais sobre ciência médica, busque-me, estarei ao seu dispor.

Rimos muito e juntamo-nos aos outros para irmos prestar ajuda ao chamado.

Capítulo 6

CASA ESPÍRITA: OFICINA DE DEUS
A CARIDADE COBRE A MULTIDÃO DE PECADOS

A conversa sobre a saúde continuou, porque o grupo mostrou-se interessado no assunto.

Samita interveio:

— Há dias, Sérgio, assisti a uma conferência feita por conhecido médico espírita que, preocupado com o bem-estar dos desencarnados, vive ao lado deles, orientando-os. E, com grande conhecimento, falou sobre a fadiga crônica, o perigo dos doentes ficarem obesos ou serem levados a outras doenças por excesso de remédios.

— Samita, explique como é isso.

— A tirosina é uma proteína ingerida na alimentação; na célula nervosa ela é dragada pela enzima hidrolase e transforma-se em dopa, substância precursora da dopamina. Para transmitir o impulso nervoso, a célula livra a dopamina para a célula vizinha; após a passagem do impulso, ela volta para a célula que a liberou ou permanece no meio exterior, onde é destruída. Na fadiga crônica, a dopamina age desequilibradamente e o cérebro é que sofre as consequências; e o organismo não reage, mesmo que a pessoa fique em repouso total. Os neurotransmissores são substâncias liberadas e destruídas pelas células nervosas a todo instante, ao sabor das necessidades impostas pelo organismo. No esforço físico, o cérebro libera moléculas de dopamina que, através das terminações nervosas, fazem a movimentação da musculatura. Quando cessa, a metamina é metabolizada pelo organismo. Nas pessoas atacadas pela fadiga, a dopamina age desequilibradamente. O tratamento dessa doença requer muita paciência, é no cérebro da pessoa que se aloja o desequilíbrio.

— Quer dizer que ela não mata?

— Não. Só estamos tratando desse assunto porque essa doença leva as pessoas a ingerir medicamentos sem necessidade. A fadiga faz com que busquem nas vitaminas a cura e, em vez de se curar, contraem outras doenças, doenças tais que levam ao suicídio inconsciente. O bom seria se curássemos esta fadiga com um bom médico especialista, um estudioso.

— Mas muitos julgam que estão com estresse.

— Aí reside o perigo, mas acreditamos que logo mais esse mal estará sendo debelado.

— Samita, percebi que várias pessoas que se encontravam no pronto-socorro foram levadas ao desencarne por excesso de medicamentos.

— Sim, Luiz, hoje o homem está consumindo remédios em demasia, quando o seu próprio organismo possui reservas para lutar contra as pequenas doenças.

Carlos aproximou-se e me falou:

— Doutor, continuas a dar aula?

— Não, amigo, estou recebendo da minha querida Samita algumas considerações, só isso. E sinto, porque o caro irmão chegou mais uma vez atrasado.

Sorrimos todos e Samita continuou:

— O querido médico que mencionei falou também que os espíritas estão desencarnando mal.

— É mesmo?

— Sim. Até os assíduos frequentadores de Centros espíritas vivem dando trabalho na espiritualidade. Isso apenas porque não assimilam os ensinos evangélicos. Não adianta chegar à Doutrina, é preciso que ela penetre em nossos corações; ao conhecê-la, tudo devemos fazer para respeitá-la. Muitos espíritas apenas frequentam o Centro, mas não fazem deste o seu lar, porque, se o fizessem, nas suas casas não existiriam tantos doentes.

— Devemos, então, forçar nossa família a ser espírita?

— Não. É preciso que nos tornemos uma carta viva da Doutrina de Jesus para que os familiares, mesmo não desejando lê-la, apreciem as regras doutrinárias dos nossos atos. O mal de alguns espíritas é deixar que a família desrespeite a Doutrina. Os filhos pedem aos pais espíritas que, por intermédio dos espíritos, passem no vestibular, arrumem empregos, comprem propriedades, e alguns pais levam os pedidos até o Centro. Se os filhos são atendidos, estes nem se lembram de agradecer. Isso só ocorre porque os pais julgam que com esses atos milagrosos os filhos aprendem a gostar da Doutrina dos Espíritos. Não é assim, meus irmãos, é necessário que os pais façam seus filhos respeitarem o que eles, os pais, escolheram como sustentáculo de fé. Se a família não desejar participar do culto cristão no lar, que eles o façam sozinhos, mas com dignidade e amor. *Não jogueis pérolas aos porcos* — disse Jesus. Portanto, se o espírita tentar falar dos espíritos, dos passes, do Evangelho, para quem não desejar ouvir, estará desrespeitando o Mestre e se sentirá infeliz. Se a família já fez a escolha — são os bens materiais que ocupam as suas horas — o bom espírita não deve barrar seus passos, mas deixar que a vida mostre a verdade, se não for nesta encarnação, será na outra. Todavia ser enganado pela família, ou ser o porta-voz dos espíritos e dos familiares, é situação constrangedora. O verdadeiro espírita precisa respeitar para ser respeitado. Não adianta desejar salvar a família se ela ainda é fraca na fé, no amor e na caridade. Diante da dor, posicionar-se para encará-la de frente e não correr, tentando driblá-la. É preciso enfrentá-la com a arma da fé, e a dor passará, como passa cada minuto da nossa vida. O espírita que se julga isento da dor ainda não se conscientizou do valor da Doutrina que abraçou. Aí está o perigo do fanatismo. A Codificação é o alicerce de um espírita. Sem estudo e prática, nós não desfrutaremos as belezas doutrinárias, repetindo o passado, quando visitávamos os templos apenas para cumprir tarefas religiosas, e não para nos tornarmos verdadeiros seguidores de Jesus. É junto aos doentes que se encontra a sabatina da vida. É ainda junto a eles que nos será cobrado o comportamento doutrinário. Podemos não comer carne, mas respeitar aqueles que com ela se deliciam; não ingerir álcool, mas não nos tornarmos desagradáveis diante dos seus consumidores. Podemos ser espíritas, sem medo do ridículo, contudo recordando sempre de Jesus, que conviveu com o pecado e jamais pecou. Não queiramos converter uma família que não respeita a nossa crença, apenas porque estamos transmitindo mal aquilo que a Doutrina nos ensina. Nada é mais desagradável do que alguém falando sem cessar de espíritos, de mediunidade, do que acontece em um Centro, para quem não deseja ouvir.

— Samita, então devemos deixar os caras se arrebentarem? interrompeu Damian.

— Não, mas jamais se deve forçar alguém a frequentar a Casa que nós respeitamos ou devemos respeitar. Muitas vezes os filhos, para conseguirem alguma coisa, seguem o pai ou a mãe espíritas e vão tomar passes ou assistir às palestras, o que deixa os pais contentes. Entretanto, o certo é mostrar aos filhos que a Casa espírita não é hotel de trânsito, mas o local que os pais frequentam para se tornarem dignos das promessas de Cristo; que eles não são portadores da perfeição, tão-somente por frequentarem uma Casa espírita; ali estão à procura do remédio que limpa o perispírito, porque só será feliz quem o possuir sem as deformações do remorso. Quem vai a um Centro deve, ao escutar frases do tipo: "mas você nem parece espírita...", responder: "mas eu ainda não o sou, procuro, no estudo e na caridade, o caminho de Jesus. Só quando me tornar um verdadeiro espírita é que não cometerei atos que firam alguém, como este que hoje está te incomodando". Acreditamos nós que aqueles que ainda nos cobram um comportamento não o farão mais. Muitas pessoas gostam dos espíritos, são assíduos nas câmaras de passes, ministram passes, dirigem grupos mediúnicos, mas ainda julgam os Centros espíritas tendas de milagres, motivo pelo qual são extremamente infelizes, porquanto não possuem a fé raciocinada. Julgam que são dados ao espírita privilégios, apenas porque frequenta um Centro espírita. Torna-se necessário que cada um se conscientize do seu mundo interior e tudo faça para servir a Deus e ao próximo, apresentando a Doutrina aos seus familiares através da transformação operada no seu espírito, fazendo com que a família respeite a sua crença e agindo de forma a não ser desagradável diante de seus familiares tão duros. Lembremos que amanhã será outro dia e que Paulo de Tarso teve o seu dia de glória; ele, o orgulhoso doutor da lei, quando percebeu que o Sinédrio estava ficando por demais teórico, disse, não só para os ouvintes da época, mas para todos nós, em *I Coríntios*, cap. 13, vv. 1 a 9:

Eu posso falar a língua dos homens, e até a dos anjos, mas se não tiver caridade, será como o barulho do gongo ou o som do sino. Posso ter o dom de anunciar mensagens inspiradoras, ter todo o conhecimento, entender todos os segredos, e ter toda a fé necessária para tirar todas as montanhas dos seus lugares; mas se não tiver caridade, eu nada serei. Posso dar tudo que tenho, até o meu corpo para ser queimado, mas se eu não tiver caridade, isso não adianta nada. A caridade é paciente e bondosa. A caridade não é ciumenta nem orgulhosa nem vaidosa. Não é grosseira nem egoísta. Não se irrita nem fica magoada. A caridade não se alegra com o mal dos outros, e sim com a verdade. A caridade nunca desanima, mas suporta tudo com fé, esperança e paciência. A caridade é eterna. Há mensagens inspiradas mas duram pouco. Existem dons de falar línguas estranhas, mas acabam logo. Há ciência, mas terminará também. Porque nossos dons de conhecimentos e nossas mensagens inspiradas existem somente em parte.

Estas palavras de Paulo deveriam ser afixadas nas paredes dos Centros espíritas. Concebe-se que um não-espírita ignore os pobres, mas se um espírita desejar somente os fenômenos espirituais e distanciar-se dos trabalhos da caridade, será o mesmo que desconhecer Jesus, que nos apresentou a Caridade como o único caminho da salvação. É mais cômodo não fazer caridade do que colocar os pés no caminho de Jesus. Este caminho é dos desprendidos, dos humildes de coração, enfim, dos bons. Se uma pessoa busca a Doutrina mas continua avara, intransigente, dura, orgulhosa, só acumulando bens temporais, vai dar trabalho, porque no dia do testemunho estará enleada nas teias do seu ego. E então gritará: "Senhor, eu fui bom, vivi para a minha família". E Jesus vai responder: "Não vi o irmão proteger a sua família, e sim seus domésticos". E ainda o servidor infiel vai gritar: "Mas eu acreditei na Doutrina". E Jesus vai responder: "Só acreditou, mas não transformou a Doutrina em ação". Quem não fizer caridade, não procurar respeitar os outros, amá-los, vai sentir o remorso como companhia. Disse ainda Paulo, em *I Coríntios*, cap. 16:

Estejam alertas e fiquem firmes na fé. Sejam corajosos e fortes. Façam todo trabalho com amor.

O tempo é chegado e aqueles que batem à porta do Espiritismo estão convivendo com a mensagem viva de Jesus trazida pelos espíritos, não lhes sendo dado o direito de brincar. Aquele que não desejar tornar-se um operário de Jesus sofrerá, e muito, pelas oportunidades perdidas.

Samita continuou:

— Foi perguntado ao médico se era certo dar aos pobres, quando muitas vezes eles nem desejam trabalhar, e ele respondeu que a Deus cabe o julgamento, ao homem a obrigação. Se Ele teve o cuidado de trazer até os homens o exemplo em Jesus, como podemos questionar a caridade, quando Jesus, mesmo sem possuir um tostão, alimentou o povo na multiplicação dos pães? No óbolo da viúva, o Mestre dá a cada ser a bela lição de que mesmo o mendigo tem algo a ofertar. Ele nos conta a parábola do bom samaritano usando a figura de um sacerdote, em *Lucas*, cap. 10. Como é possível desaprovar a caridade quando a pobreza existe, porque nem todos têm capacidade para se tornarem ricos. A desigualdade das riquezas não existe entre os homens por castigo divino, e sim por uma razão muito simples: por não serem igualmente inteligentes, ativos e laboriosos para adquirir, nem sábios e previdentes para conservar. Este trecho os espíritas encontram em *O Evangelho Segundo o Espiritismo*, não somos nós, os espíritos que hoje trabalhamos com os encarnados, que estamos falando. Aquele que não aceitar ajudar o pobre, achando que ele é carente porque deseja, deve ler todo o Capítulo 16: *Não se pode Servir a Deus e a Mamom*. Nesse mesmo capítulo, a revelação de Kardec registra várias parábolas, uma delas: "Guardai-vos da avareza" (item 3). Vamos recordar cada versículo dessa passagem, e isso é bom, pois vários espíritas talvez jamais a tenham lido:

Então, no meio da turba, um homem lhe disse: Mestre, dize a meu irmão que divida comigo a herança que nos tocou. Jesus lhe disse: Ó homem! quem me designou para vos julgar, ou para fazer as vossas partilhas? — E acrescentou: Tende o cuidado de preservar-vos da avareza, porquanto, seja qual for a abundância em que o homem se encontre, sua vida não depende dos bens que ele possua. Disse-lhes a seguir esta parábola: Havia um rico homem cujas terras tinham produzido extraordinariamente — e que se entretinha a pensar consigo mesmo, assim: Que hei de fazer, pois já não tenho lugar onde possa encerrar tudo o que vou colher? — Aqui está, disse, o que farei: Demolirei os meus celeiros e construirei outros maiores, onde porei toda a minha colheita e todos os meus bens. — E direi a minha alma: Minha alma, tens de reserva muitos bens para longos anos; repousa, come, bebe, regala-te. — Mas, Deus, ao mesmo tempo, disse ao homem: Que insensato és! Esta noite mesmo tomar-te-ão a alma; para que servirá o que acumulaste? É o que acontece àquele que acumula tesouros para si próprio e que não é rico diante de Deus.

— Vejam, prosseguiu Samita, não são só os espíritos de hoje que pedem caridade para com os pobres, piedade para quem tem muito pouco. Infeliz do homem que não acumula tesouros no coração. Neste mesmo capítulo de *O Evangelho Segundo o Espiritismo* encontramos a parábola do mau rico (item 5):

Havia um homem rico, que vestia púrpura e linho e se tratava magnificamente todos os dias. — Havia também um pobre, chamado Lázaro, deitado à sua porta, todo coberto de úlceras, — que muito estimaria poder mitigar a fome com as migalhas que caíam da mesa do rico; mas ninguém lhas dava e os cães lhe vinham lamber as chagas. — Ora, aconteceu que esse pobre homem morreu e foi levado pelos anjos para o seio de Abraão. O rico também morreu e teve por sepulcro o inferno. — Quando se achava nos tormentos, levantou os olhos e viu de longe Abraão e Lázaro em seu seio — e, exclamando, disse estas palavras: Pai Abraão, tem piedade de mim e manda-me Lázaro, a fim de que molhe a ponta do dedo na água para me refrescar a língua, pois sofro horrível tormento nestas chamas. Mas Abraão lhe respondeu: Meu filho, lembra-te de que recebeste em vida teus bens e de que Lázaro só teve males; por isso, ele agora está na consolação e tu nos tormentos. Ao demais, existe para sempre um grande abismo entre nós e vós, de sorte que os que queiram passar daqui para aí não o podem, como também ninguém pode passar do lugar onde está para aqui. Disse o rico: Eu então te suplico, pai Abraão, que o mandes à casa de meu pai, — onde tenho cinco irmãos, a dar-lhes testemunho destas coisas, a fim de que não venham também eles para este lugar de tormento. — Abraão lhe retrucou: Eles têm Moisés e os profetas; que os escutem. — Não, meu pai Abraão, disse o rico: se algum dos mortos for ter com eles, farão penitência. — Respondeu-lhe Abraão: Se eles não ouvem a Moisés nem aos profetas, também não acreditarão, ainda mesmo que algum dos mortos ressuscite.

— Notem o desespero de um espírito que desrespeitou a caridade, continuou Samita. Ele implora a Abraão para chegar até sua família e dizer-lhe que a caridade é o termômetro da alma, é a caridade que desveste o perispírito do espírito. E ele diz: “Eles têm Moisés e os profetas”, e o rico pede para mandar um morto e ele diz: “Se eles não ouvem a Moisés, nem aos profetas, também não acreditarão, ainda que algum dos mortos ressuscite” (*Lucas*, Cap. 16, vv. 19 a 31). Vejam, quantos chamados! E Deus ouviu o rico e mandou os mortos se levantarem. Todos os livros doutrinários nos falam da caridade. Todos os espíritos, através de vários médiuns, também nos falam da caridade e ainda assim estão os espíritas indo para o mesmo local do mau rico, lutando para varrer as vibrações negativas dos seus espíritos, gritando por socorro para os pobres que eles ignoraram ou repudiaram. Não é de hoje que Deus está dizendo que a caridade é que cobre a multidão de pecados. Mas o homem acumula riquezas perecíveis no cofre da avareza, muito bem guardado com a chave da ganância. Despertem, irmãos, para as verdades divinas e não acumulem indiferença ante os chamados. Nas Casas espíritas há sempre máquinas à sua espera para a confecção de roupas destinadas a crianças carentes; existem as campanhas de visita aos lares pobres, onde o que lhes levamos é tão pouco, mas para o nosso espírito orgulhoso é uma chuva de perdão que necessitamos para nos tornarmos melhores. Não é o farnel em si, é a consciência do homem para um problema social que, dia após dia, cresce em todo o mundo. Nessas Casas deve existir também a terapia ocupacional para amenizar dores e fazer do coração sofredor uma luz de esperança em prol dos desvalidos. Se cada irmão, ao frequentar uma Casa espírita, dali fizesse um anexo do seu lar, cumprindo com as suas obrigações doutrinárias e caridosas, o Centro não necessitaria pedir tanto aos que o visitam, mas nele construiriam uma oficina de Deus, com crianças, jovens e velhos trabalhando não só para o sustento do Centro, mas cada vez mais para a cura da alma, às vezes sofrida pela solidão e pelo abandono. O homem ocupado não tem tempo de ser fardo pesado para outrem e quem trabalha para os pobres de Deus não brinca com algo tão divino: uma Casa espírita. Outras religiões se perderam por ficarem apegadas à letra. A Doutrina vai triunfar, porque ela salva, ajuda e guia o homem até Deus. Aquele que se fixar no egoísmo não poderá jamais se dizer seguidor de Jesus, que até hoje busca levar até os oprimidos e famintos não só a Sua palavra, mas o alimento do corpo, como Ele fez quando colocou os Seus pés neste Planeta de dor e desespero. Como nos dizermos espíritas, se os bens temporais estão em primeiro lugar em nossas vidas? Algo irá acontecer nesta época de transição e o que deixarmos guardado como néscios será furtado pela dor e pelo desencarne. O que distribuirmos aos pobres será depositado no altar de Deus e de lá partirá em direção aos nossos, quando estiverem precisando. O que se dá ao próximo não se perde, o que se guarda por avareza o ladrão furtará de uma maneira ou de outra, e para nós bastam as lamentações.

— Você é que é feliz, Samita, por ter ouvido o querido amigo, o irmão dos pobres. Que Deus o abençoe.

— Isso, Samita, é porque os espíritas estão ficando doentes e desencarnando mal. Julgam que por conhecerem a Doutrina estão isentos da responsabilidade para com a sociedade.

— E Jesus disse "ai daquele que muito recebeu", completou a querida irmã. Ninguém mais do que um espírita para levar "muitos açoites", por negligenciar as palavras de Jesus, quando Ele nos disse: "Porque aquele servo que soube a vontade do seu Senhor, e não se apercebeu e não obrou conforme sua vontade, dar-se-lhe-ão muitos açoites" (*Lucas*, cap. 12).

— É, Samita, acho que a Espiritualidade Maior está se cansando dos falsos profetas e está chegando a hora do testemunho. Espero que as pessoas que lerem os meus livros não procurem encontrar o Luiz Sérgio, mas em cada parágrafo parem e meditem; é a espiritualidade que, preocupada com os encarnados, ensina o mapa do caminho. Sem caridade somos robôs, sem coração, enganando a nós mesmos que não fazemos a caridade porque o pobre ajudado não vai aprender a trabalhar; julgando, já estamos errando. Disse Jesus: *Com a medida com que medirdes aos demais, vos medirão a vós, e ainda se vos acrescentará. Porque ao que já tem dar-se-lhe-á e ao que ainda não tem, ainda o que tem se lhe tirará* (*Marcos*, cap. 4). É isso, sinto até um arrepio de medo ao perceber, nos olhos daqueles que muito têm, a falta de caridade. Espíritas, acordem para a caridade e façam da Casa espírita uma oficina de trabalho, onde o homem, mesmo encarnado, pode tornar-se um operário de Jesus — falei isso em cima de uma mesa. Pensei que os outros iriam rir, mas todos abaixaram a cabeça. Então Rayto completou com uma prece:

— Senhor, à medida que caminha a Humanidade sentimos que ela ainda desconhece as leis morais. Tende piedade, Senhor, daqueles que Lhes são indiferentes; fazei, Senhor, que em cada coração germine esta semente que faz com que cada espírito encontre a felicidade em qualquer lugar onde esteja. Senhor, tende piedade dos indiferentes, dos avaros, dos orgulhosos, dos egoístas, e fazei com que o argueiro desapareça dos seus olhos e que eles enxerguem, por pouco que seja, a luz do Vosso Evangelho, que nos ensina a amar a Deus e ao próximo como a nós mesmos. Permiti, Senhor, que o pobre seja a ponte que nos liga com o Alto, pois ele é o meio de provarmos a nossa fé. Fazei, Senhor, que os homens encontrem a paz, a esperança e a caridade.

Fui descendo devagar, o assunto é sério demais e a Espiritualidade superior preocupada se encontra com as atitudes de muitos que se dizem cristãos. Saímos, eu e Samita, abraçados.

Capítulo 7

A EQUIPE TREVOSA EM AÇÃO

Assim, a gente trabalha e aprende. Ainda me olhei e meus olhos brilharam de alegria por constatar que o meu verdadeiro corpo a máquina não conseguiu destruir[1]. Bendito seja Deus, que oferece ao espírito várias roupas, roupas estas que se vão desgastando com o tempo, mas, graças à Sua sabedoria, a chama permanece acesa por longos e longos anos até a eternidade. Ninguém destrói o espírito, porque só Deus conhece a composição desta chama de luz. Ele, Ser perfeito, não mata nem destrói.

Abri o Evangelho de bolso em *Lucas*, cap. 23, vv. 26-29 :

Então levaram Jesus. No caminho, encontraram um homem: Simão, da cidade de Cirene, que vinha do campo. Agarraram Simão, puseram a cruz em cima dele, e o obrigaram a carregá-la, após Jesus. Grande multidão o seguia. Nela havia muitas mulheres que choravam e lamentavam por causa dele. Jesus virou-se para elas e disse: Mulheres de Jerusalém! Não chorem por mim mas por vocês e pelos seus filhos! Porque chegarão os dias quando todos vão dizer: "Felizes as mulheres que nunca tiveram filhos, que nunca deram à luz, e que nunca amamentaram crianças!"

Parei, pensativo. Que profecia! Hoje, ninguém sofre mais do que os pais, porquanto as crianças vivem perigosamente.

---

(1) N.E. — Refere-se ao desastre automobilístico que provocou seu desencarne, em 1973.

— Luiz Sérgio, lendo o orvalho do amor? inquiriu-me Sara, aproximando-se.

— Sim, sem ele sou como uma tarde sem brisa, um namoro sem amor, os olhos sem luz.

— Bravo! Que belos os seus pensamentos! Tem andado com Ocaj?

— Não só andado, como obtido maravilhosas elucidações sobre a paz.

— Quem nasceu para receber nunca vai morrer de fome, disse Damian.

— É isso, irmão, faz quem pode e não quem fica com olhos grandes no progresso do próximo.

— Eu, hem?

— Brincadeira. Você é grande amigo e gosto muito de você.

Podem reclamar das nossas brincadeiras, mas nós precisamos delas, principalmente quando algo muito duro nos espera. Rayto se aproximou:

— Estão preparados?

— Sim, responderam todos.

E ganhamos estrada. Ao nos aproximarmos de uma casa, ouvimos terrível barulho, as luzes acendiam e apagavam, parecia o primeiro umbral. Na porta, uma guarda de espíritos mal encarados. Os Lanceiros se acercaram deles para que nós entrássemos. Jovens, de boas famílias, eram os frequentadores daquele local. Deitados no chão, muitos deles usavam o corpo das garotas para aspirar o pó, uma verdadeira orgia. Todos nós prestávamos auxílio, dispersando os fluidos pesados daquele grupo, quando percebemos uma garota de seus dezoito anos debatendo-se em convulsões; os médicos dela se acercaram mas, ao tentarem socorrê-la, ela foi presa pela organização das trevas que, como loucos, se apossaram do corpo da jovem. Se no *Lírios Colhidos* presenciávamos a equipe do desencarne, quando técnicos desencarnados desligavam os fios magnéticos, hoje testemunhávamos a violação dos corpos. Na nossa frente, espíritos trevosos apossavam-se dos fluidos vitais de uma jovem e arrebentavam as ligações dos seus corpos. Seu espírito, dementado, jogava pra lá e pra cá o corpo que se debatia entre a vida e a morte. Quis correr para junto de Suzane, mas fui contido por Rayto, que alertou:

— Lembre-se de que estamos aqui para ver como ocorrem os desencarnes forçados. Já estivemos no vale, onde uma organização vive como se encarnada fosse.

— Mas vamos deixar esta menina ser vampirizada?

— Sim, respondeu-me.

— Não compreendo...

— Compreende sim, estamos aqui estudando um meio de destruir esta organização.

Calei-me, apavorado. Ninguém pode imaginar o que seja um desencarne por *overdose*. A língua estava para fora e daquela boca adolescente vários vampiros se aproveitavam das emanações do tóxico. A agonia da jovem durou cerca de quatro horas. Alguns espíritos trevosos que não aspiravam o corpo faziam o serviço do desencarne de maneira bastante precária. Rayto, como se desejando justificar a nossa impassividade, falou:

— Ainda que pudéssemos socorrer Suzane, ela nos expulsaria, pois é menina vazia de sentimentos.

Observei sua roupa: etiqueta famosa. Uma bela menina. O rosto todo arranhado, no corpo manchas roxas. Durante essa agonia, nenhum amigo se aproximou. O que estava mais perto apenas a olhou meio assustado — o cérebro não desejava compreender o perigo, e logo caiu, bem encolhidinho.

— Vamos assistir de camarote tanto assassinato?

— Não, Luiz, só a garota vai desencarnar, os outros ainda têm algum tempo de vida.

— Meu Deus, até quando isso vai acontecer? E o que faz a sociedade? Será que ela desconhece tão tristes fatos?

Quando Suzane já agonizava, uma outra garota começou a correr para junto dela. Marcelo falou:

— Vamos levá-la para um hospital.

— Está maluco?

— Então, que faremos?

— Vamos jogá-la na rua.

— Isso é assassinato!...

— Não, ela já está morta.

Examinaram-lhe o rosto: olhos vidrados, expressão de terror. Enquanto os encarnados lentamente tentavam tirá-la dali, a equipe trevosa apoderou-se dos corpos físico, duplo e perispiritual. E a jovem, que deixara de viver na matéria, encontrava-se em estado desesperador na espiritualidade, porque, mesmo "bodada", tinha relances da realidade que estava vivendo. Aquela equipe tentava usar as energias dos chacras; o primeiro a ser visitados pelas mãos ávidas dos trevosos foi o coronário. No cérebro, eles buscaram a substância cinzenta e ali encontraram grandes concentrações de corpos, os neurônios. Notamos que eles usaram a substância branca, esta eles separaram. Na cinzenta está a sede das atividades intelectuais e sensoriais da pessoa. Utilizando-se de aparelhos, eles trabalhavam nos corpos da menina. Nós apenas observávamos. Confesso que já me encontrava nervoso.

Enquanto isso, o corpo físico da garota esperava que seus colegas lhe dessem um fim. Na parte espiritual, uma equipe trevosa lhe sugava as energias chegando até a medula espinhal. Vimos a sede dos reflexos mais simples e órgão de passagem das impressões que estão indo da periferia aos centros nervosos e das ordens motoras que partem dos centros cerebrais e que estão indo aos músculos. E ali, na primeira e na segunda vértebras lombares, eles buscaram um líquido que guardaram com cuidado. Os corpos da jovem eram analisados pela equipe trevosa e a garota, em pânico, gritava muito. Quando percebemos, eles já estavam trabalhando no chacra básico. Esse chacra apresentava a cor rosa-alaranjada e ali eles buscaram algo, que não encontraram, isso se denotava por suas fisionomias fechadas. Quando iam buscar outras energias, Sara, com o seu aparelho, interferiu no deles, o que fez com que desconfiassem. Olharam ao redor, mas mesmo assim levaram o espírito de Suzane, enquanto os jovens se livraram do corpo físico, jogando-o num lugar sombrio. Nós seguimos a equipe protegidos pela Espiritualidade superior, que nos tornou invisíveis aos olhos deles.

E assim voltamos ao vale, onde testemunhamos o que espera um viciado em tóxicos. Entramos, não pelo portão principal, mas sim por outro local somente do conhecimento da equipe da Espiritualidade superior. Estávamos agora em um quarto, que mais parecia uma sala cirúrgica, com vários aparelhos; a garota foi colocada na mesa. Na hora em que isto ocorreu, buscamos o corpo físico e este estava sendo devorado por outros espíritos, que nele bebiam o tóxico, o coquetel de drogas. Mesmo no vale, ela sentia a profanação do seu corpo e gritava desesperadamente. De repente, vimos entrar o chefe; devia ser um técnico, pois era conhecedor do assunto. Foi direto na corrente sanguínea e retirou tudo o que desejava.

— O que faremos com ela? perguntaram.

— Deixe-a aí, talvez eu precise dela.

Risadas soaram. Só o nosso grupo desejava chorar. Não é fácil presenciar o que presenciamos.

— Como é possível isto acontecer, Enoque? Por que não fazemos alguma coisa?

— Simplesmente porque, para salvar muitos, temos de conhecer melhor este lugar.

— Mas, coitada, na mão destes loucos ela vai sofrer demais. Nada podemos fazer, então?

— Nada, por agora. Olhe a ficha dessa garota: Suzane aos doze anos: primeira experiência sexual; aos quatorze anos: o primeiro aborto; aos quinze anos: o segundo aborto; conhecedora de maconha desde os dez anos, consumidora de coca, pico e comprimidos desde os treze anos. Iniciadora de vários colegas. Agrediu a mãe com dezessete anos, quebrando-lhe o braço. O pai sofreu enfarte, porque Suzane foi presa por furto. Tentou viciar o irmão de nove anos. Tentou estrangular a avó, porque não lhe deu dinheiro...

— Chega! falei. Mas mesmo assim gostaria de ajudá-la.

— Vamos sim, Sérgio, mas não agora.

— O que quis dizer o chefe, que pode precisar da menina?

— Para satisfazer os seus instintos sexuais.

— O quê? Isso não, então não podemos deixá-la aqui!

— Sossegue. Por enquanto estamos só acompanhando o caso, logo estaremos prestando ajuda.

Saímos, de volta ao local onde o corpo físico fora jogado e, antes que o grupo fizesse alguma coisa, caí em cima dos vampiros, querendo assustá-los. Mas eles me disseram:

— Calma, doidão, aqui tem tóxico para muita gente. A garota era um aspirador de pó da melhor marca possível.

Fiquei envergonhado, pois tinha dado mancada e agora estava visível aos olhos do grupo. Olhei a gengiva de Suzane: encontrava-se toda ferida e os trevosos usavam e abusavam daquele corpo, saboreando até os fluidos do duplo.

Suzane iria viver até os oitenta e quatro anos, e ali jazia com apenas dezoito. Enquanto os vampiros serviam-se da vestimenta física de Suzane, o corpo perispiritual, sede do espírito, sentia tudo o que estava ocorrendo com o físico. Ela sofria horrores e os gritos eram terríveis.

Pensei: "até quando os Miosótis serão esquecidos? Pais, salvem seus filhos!" Desejei sair dali e gritar para uma sociedade egoísta que só se preocupa com si mesma. O corpo era o alimento daqueles "urubus". Ela sentia possuir vários corpos, porque os três eram desrespeitados por mentes doentes. Um dos trevosos buscou o chacra básico; ele me pareceu uma hélice de quatro pás, localizado entre o ânus e os órgãos sexuais, no fim da coluna. Ali eles se ligavam de tal forma que um puxava o outro para ter sua vez. Notamos, entretanto, que esse chacra ganhara dono, pois já se encontravam presentes outros espíritos, talvez desde que a garota iniciara suas atividades sexuais. A menina levara vida desregrada e os espíritos eram insaciáveis. Afastei-me devagar, mas logo retornei, ao ver um dos Lanceiros espantar os vampiros com seu chicote de amor. Era luz que os cegava, forçando-os a correr, amedrontados. Nesse momento chegaram Karina, Damian e Sara, trazendo uma viatura policial para encontrar o corpo. Disse, aliviado:

— Puxa, gente, que demora de socorro. Pensei que jamais fossem chegar.

Enoque acercou-se de Sadu e perguntou:

— O que achas, temos condição de trabalhar?

— O nosso grupo está pequeno, temos de pedir reforço. No vale quase nada podemos fazer, precisamos trabalhar com médicos conhecedores das energias espirituais e eletrostática, de equipe que conheça a eletricidade existente principalmente na atmosfera dos corpos. Um estudioso dos elétrons.

— Sadu, só assim vamos conhecer a causa que leva essas organizações a se apoderarem dos corpos recém-desencarnados para suas necessidades vampirescas? perguntei.

— É isso, amigo, falaremos com o departamento. Até lá, vamos estudar cada caso.

Olhei o jovem-velho e senti por ele imenso amor. Como Enoque sofre ao ver tantas crianças morrendo! É que as ama por demais.

— Eu amo você, cara, sabia? disse, acercando-me dele.

— Sim, Sérgio, porque sei que és meu amigo, um grande e querido amigo.

— Está triste, Rayto?

— Não é tristeza, apenas não sei como fazer para chamar à nossa equipe de socorro um cientista conhecedor da eletricidade dos corpos.

— Se ele for sábio, aceitará o convite! Agora, se for orgulhoso, vai aprender no umbral.

— Ora, Sérgio, o Rayto não vai convidar um espírito do umbral, e sim do nosso departamento científico.

— E quem vai deixar o paraíso para vir para o inferno?

Retruquei, de imediato:

— Um grande homem, um grande espírito, tenho fé!

— Nós também, concordaram todos.

Abri meu Livro e caiu: *I Timóteo*, cap. 6, vv. 11-12:

Tu, porém, homem de Deus, foge destas coisas; antes, segue a justiça, a piedade, a fé, o amor, a constância, a mansidão. Combate o bom combate da fé. Toma posse da vida eterna, para a qual também foste chamado, e de que fizeste a boa confissão, perante muitas testemunhas.

Eu te amo, Livro amigo!

Capítulo 8

A PROCURA INCESSANTE DO FLUIDO VITAL

Retornamos ao pronto-socorro, que ora nos servia de lar. Foi lá que constatamos o que vinha ocorrendo, como os homens estão desencarnando mal, principalmente os jovens, levados pelo mal do século — o tóxico.

— As autoridades de um país deveriam tudo fazer para extirpar a droga do seu território. No Brasil, ela cresce assustadoramente, falou-me Sara.

— É verdade, já temos os nossos núcleos de narcotráfico, nada a dever aos grandes cartéis internacionais.

Dirigimo-nos ao auditório para fazermos a análise dos fatos do dia e o doutor Luciano, médico daquele local, iniciou a exposição dos últimos acontecimentos, registrados através do vídeo: noite escura; um veículo com policiais tenta desbaratar um reduto de traficantes e prender alguns "aviõezinhos". Vimos a correria das pessoas envolvidas, tentando esconder a refinaria. Os policiais, ao deixarem o prédio, foram surpreendidos pela explosão da viatura. Assistimos às equipes socorristas prestarem ajuda, enquanto os agentes das trevas tentavam apossar-se, sem sucesso, dos corpos dos policiais. No vídeo, o armazenamento de drogas, a potência da refinaria. Enfim, foi-nos mostrado que dinheiro atrai dinheiro e o comércio dos tóxicos é dos mais rentáveis, por isso contam com frotas de aviões e os mais modernos equipamentos para o preparo da coca.

— Isso não vai acabar mais? indagou Sara.

— Deus é tão sábio, explicou o doutor Luciano, que, ao criar o espírito, ofertou-lhe uma veste para a sua evolução e, revestidos dela, erramos ou acertamos. Mas um dia teremos de nos conscientizar de que o ser foi criado para ser feliz e que não existe felicidade calcada na lágrima, no desespero e na queda do próximo. Fatalmente, os chefões do tóxico terão de deixar o corpo físico e ai das suas consciências.

— Esses seres devem, ao desencarnar, apresentar uma deformação terrível, não é mesmo?

— Mais do que isso, Sérgio. Essas criaturas ficam mortas de remorsos e dor. Quem desconhece a dor do tóxico está longe de saber o que vem ocorrendo no Planeta. O tráfico de drogas cresce a cada instante e os dependentes ficam cada vez mais prisioneiros da dor. Só quem conhece alguém vivendo este problema pode imaginar o porquê da espiritualidade estar lutando tanto junto ao homem para o extermínio do tóxico.

— Não sei, amigos, mas se o nosso País não entrar imediatamente numa campanha de alerta, Ismael terá de levar a bandeira do Evangelho para outra nação. Na nossa, a fumaça do vício aumenta a cada instante e a sociedade enferma, que caminha sem olhar para os lados, para trás ou para a frente, será tomada de surpresa.

— Tens razão, Sérgio. A extensão geográfica do Brasil coopera para a criação de possantes refinarias, que se alojam no território brasileiro sob a forma de belas fazendas. O pior, meus amigos, é que o viciado sofre na matéria e também quando desencarna, nas mãos de mentes dementadas ligadas aos núcleos da droga.

— Notei a voracidade da equipe que se acerca de um suicida do tóxico; eles têm imensa sede de fluidos. Observei, também, que buscam avidamente a secreção da mente. Esse fluido parece ser de grande valia para suas equipes.

— É isso, amigos, precisamos conhecer o valor do átomo, a sua força, somente então saberemos por que o corpo e o espírito de um recém-desencarnado são de tal importância para uma organização das trevas, falou Sadu.

Ficamos mais alguns minutos por ali, até que Simeão nos convidou para irmos até a sala dezesseis, onde teríamos mais algumas elucidações. Admirei-me do recinto: um único e amplo palco, de onde partiam projeções de luzes sobre nós, que chegáramos. Comentou Simeão com Sadu:

— Sentimos muito não poder colocar mais alguém junto a vocês, mas espero que o irmão que aqui virá seja útil para os esclarecimentos necessários.

Samita fitou-me com amor e eu pensei: "quem será? Até estou imaginando quem seja". Nisso, levantamo-nos, pois se fez presente o irmão. Sua leveza nos dava, espíritos ainda imperfeitos, uma vontade imensa de nos tornarmos melhores.

— Boa noite, irmãos. Que a paz irradie a sua tranquilidade em nossas consciências, para jamais irmos contra as leis do Pai, falou.

Eu não desgrudava os olhos do nosso irmão, e ele iniciou:

— Deus, Criador incriado, uno e indivisível, Pai de todo o Universo, Se propôs a preencher os vazios dos mundos. Buscou na quinta-essência a vida do espírito e, assim, fomos um dia criados simples e inocentes. Na criação, um ponto em comum vale para todos os homens: o amor. A quinta-essência é o amor divino, que cresce à medida que o ser o distribui. Ninguém conhece este segredo do Pai: como conseguiu Ele criar um espírito; por mais que alguns tentem matar o ideal, a inteligência de um homem, enfim, o espírito, não conseguem. E isso leva muitos ao desespero. Deus, Pai, não destrói, só cria incessantemente. Daí a razão do aumento da Humanidade. Contudo, por maior que seja a inteligência do homem, ela nada é perante Deus. As mais poderosas criaturas ficam extasiadas diante do poder divino, mesmo às vezes dizendo-se materialistas. Ninguém consegue iludir a morte, todos a temem ou já a temeram. Mas esse deixar para trás o corpo leva o homem orgulhoso a blasfemar contra Deus e irritar-se por Ele não dar a fórmula da vida do espírito. Buscam entender essa energia, mas em presença dela esmorecem; mesmo assim, organizam-se na vã tentativa de igualarem-se a Deus. Ao perceberem que já não possuem força sobre o corpo físico, muitos desses irmãos procuram um meio de, mesmo desvestidos do corpo material, poder viver como um encarnado. Organizam-se para extrair de inertes corpos físicos, na hora da morte, os fluidos da vida. Por isso eles vampirizam os encarnados, convivendo com eles; participam das suas vidas, hospedando-se nas suas casas mentais ou se alojando em alguns centros de força do perispírito ou nos chacras do duplo. Nutrem-se por osmose, utilizando o que lhes oferece o corpo físico. Eles descobrem os fluidos vitais de um corpo físico e de seu corpo perispiritual recém libertos um do outro. Sabemos que o desligamento demanda um certo tempo, por ocasião do desencarne. Junções fluídicas ainda permanecem ativas entre as células físicas e espirituais. Mesmo o corpo físico sendo tido como morto, nele se mantém a energia por algumas horas, energia essa buscada pelos vampiros. A mente de um suicida, mesmo inconsciente, fixa-se em certas partes do corpo espiritual e ele julga que ainda possui o físico; passa a viver como se ainda encarnado fosse. E as equipes das trevas estão buscando justamente os suicidas inconscientes para estudarem o espírito. Eles têm a pretensão de criar espíritos e muitos cientistas mandam essas equipes à terra para buscar os fluidos dos corpos recém-desencarnados.

Calou-se, para em seguida projetar um filme sobre um garoto desencarnado por *overdose* e vimos a equipe coletando os fluidos do chacra esplênico, sugando-lhe o baço. Nesse trabalho, observamos que tais equipes possuem boa retaguarda, pois agem com muita tranquilidade. Presenciamos também o socorro: logo que o jovem foi deixado pela equipe das trevas, a do Cordeiro levou-o até um grupo com Jesus e ele recebeu as energias para o seu reequilíbrio.

Vou reiterar o que sempre escrevo sobre médiuns, que o Centro espírita não respeita o doador. Precisam ser criados grupos com médiuns que não incorporam — e que muitas vezes largam o Espiritismo por julgar que nada fazem — para prestar socorro a desencarnados. Nesses grupos não é preciso incorporar, bastando a doação de elétrons dos médiuns para esses espíritos se reequilibrarem. Quantas vezes, ao desencarnarem, já sofrem também com o vampirismo! Necessitam de algo que lhes devolva o equilíbrio e nada melhor — repito — do que um bom grupo para ajudá-los.

Foi aberto um tempo para perguntas e eu aproveitei:

— Irmão, não há um meio de impedir essas organizações de atuarem?

— Já estamos trabalhando para eliminá-las, todavia o encarnado é o marceneiro da sua própria cruz. No desencarne programado tudo é diferente. Os desencarnes inconscientes é que são hoje objeto da nossa preocupação; estamos tentando prestar auxílio a esses casos. Essas organizações possuem os nomes das pessoas que no momento estão propensas ao suicídio. A qualquer alerta, lá estão eles. Logo estudaremos melhor o porquê desses irmãos estarem em busca dos elementos que compõem os corpos físico e espiritual.

— Sabemos que o corpo físico é formado por átomos agrupados em moléculas. Por que esses irmãos desejam tanto o que nele está contido? indagou Damian.

— Para aprontarem no mundo espiritual, respondi.

Foi um silêncio total. Eu me encolhi na cadeira, mas alguém segurou minha mão: era Lílian, a nova amiga da turma. Sorri.

— É isso, menina. É perguntando que vou compondo os livros.

Capítulo 9

NA CIDADE DA DOR

Eu e Lílian caminhamos até o pequeno jardim.

— Gosta de escrever, não, Luiz?

— Gostar não é a palavra, o que gosto mesmo é de passar adiante o que aprendo nas aulas espirituais.

— É mesmo? Às vezes sinto uma vontade imensa de me aproximar das pessoas e lhes pedir que deixem para trás a indiferença, que façam a caridade, porque só ela nos salva; que na terra o homem está de passagem, ou melhor, nela está para aprender a se respeitar e a amar o seu próximo; que se conhece o bom por sua vida de renúncia.

— Não se preocupe, até hoje tento transmitir a todos os amigos, conhecidos e familiares tantas coisas, e poucos são os que me ouvem. Gostam de mim e dos meus livros, mas quanto à caridade para com o pobre, é algo sobre o qual eles têm opinião formada sob a capa do egoísmo.

Ficamos mais alguns minutos trocando ideias, quando fomos chamados pela Sara. Era outro embalo que não teria um final feliz. Juntamo-nos ao grupo, notando que havia nele uma cara nova: um senhor de seus cinquenta anos, muito simpático. Foi logo se apresentando:

— Muito prazer, amigos. Chamo-me Procópio. Deus permita que nos tornemos irmãos.

Saímos em silêncio, era mais uma tarefa dolorosa. Chegando ao apartamento, se assim podemos chamá-lo, tão pequeno era, deparamo-nos com muita sujeira, garrafas e mais garrafas de bebida espalhadas por vários lugares. Os moradores não possuíam preferência, havia de tudo, todas as marcas de bebida. Olhamos as fisionomias dos jovens: pareciam loucos. Duas moças se drogavam sem parar. O mais velho deles, uns trinta e cinco anos, Joca, aspirava coca e tomava aguardente e uísque. De um instante para outro Joca começou a quebrar garrafas e a rir sem parar. Carlos acercou-se dele e lhe aplicou um medicamento, o que fez com que caísse em sono profundo. A moça, chamada Jandira, tentava picar-se, mas sem conseguir pegar as veias. Estas, já necrosadas, rejeitavam a droga. Ela urrava, à semelhança de um animal feroz. Lílian encolheu-se, apavorada. Olhei-a duro e ela cerrou os olhos em prece. Ali era o inferno da droga. Joselito, um dos viciados, urinava sobre o grupo, dando gostosas gargalhadas. Nisso, Marquinho caiu em convulsão. Joca acordou e tentou prestar-lhe socorro, mas a sonolência era tanta que ele cuidou de voltar a dormir. Joselito respirava mal, debatendo-se. Sadu e Samita examinavam as drogas ingeridas e nem podiam imaginar a mistura: um coquetel de venenos. E foi nesse momento que entrou a equipe trevosa. Ouvi um deles dizer:

— Estênio, o cara está mais que doidão, está completamente louco!

O chefe daquele grupo colocou as mãos sobre a fronte do moribundo, revigorando os lobos frontais e acelerando o chacra coronário, buscando o comando das forças do duplo etérico, que interliga o perispírito com o corpo físico. Em seguida, regulou cada centro de força e chacra. Eu me desesperei, porque o nosso grupo não entrava em ação. Notei que Sara filmava a cena e tentei concentrar-me para melhor compreender aquela situação. A operação foi feita no perispírito, mas mesmo assim os chacras do duplo e do físico também foram tocados pelos irmãos da equipe trevosa. Em desencarnes normais, é nesse instante que o espírito se eleva até a massa fluídica e é desprendido da matéria. Com esse irmão o fato se deu ao contrário: presenciamos uma nuvem escura e lodosa envolver o espírito, que desencarnava completamente atordoado. Notamos que a equipe não lhe dava passes, talvez por não conhecer profundamente a ação magnética. Esse grupo me pareceu desejar ativar o sistema nervoso, enquanto uma equipe socorrista do Departamento do Desencarne normalmente isola todo o sistema nervoso, oferecendo magnetismo espiritual, que dispersa o magnetismo dos centros de força e dos chacras, separando as partes elétricas. Nesse caso, deu-se o inverso: os trevosos ativaram os chacras e atuaram à altura de cada um deles, como se desejando reviver os movimentos físicos por parte do moribundo, ansiosos por tê-lo desperto.

— Carlos, esclareça-me uma coisa: sabemos que nas mortes violentas e nos suicídios os técnicos da espiritualidade socorrem depois da morte física, e aqui o físico ainda vive mas essa equipe já está desligando os centros de força. Por quê?

— Preste bastante atenção, Sérgio, e saberá por que eles procuram esses corpos.

Vi, então, os espíritos trevosos buscarem no abdome um líquido leitoso que saía do umbigo do corpo físico e corria para o perispírito, mas ao invés do perispírito, companheiro do físico desencarnado, um dos espíritos da equipe se colava na frente e era ele quem absorvia a substância. O perispírito do moribundo juntou-se ao físico em vez de deixá-lo. Sentimos que aquele jovem iria presenciar até mesmo a decomposição do seu corpo físico. Enquanto isso, os trevosos tiravam todas as energias dos corpos e o jovem gritava, asfixiado. Nós apenas presenciávamos a cena, imóveis. Eram as trevas em ação.

— Vamos ou não socorrer o garoto? perguntei ao Sadu.

Ele nada falou. Foi-se aproximando e aplicando passes no espírito, o que fez com que ele adormecesse e, assim, adormecido, foi levado pelos trevosos.

— Vamos embora, nada mais a fazer, disseram.

Agora reparávamos o corpo físico todo machucado pela convulsão, no chão, e a turma, toda ela, completamente louca.

Meu Deus, ninguém pode imaginar o que é a droga no organismo. Um drogado lembra um animal enfurecido, sem raciocínio; é um ser sem Deus.

— Não podemos socorrê-lo? perguntou Sara.

— Não, ele já foi levado para o vale.

— E a gente vai ficando por aqui, só assistindo a esses malucos aprontarem das suas? indaguei, perplexo.

Ninguém me respondeu. Ali, estendido, o corpo físico era presa de um enxame de espíritos aspirando o tóxico. Aí compreendi por que nós, os Raiozinhos de Sol, nada podíamos fazer. Estávamos em estudo e eu não compreendia. Não sabia quando iríamos dar início ao socorro, mas por enquanto o tibetano e Samita observavam e observavam.

— Querido, não fiques triste, logo ele estará salvo. Os Lanceiros já estão providenciando a busca de Joselito.

— Eu sabia, não é justo. Esses caras nem imaginam o que seja o mundo inferior, por isso não buscam Deus. Se as famílias apresentassem Cristo aos filhos, as dores no mundo seriam menores.

Retiramo-nos daquele local. Depois dizem que não existe inferno, aquilo era pior que o inferno. Aqueles viciados babavam e gemiam, numa viagem sem volta. O barulho da dor era terrível.

Voltamos à nossa sede, onde os amigos nos prepararam "aquele" caldo, feito com os fluidos magnéticos da natureza. Senti vontade de me deitar e cobrir a cabeça, fugir, nem que fosse por segundos, de todas aquelas cenas terríveis que assistíramos. Contudo, não havia tempo para lamentações.

— Luiz, falou Enoque, recebemos aviso de que precisamos ir até o plano inferior para uma melhor compreensão dos fatos que presenciamos.

— Iremos de novo ao vale?

— Isso é o que vamos ver.

— Quando partimos?

— Amanhã. Hoje precisamos descansar.

Aproveitei para dar os meus passeios. Fui a um centro amigo conversar com alguns irmãos e andar pela cidade. Quando voltei, senti que precisava "apagar", algo muito sério precisava ser narrado e, graças ao Senhor, eu fui escolhido.

A noite no plano físico foi tranquila. Mirando as estrelas, cantei, louvando a natureza, e agradeci a Deus ter sido um dia criado por Ele.

Na manhã do dia seguinte, nove de junho de 1989, encontrei-me num Departamento da Espiritualidade superior, recebendo um banho magnético, necessário para o fortalecimento do perispírito. Quando saí da sala, me sentia tão pesado, que mal andava. Olhei os outros e dei um sorriso.

— É isso, amigos, estamos agora aptos a ir à Lua.

— Antes fosse, agora vamos é varrer o plano inferior.

Saí correndo, sem leveza, imitando um avião.

— É comigo mesmo!

Todos riram, era o riso nervoso diante da grande responsabilidade do chamado divino. Assim, fomos varando as zonas de fluidos deletérios, bastante densos. Parecia que ali era um depósito do lixo humano; todo pensamento mau e toda atitude animalesca formavam aquele plano. O lugar era sombrio e as árvores deformadas. A cada passo, os redemoinhos dificultavam o nosso caminhar, onde os abismos eram constantes. As águas escuras dos rios, de forte odor, emitiam vapores sulfurosos.

Defrontamo-nos com vários comboios, que passavam sem perceber nossa presença. Os ocupantes desses comboios apresentavam os perispíritos revestidos de fluidos densos.

Estávamos silenciosos, mas ao nosso redor o horror dominava. Era terrível a vibração do lugar: a vegetação feia, ausência de flores, as árvores com seus galhos e folhas deformados; os galhos de algumas assemelhavam-se a garras, que pareciam aprisionar fisionomias humanas. Mesmo assim, notava-se que também a vegetação parecia amedrontada; era ameaçador e sinistro o vento. Tínhamos a impressão de que algo iria acontecer e de que cairíamos em algum despenhadeiro, que um animal feroz nos atacaria, enfim, sensações terríveis. Observei vários animais, compondo aquele plano inferior, jamais vistos nas colônias da Espiritualidade superior. Ora sentia frio, ora calor. O clima parecia controlado pelas ondas mentais das criaturas sem moral. Fomos chegando à cidade, que nos pareceu bem traçada, e me fez recordar as cidadezinhas brasileiras, com prédios, residências e até hospital. Reparei, também, que estava muito bem policiada. Encontrávamos mendigos, ou melhor, pessoas famintas, surradas, muitas delas maltrapilhas.

— Quem são? perguntei a Rayto.

— Os recém-desencarnados. Eles agora vão para aquele enorme hospital, de onde serão distribuídos para as organizações. Alguns partirão para a terra para obsidiarem, outros serão vampiros que para lá se deslocarão em busca dos fluidos vitais. Muitas criaturas trabalham aqui e é neste lugar que vamos ficar mais tempo.

— E aqueles outros ali, caídos no chão, escorraçados pelas chibatas dos algozes?

— São espíritos que já estão perdendo a força. Aproxima-se a hora de serem socorridos pelos Filhos de Deus.

— O que fazem com estes irmãos?

— Jogam-nos para fora da cidade; faz mal à organização a perda dos fluidos desses espíritos sofredores. Nesta cidade do plano inferior podemos encontrar cientistas, médicos, militares, advogados, juízes, religiosos, enfim, qualquer um que tenha falhado na vida física.

Enquanto observávamos, vi passarem por nós os mais estranhos veículos, e pude notar que a motocicleta é uma criação do umbral, pois várias delas corriam pelas ruas da cidade escura. Dali, fomos levados ao local de onde muitos espíritos comandam falanges do desencarne, isto é, dos suicidas inconscientes.

Na cidade da dor me vi diante de duras e cruéis realidades.

Capítulo 10

A COBAIA DO MUNDO INFERIOR

No momento em que escrevo estas linhas ainda tenho, bem vivas em minha mente, as fisionomias dos espíritos de todos os profissionais que viviam na cidade das trevas: todos aqueles que abusaram da fé do próximo, usufruindo dinheiro e bens materiais, até o político mau caráter. A cidade, apesar de possuir aura escura e o ar pesado, não era muito feia. Era cercada por crateras repletas de espíritos que nos lembravam os retirantes, entretanto em estado muito pior. No olhar, o desespero, o ódio e a dor. Lílian segurou-me bem forte o braço.

— Calma, menina, a luz divina nos protege.

Nesse momento, Enoque parecia uma águia, tal o seu porte majestoso, como um anjo a nos proteger. Sua aura espiritual assemelhava-se a uma antena que captava as energias do Alto, que até nós chegavam como raios de vários matizes. Fixei tanto o meu olhar no amigo que ele, notando, falou-me:

— É isso, Luiz Sérgio, a besta do Apocalipse tem a pretensão de dominar a Terra e para isso conta com a ajuda poderosa dos encarnados sem Cristo, os apegados aos bens temporais.

Estava curioso para saber por que na cidade havia aquele abismo repleto de irmãos dementados, quando vi que íamos para lá. Ao chegarmos, ouvimos uivos e sentimos forte odor que quase nos desequilibraram. Os irmãos, com a nossa chegada, buscavam uns aos outros, abraçando-se em desespero, pensando que iríamos maltratá-los. Rayto e Procópio davam-lhes passes; Sadu emitia uma luz translúcida do centro de força coronário, assim como Samita e Carlos. Dirigi àqueles sofredores um olhar de amor, mas eles nem perceberam, tal o pânico. Nisso, juntou-se a nós outra equipe de socorro, os "Mensageiros da Paz", tendo Ocaj à sua frente. Com que velocidade iam apartando os doentes e os retirando dali!

— Aqui não existem grades? perguntei.

— Observe-os, disse Karina, não há necessidade das grades, eles estão hipnotizados.

— Graças a Deus, falei.

E assim, Ocaj e os mensageiros iam recolhendo da cidade maldita os doentes do espírito. Abdul, que passava por mim, falou:

— Por que vocês estão parados? Levem-nos até o comboio!

Não esperamos segunda ordem, corremos ao trabalho. Só aí notei que o comboio divino já esperava pelos sofridos. Perguntei ao Abdul:

— Somente o pessoal desse lado será ocorrido?

— Sim, eles são bagaços já chupados, o caldo já foi retirado. Eles não saem daqui, porque temem o abandono. Julgam que podem entrar na cidade e lá viver. Às vezes o conseguem, mas são sempre expulsos.

— Por que os mensageiros não vêm aqui com maior frequência para salvá-los? Por que Deus não faz alguma coisa?

— Simplesmente, porque Deus é bom e deu a cada um a fatia da escolha.

— Mas eles estão doentes...

— Nós estamos aqui, Sérgio, assim como outras equipes; eles nunca serão desamparados.

— E aqueles outros que vimos com muito melhor aspecto?

— Desencarnaram recentemente e são ansiosamente esperados. São os "aviõezinhos"; eles trazem ainda os fluidos da vida. Todos se suicidaram, consciente ou inconscientemente.

— Não brinque. Então eles são as canas que logo serão transformadas em bagaço?

— Sim. A organização não dispõe de muitos aparelhos de sugação, por isso eles ficam na espera, aguardando a vez.

— E esperam muito?

— Não, cerca de setenta e duas horas somente, logo estarão nesta ala.

— Agora entendo: os socorristas limpam o vale onde eles jogam os mortos estropiados.

— Isso mesmo.

— Eles sabem que são os Mensageiros da Paz que operam a limpeza da área? perguntei a Enoque.

— Sabem, sim, mas até eles respeitam Ocaj, Onor e Abdul.

— O quê? Não entendi. Eles gostam de Ocaj, Onor e Abdul?

— Gostar não seria o termo, os trevosos admiram a coragem e a humildade desses espíritos e se curvam de pavor. Por isso fingem que não presenciam o socorro.

— Confesso que não estou entendendo.

Ele não se preocupou em me dar mais explicações, mas eu compreendi: Ocaj, Onor e Abdul são espíritos que jamais violentaram alguém, mesmo diante do pior criminoso. Acredito que Ocaj tem por eles amor e respeito. Nos olhos de Ocaj não existem as sombras da crítica, do medo ou do ódio. Ele possui o olhar da paz.

— Não seria mais fácil retirar os "aviões" de transporte? inquiriu Lílian.

— Se mexermos em preciosa carga, receberemos chumbo grosso, e ainda não é hora de atacar, respondeu Enoque.

Quando Lílian perguntou, enderecei minha atenção aos pavilhões, ou melhor, aos núcleos de armazenamento e vi garotos ali também confinados, espíritos completamente dementados.

Acerquei-me de Ocaj e interroguei:

— O irmão está trabalhando sempre aqui?

— Não só aqui, mas em todos os lugares onde a violência se faz presente.

Abraçara-se Ocaj a dois espíritos completamente alucinados e os levava para o comboio. Aquela figura simples, mas humilde, emocionava-me. Pensei: "como Deus deve sentir-Se feliz por ter criado semelhante ser! A dignidade nesse homem inundou-lhe o ser e transbordou em direção a toda a Humanidade do século XX. Felizes somos pelos Ocajes da vida, luz que dissipa as trevas da violência. Bendito seja, amigo". Ele se virou e sacudiu a cabeça. Os dois espíritos talvez nem soubessem que estavam sendo amparados por uma grande e sublime alma.

Trabalhamos muito ali; ao término, despedimo-nos da equipe e Onor prometeu a Rayto uma grande ajuda. Dirigimo-nos ao reservatório energético, onde encontramos espíritos recém-desencarnados. Aí, sim, vi várias equipes de guarda da Universidade Maria de Nazaré, não só os queridos Lanceiros, mas até o doutor Nagi. Percebemos que naquele local o engenheiro falido da terra tivera competência para construir uma verdadeira obra-prima: os departamentos de pesquisa. Nagi, então, aproximou-se de nós e falou:

— Enoque, os meninos precisam refazer sua proteção.

— Já vou providenciar isso.

Nossa capa fluídica já se desfazia e logo seríamos vistos como tarefeiros de Jesus. Afastamo-nos um pouco e dois espíritos do grupo do médico Nagi nos ofertaram os fluidos necessários para continuarmos ocultos dos nossos adversários.

— Agora vamos até ali, na sala treze, disse Nagi.

Ninguém pode sequer imaginar o que armazenava aquele departamento de pesquisa, algo indescritível: os mais poderosos aparelhos científicos. Alguns médicos trevosos examinavam uma jovem recém-desencarnada por *overdose* de cocaína, aos dezesseis anos de idade. Parecia que o físico, também examinado na mesma hora, encontrava-se na espiritualidade, mas não.

— Por este vale estar bem perto da terra é fácil, com aparelhos, acompanhar ou examinar o físico, mesmo com o espírito deste lado, explicou-me Sadu.

Invisíveis aos olhos dos trevosos, assistíamos, junto à equipe de Nagi, ao trabalho deles no corpo físico da garota. Os órgãos sexuais da jovem eram minuciosamente observados e examinados por aqueles espíritos. Ela parecia dormir e eles buscavam o esperma que encontraram bem vivo, pois a garota tivera relação sexual antes do coquetel de tóxico. Coletaram o óvulo inseminado com o esperma e este, já fecundado, foi retirado e mantido num recipiente. Dentro dele colocaram um líquido, que dividiu o óvulo, transformado agora em várias células. O embrião foi envolvido por uma substância gelatinosa. Notamos que a garota levara horas e horas para desencarnar e, mesmo desencarnada, a equipe trevosa mantivera o embrião com vida. Continuaram a trabalhar no embrião e percebemos que conseguiram o que buscavam. Sorriram, muito felizes. Perguntei a Nagi:

— Por que mantêm o embrião com vida? O que desejam?

— Luiz Sérgio, as organizações estão querendo colocar espíritos trevosos na terra, encarnações clandestinas.

— O quê?! Está brincando!...

— É verdade. Eles estão buscando as orgias do sexo e estudando um meio de fecundar os óvulos das mulheres que praticam sexo por esporte.

Senti-me apavorado. Então todo esse trabalho visava povoar o Planeta com seres sem Cristo!... Não basta o inferno em que está a Terra: assaltos, droga, sexo, prostituição, miséria?

— É, mas eles, por vaidade, querem criar seres.

Olhamos o corpo físico da garota sendo projetado até o departamento e presenciamos ali na terra uma verdadeira equipe médica fazendo o trabalho.

— Esse embrião que eles mantêm vivo no vidro, o que será dele?

— Vão implantar em um útero, porque acho que se ele ficar ali morrerá. O embrião pode durar até três dias, tempo suficiente para realizarem o que desejam.

— Nagi, se for implantado no útero de outra mulher, a organização alcançará o seu objetivo.

— Tem razão. A gravidez dessa garota foi programada e isto já foi explicado no livro *Lírios Colhidos*. O sinal foi dado e a menina, apta a engravidar, viu germinar no seu corpo a semente.

— Esse espírito pode ser bom. O que vai adiantar para os trevosos implantar em outro útero este embrião?

— No momento eles estão em experiência e tentam manter vivos os recém-fecundados óvulos, porque desejam colocar alguns espíritos da organização deles na terra. De há muito tentam fazer esse trabalho e só têm fracassado. Hoje assistimos a esta operação e podemos ver que eles contam com pessoas bastante capacitadas.

— Por que Deus não interfere nesse caso? É triste demais, minha gente!... falou Lílian.

O corpo espiritual da garota não somente foi examinado, como também vampirizado pelos espíritos que o estavam examinando. Felizes, conversaram com a sua equipe no plano físico. O chefe da organização desencarnada deu as ordens:

— Conservem o embrião. Procurem uma garota com a mesma idade, mas não tão doidona, e façam o implante.

O médico que estava na terra perguntou:

— Mas para que conservar o embrião, se ele não é dos nossos?

— Simplesmente recordo que esse é um ato experimental. Se der certo, logo os nossos estarão voltando sem precisar dos elucidadores da mente. Temos dificuldade de encarnar, para isso precisamos pedir ajuda, sermos curados, evangelizados, para só então voltarmos. Agora não. Teremos o nosso próprio departamento reencarnatório, grandes e valiosos cientistas materialistas, que engrossarão o nosso núcleo de trabalho.

— Então podemos implantar este embrião em qualquer garota?

— Sim. E vamos esperar os acontecimentos.

Enoque permanecia imóvel, como se vivendo nos dois planos. O perispírito da garota ali na espiritualidade, enquanto o físico, abraçado ao duplo, permanecia no banheiro de uma rica mansão. Atentos ao telão de que se serviam os cientistas, vimos a garota ser socorrida pelos familiares e chegar ao hospital. Pensei: "agora vão ver que ela está grávida."

— Luiz Sérgio, ninguém vai notar, recorde que são horas apenas vividas pelo embrião.

Por mais que a sede trevosa da espiritualidade fizesse para apagar a cena terráquea, Sara a mantinha ligada para os nossos estudos, e, assim, mostrava o corpo ser retirado do local do desencarne. Apesar de estar no mundo espiritual, a jovem sentia a necropsia e gemia de dor. A matéria que sucumbira era violentada por dependentes desencarnados do sexo e da droga. O espírito, que tinha o perispírito como veste, debatia-se nas penosas sensações do físico.

— Que podemos fazer?

— Nada. Vamos ficar aqui para acompanhar o embrião com a equipe terráquea.

— Não seria melhor descermos até o plano físico e buscar a turma?

— Não. Torna-se difícil encontrá-los, e depois, aqui os aparelhos irão nos ajudar muito.

Ficamos. A garota, depois de vampirizada, foi jogada para o vale da dor e a equipe trevosa encarnada já se preparava para fazer o implante. Por mais que me esforçasse, não conseguia ficar calmo.

o O o

Em um determinado local, a festa corria solta, os jovens completamente enlouquecidos. Garotas sem roupas viviam a orgia do sexo e da droga. Foi aí que a equipe julgou ser o momento exato para implantar o embrião. A garota, que aqui vamos chamar de Oana, morena, olhos verdes, na noite anterior tinha tido uma relação sexual, sem os cuidados necessários para não engravidar. Estava ali com o namorado, "numa boa", fazendo sexo e se drogando. A equipe do Senhor já estava também a postos para a fecundação, porquanto o alarme havia soado e os espermatozoides tinham sido separados pelo próprio organismo da mãe e vigiados pelos espíritos da equipe reencarnatória. Agora estava chegando a hora da ligação espiritual, isto é, de colocar no óvulo a luz da vida. Por sua vez, a equipe trevosa já estava com o embrião pronto para ser implantado.

Oana adormeceu no tapete da casa e, sofrendo um torpor, deu condição da equipe de Jesus aproximar-se, mas imediatamente retirar-se. A garota, mesmo dormindo, era usada pelo namorado e outros rapazes. Os trevosos, olhando o painel do departamento, riram satisfeitos, pois a sua equipe conseguira implantar o embrião no útero de Oana. Todos nós, calados, presenciamos a falta de respeito humano. Oana despertou assustada e chorava, tentando livrar-se dos caras, pois ela amava o namorado, e este, impassível, sob efeito da droga, nem se importou com o que estava ocorrendo. Ela se levantou e correu, procurando a porta de saída. A equipe de Jesus retirou-se em silêncio. Não aguentei:

— Por que eles não a ajudaram?

— Eles não são Lanceiros, disse-me o querido Nari, um dos componentes da equipe.

— E você aqui, amigo?

Ele sorriu. E assim Oana ganhou a rua, sendo logo protegida pelos Raiozinhos de Sol. Sorri.

— Puxa, já estava sem fôlego, eles só levavam a melhor!

Pablo, Ricardo, Olegário e outros meninos que nos estavam ajudando na terra acercaram-se de Oana e a protegeram dos trevosos. O painel começou a falhar, por interferência de Nagi e Dayal, que sorriram satisfeitos. Logo Oana chegava à casa. Os pais não se encontravam e ela, bastante drogada, jogou-se na cama. Embora precariamente, o projetor mostrava o embrião se alojando no corpo materno.

— É, disse Nagi, vai dar certo, e aí a genética vai para longe. Oana terá um filho que nada tem de si.

Ainda desolados, comentando os fatos ocorridos, anunciou-se a primeira rejeição: Oana vomitava e todo o corpo tremia. O irmão a levou para um hospital e o fluxo menstrual apareceu, para satisfação nossa e desespero dos trevosos. A equipe da encarnação prestou assistência a Oana, entrando no caso o doutor Bezerra de Menezes que, com amor, socorreu o feto, levando-o para o reino de Jesus, para a maternidade do Plano Maior. Oana sofria uma crise hemorrágica, dado aos inúmeros excessos daquela noite. Mal sabiam os seus pais que ela havia abortado um filho que não era seu.

— Complicado, hem, gente?

— Mais que complicado, loucura mesmo.

Julgavam os médicos que ela havia sido estuprada, mas nós sabíamos muito mais: ela fora uma cobaia do mundo inferior, socorrida a tempo pelos espíritos de Deus.

Capítulo 11

UMA AULA SOBRE MEDIUNIDADE

Todos estávamos calados. Ali, numa cidade trevosa, ouvíamos uma bela preleção sobre mediunidade, esse dom divino que todos possuem, mas que jamais devem dele abusar.

— Jesus também disse: *Nem todos os que dizem: Senhor! Senhor! entrarão no reino dos céus; apenas entrará aquele que faz a vontade de meu Pai, que está nos céus. — Muitos, nesse dia, me dirão: Senhor! Senhor! não profetizamos em teu nome? Não expulsamos em teu nome o demônio? Não fizemos muitos milagres em teu nome? Eu então lhes direi em altas vozes: Afastai-vos de mim, vós que fazeis obras de iniquidade* (*Mateus*, Cap. 7, vv. 21-23).

— Vejam como Jesus é sábio. Não adianta o médium receber espíritos, doutrinar obsessores, se ele não abraçar o seu próximo, como fez Jesus. Caso contrário, não vai conhecer o Reino dos Céus. Não sou eu que estou dizendo, são as Escrituras. Os hebreus, os doutores das leis, ficavam nas Sinagogas querendo doutrinar o povo. Jesus saiu dos templos e fez do coração do povo o templo de Deus. Assim devem ser os espíritas. Depois veio Kardec e *O Evangelho Segundo o Espiritismo*. Este: "Pelas suas obras é que se reconhece o cristão". Simeão: "A árvore é boa sempre, porém maus são os jardineiros". Ainda Simeão: "Entenderam de moldá-la pelas sua ideias; de talhá-la de acordo com suas necessidades". Como é atual esta frase de Simeão! Quantos de nós nos cobrimos com a capa da avareza, do orgulho e do comodismo, alegando que a Doutrina não nos pede para socorrer a pobreza, e sim para nos elucidarmos, esquecendo o que disse o Espírito da Verdade: "amai-vos e instruí-vos". Como podemos viver trancafiados em uma biblioteca, quando a fome, a dor e o desespero se avolumam ao nosso redor? Em *Mateus*, Cap. 10, vv. 9-15:

Não vos afadigueis por possuir ouro, ou prata, ou qualquer outra moeda em vossos bolsos. — Não prepareis saco para a viagem, nem duas túnicas nem calçados nem cajados, porquanto aquele que trabalha merece sustentado. Ao entrardes em qualquer cidade ou aldeia, procurai saber quem é digno de vos hospedar e ficai na sua casa até que partais de novo. — Entrando na casa, saudai-a assim: Que a paz seja nesta casa. Se a casa for digna disso, a vossa paz voltará para vós. Quando alguém não vos queira receber, nem escutar, sacudi, ao sairdes dessa casa ou cidade, a poeira dos vossos pés. — Digo-vos, em verdade: no dia do juízo, Sodoma e Gomorra serão tratadas menos rigorosamente do que essa cidade.

— Aqui Jesus coloca os apóstolos nas ruas, nas estradas. E é isso que precisamos fazer como espíritas, viver ao lado dos que sofrem, porque os tempos são chegados e em cada lar existirão dores e lágrimas. Não está no tempo de caçarmos fantasmas. Do mundo espiritual, partem para a terra caravanas de irmãos que buscam ajudar os encarnados a bem desencarnar. Porque, se o homem é apegado às coisas perecíveis, ele dá trabalho quando retorna à Pátria-Mãe e aqueles que já ouviram e leram as palavras do "Espírito Santo" têm uma responsabilidade muito grande, não podendo se dizer ignorantes. Os espíritos gritam: Caridade!, os homens pedem: por caridade, não nos deixem morrer em vão. Todos os seres orgânicos têm por obrigação viver em harmonia e ninguém vive em paz diante da miséria e da dor. Ninguém pede que "vendamos tudo o que temos para dar aos pobres". Mas Jesus contou a parábola do Samaritano:

Então, levantando-se, disse-lhe um doutor da lei, para o tentar: Mestre, que preciso fazer para possuir a vida eterna? — Respondeu-lhe Jesus: Que é o que está escrito na lei? Que é o que lês nela? Ele respondeu: Amarás o Senhor teu Deus de todo o coração, de toda a tua alma, com todas as tuas forças e de todo o teu espírito, e a teu próximo como a ti mesmo. — Disse-lhe Jesus: Respondeste muito bem; faze isso e viverás. Mas o homem, querendo parecer que era um justo, diz a Jesus: Quem é o meu próximo? — Jesus, tomando a palavra, lhe diz: Um homem, que descia de Jerusalém para Jericó, caiu em poder de ladrões, que o despojaram, cobriram de ferimentos e se foram, deixando-o semimorto. — Aconteceu em seguida que um sacerdote, descendo pelo mesmo caminho, o viu e passou adiante. — Um levita, que também veio àquele lugar, tendo-o observado, passou igualmente adiante. — Mas um samaritano que viajava, chegando ao lugar onde jazia aquele homem e tendo-o visto, foi tocado de compaixão. — Aproximou-se dele, deitou-lhe óleo e vinho nas feridas e as pensou; depois, pondo-o no seu cavalo, levou-o a uma hospedaria e cuidou dele. — No dia seguinte tirou dois denários e os deu ao hospedeiro, dizendo: Trata muito bem deste homem e tudo o que despenderes a mais, eu te pagarei quando regressar.

Qual desses três te parece ter sido o próximo daquele que caíra em poder dos ladrões? — O doutor respondeu: Aquele que usou de misericórdia para com ele. — Então, vai, diz Jesus, e faze o mesmo (*Lucas*, cap. 10, vv. 25-37).

— Como ainda ignorar a caridade? É muito importante para o espírita construir um templo. Nós, que labutamos nos livros espíritas, não nos cansamos de dizer: não existe fé sem obras. Quem não arregaçar as mangas para o trabalho sentirá o peso da própria dor, pois a cruz está aí mesmo e só a caridade a torna leve. Como é possível uma criatura conviver com os espíritos desencarnados e não assimilar os seus ensinamentos? Em cada linha do Evangelho de Jesus Ele está presente, lado a lado com os pobres e oprimidos. Um aprendiz da Doutrina não pode, de maneira alguma, negligenciar a Caridade. Os grandes espíritos escreveram a história do Espiritismo com a tinta do desprendimento: Bezerra, Eurípedes, Aura e outros. É mais fácil doutrinarmos do que sermos doutrinados através do esforço próprio, podando em nós mesmos as imperfeições, que são tão vivas quanto somos avaros para com os humildes. Essa história que pobreza é carma, que os pobres têm de trabalhar, é um paliativo nas chagas imensas da nossa consciência, são gotas de justificação, porque no fundo sabemos que não somos dignos trabalhadores da seara do Cristo. Nós vemos como os trevosos buscam as criaturas ociosas. Existem aqueles que, fermentados pela vaidade, desejam chegar a um Centro espírita para ocupar lugar de destaque na diretoria ou possuir mediunidade gloriosa, esquecendo-se de desenvolver a mediunidade do futuro: "amor ao próximo". Ai daqueles que, sem conhecimento doutrinário, desenvolvem os médiuns. O corpo físico é composto de vários pontos energéticos, pontos estes que podemos classificar de geradores. Os centros de força são as máquinas da usina, a usina a aura espiritual; as máquinas transmitem para os pontos energéticos e estes distribuem a energia para todo o corpo físico. Se um dirigente de grupo, sem habilidade, desenvolve ou força um desses pontos ou chacras, o médium se desequilibra e, aí, adeus mediunidade com Jesus. O mais certo é o dirigente se preocupar em transmitir os ensinamentos básicos da Doutrina e observar a mediunidade de cada um, aceitando principalmente aqueles chamados de doadores. Sabemos que existem Centros espíritas que estão mandando embora aqueles que não incorporam. Este proceder leva a criatura à mistificação, ou animismo. Com medo de ser advertido, o médium encena para o dirigente, grita, chora e dá ao vaidoso oportunidade de doutrinar o espírito sofredor, quando muitas vezes é o próprio dirigente que precisa, urgentemente, ser esclarecido para as coisas de Deus. A mediunidade precisa ser respeitada e cuidada, ela não é o único ponto importante de uma Casa espírita. Primeiro, os espíritas precisam conscientizar-se de que neste século, até este ano — 1989 — o Espiritismo já cresceu, já se tornou adulto, e não é cabível nos defrontarmos com cenas deprimentes em Centros espíritas: médiuns vendo espírito pregado nas paredes, guiando carro, apresentando-se em todos os momentos, principalmente em reuniões sociais. O sacerdócio da mediunidade pede que cada um encontre a paz interior que a Doutrina oferece e que ao chegar à Casa espírita busque servi-la sem fanatismo, sem dogmas, sem orgulho, fazendo dela a continuação do nosso lar, que temos por obrigação respeitar. A Doutrina é atacada pelos atos deprimentes de alguns de seus adeptos que, esquecidos da reforma íntima, servem-se do Centro como trampolim para as suas vaidades.

Após a palestra, fiquei a meditar sobre o que ouvira:

— Pensativo, Sérgio? perguntou-me Lílian.

— Sim, estou a pensar como é difícil manter a pureza em um recinto religioso.

— Eu pouco entendo de religião, mas graças às aulas que recebo hoje já posso diferençar Deus de Jesus, o que na igreja católica complica a nossa compreensão.

— É verdade, na igreja católica são três em um. Saindo da letra, descobrimos que Deus é uno, indivisível, eterno; e Jesus, filho de Deus, criado igual a nós, simples e inocente. Só que Ele manteve a inocência e tornou-Se o Governador do Planeta.

— Quando aprendemos, tudo se torna mais fácil.

— É mesmo, se hoje o Evangelho de Jesus é o alicerce da moral, nós, que o buscamos como o único remédio para o crescimento dos nossos espíritos, sentimos o quanto ele nos é importante.

— Sérgio, fico muito feliz por ter sido chamada para aprender junto a vocês. Sei que pouco posso ajudar, mas tudo farei para não decepcioná-lo.

Alisei seu cabelo e me afastei devagar.

Capítulo 12

A COLÔNIA DAS HORTÊNSIAS

Andei alguns metros e me senti preso ao chão lodoso. Tudo fiz para volitar, mas a atmosfera asfixiante não me deixou prosseguir. Pensei: "por que junto aos outros o caminho fica mais fácil?"

Fiquei ali parado vendo as residências e os edifícios. Como será que eles obtêm as casas nas colônias? O espírito necessita de autorização para utilizar os fluidos apropriados para a construção. O crédito é de acordo com o seu trabalho quando encarnado e também como desencarnado. É prestação de serviço ao próximo. É bom reler o capítulo anterior. A moeda para aquisição da casa própria chama-se Caridade. Lá recordei minha casinha e com que carinho ela está sendo preparada para receber o meu grande amor: vovó[1]. O jardim é muito belo e sei que vai adorá-lo. Quando fazia essa comparação, pensei: "vale a pena a gente perder quando encarnado". Os que bateram, agrediram, feriram e furtaram estão aqui, nessa cidade sem luz, sem flores, sem pássaros, enquanto nas colônias divinas os edifícios são iluminados pela luz do amor. Sei que muitos leitores gostariam de saber onde moro, e recordar minha casa deixa-me feliz. Desenharei para vocês minha cidade:

---

(1) N.E. — Ao fazer este relato, em 1989, ainda não havia ocorrido o desencarne de sua avó Margarida, o que se deu em 10.01.90. No livro *Lírios Colhidos* pôde ser inserida a mensagem de Luiz Sérgio sobre o fato, porquanto o livro ainda se achava em preparo na gráfica que o editou, vindo a público em 1990.

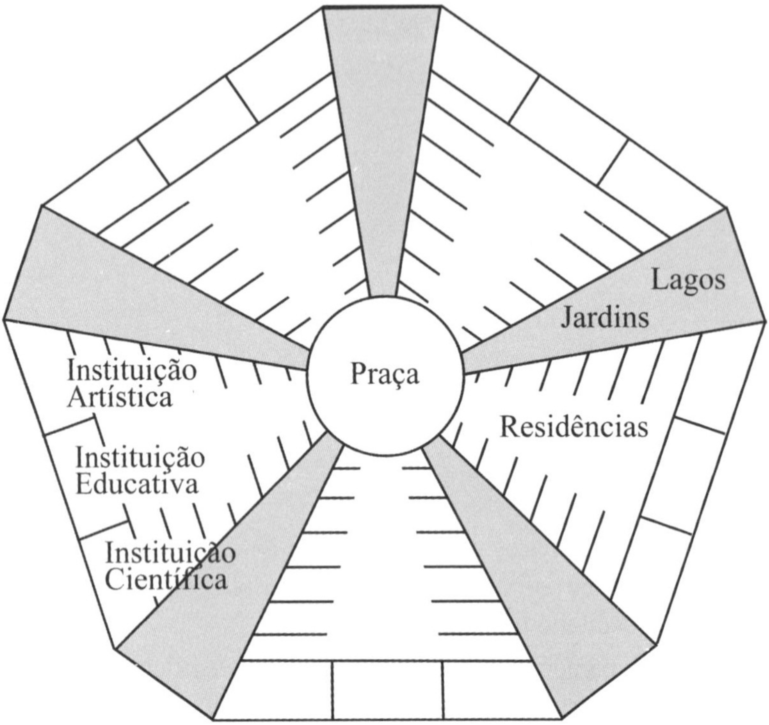

Ela tem muita semelhança com Brasília: muito verde, flores e seu traço arquitetônico lembra muito a cidade onde morei: Brasília. Muitos jardins, pequenos lagos e canais de água cristalina. Mas os edifícios não ficam separados das residências; em cada triângulo há três instituições: educativa, científica e artística. As residências são lindas, muita vegetação, água, flores e pássaros.

Pensava na colônia onde moro, todavia, ali estávamos nós, diante de uma cidade trevosa, cujo odor era insuportável. Os transeuntes passavam por mim dando gargalhadas, a aparência péssima demonstrava desleixo e falta de equilíbrio. Parecia que estávamos no escuro, tudo enfumaçado. Eles quase me derrubavam. De repente, fui admoestado por um membro de uma caravana que passava. O chefe, parando, me falou:

— Anda ligeiro, senão apanha.

Quase me desesperei, porém logo me vi seguro pelo braço de Enoque.

— Sérgio, não dê uma de garoto levado, não podemos separar-nos, temos de ficar unidos, do contrário seremos descobertos.

— Desculpe, amigo, estava colocando o pensamento em dia.

Voltamos abraçados para junto dos outros. Carlos, aproximando-se de mim, falou:

— Frade, não bobeia que eles te levam mesmo, e aí é difícil de te tirar daqui.

— Não brinque, por favor, já estou assustado por demais.

— É mesmo, Luiz Sérgio? disse Damian. Você, assustado?

— Por que não? Sou igualzinho a você, ainda precisando do contato com os mensageiros para ficar de pé.

— É verdade que eles quase levaram você?

— Sim, Damian, é verdade. Mas não se preocupe, se eles me levassem eu viria lhe buscar. Não o deixaria sozinho, não quero que tenha saudade de mim.

Todos riram e Sadu nos convidou a voltar ao departamento de pesquisa, onde um novo corpo estava sendo examinado. Antes, recebemos passe de uma caravana socorrista que nos dava cobertura. Senti-me mais leve e confiante. Ali, na sala médica, quatro espíritos examinavam o perispírito do recém-desencarnado: um jovem. Matara a mãe e se suicidara; estava completamente drogado no instante do desencarne. Eles colocaram no centro de força coronário do espírito um aparelho e uma tela ia registrando o seu desespero. O perispírito daquele menino estava totalmente desequilibrado. Sentia muito frio e dor fortíssima. O sangue corria pelo orifício causado pela bala que o vitimara. Os ouvidos doíam por demais. Ele desejava aparar o sangue que lhe sujava a roupa, sem nenhum sucesso, e debatia-se em total desespero. As criaturas trevosas examinavam, no vídeo, todo o drama do garoto. Ele revia sua vida, fazendo um retrospecto desde a infância, e começou a chamar a mãe, o pai e os irmãos. Pediu comida e água. Mas, em vez disso, aparelhos estranhos buscavam as energias dos seus centros de força. O sangue o incomodava e ele levava a mão até o ferimento. Examinou seu corpo, aquele que estava ali junto aos trevosos, e o cheiro do sangue e das vísceras putrefatas o desesperou. Buscou no seu corpo o odor forte, mas sua visão foi mais longe: a um cemitério, onde o corpo de carne se decompunha. "Por que chcirava tão mal?", pensava. Continuou a procurar uma explicação e percebeu que o corpo era outro; que ele, mesmo ali estendido, estava amarrado a outro corpo.

— Vamos fazer alguma coisa? sussurrei a Enoque.

— Sim, daqui a pouco.

Os trevosos retiraram toda a energia dos centros de força e dali saíram deixando o garoto desesperado. Os nossos médicos aproximaram-se dele, fazendo-o adormecer, mas por pouco tempo. Ele teria ainda, por muitos anos, a imagem da sua veste física. Afastamo-nos dali carregando o garoto, que aqui chamarei de Mário. Senti uma piedade imensa daquela criança, principalmente porque o vi na tela garotinho, mimado pela mãe, e me perguntei: "quantas crianças não estão agora caminhando para o abismo do tóxico?" Deixamos o local. Ao chegarmos à porta da cidade entregamo-lo para os enfermeiros volantes, os abnegados espíritos de Maria.

Acerquei-me de Samita e indaguei:

— O que você fez naquele aparelho? Eu a vi mexendo nele enquanto nós carregávamos Mário.

— Retirei os fluidos vitais do corpo perispiritual de Mário. Ele estava muito louco.

— E agora? A equipe das trevas deve estar no nosso encalço.

— E está mesmo, é só você olhar para trás.

— Meu Deus! falei, apavorado.

Nós éramos agora procurados não por dois espíritos, mas por uma legião. Eles estavam furiosos. Abrigamo-nos num abraço, formando um campo energético, através da prece. Um clarão se fez no momento e aproveitamos para fugir. Se eles eram muitos, nós tínhamos a vantagem do conhecimento do lugar. Nossa turma fugiu, e fugiu bonito; sempre que iam ficando mais perto, ajuntávamo-nos para orar e de nós partiam raios de luzes que os cegavam. Em contrapartida, quando iam chegando mais perto, éramos atingidos por redemoinhos de uma substância que eles projetavam contra nós e que nos deixava sufocados; era uma tormenta de areia viscosa. Nós também os atingíamos com a arma que usávamos: a prece, e víamos vários deles tombarem, cobrindo os olhos. Isso durou alguns minutos, que me pareceram uma eternidade.

Karina, Carlos e Samita eram só equilíbrio. Lílian estava assustada, assim como eu e Damian. Rayto nada falava. Quando estavam bem próximos, vimos surgir à nossa frente uma caravana de socorro chamada pelos enfermeiros.

Quando entregamos Mário, os seus sugadores, graças a ele, eram agora socorridos pelos Lanceiros de Maria que, com grande humildade, iam prendendo um a um com a laço da disciplina. Tínhamos ido buscar um irmão e havíamos entregue a esse grupo perto de quarenta.

Acerquei-me de Enoque e perguntei:

— O que vão fazer com os trevosos?

— Levá-los para uma colônia de esclarecimento. Muitos são servos dos espíritos que vimos. Eles não conhecem o mundo espiritual, as suas belezas, por isso acham certo viver trabalhando como escravos.

— Queira Deus que todos eles conheçam o Cristo.

— Não digo todos, mas que muitos deles se salvem, é o que esperamos.

Fiquei calado. Ainda me sentia sufocado pela vibração de ódio daqueles espíritos. Com a maior alegria, vimos surgir uma colônia ali perto da organização das trevas; chamá-la-ei de Colônia das Hortênsias. Nunca vi tantas hortênsias. A colônia que surgia à nossa frente parecia o Cristo, de braços abertos, à nossa espera. Pulei de contentamento, abracei-me com Lílian, enfim, todos nos abraçamos. Batemos no portão. Como demorou a abrir-se! Pensei: "se os trevosos estivessem aqui estaríamos fritos". Sadu sorriu, esclarecendo:

— Estão observando-nos para se certificarem de que não somos trevosos. É bom, Luiz, você se aquietar, do contrário, nervoso como está, não vai entrar.

— Não brinque comigo, faço qualquer coisa aí dentro, mas quero respirar o ar de Jesus, porque até aqui estávamos no inferno.

— Sim, e ainda perguntam por que você não se encontra no umbral.

— Deixe esses falsos profetas falarem, eles não sabem o que fazem. Estudo que é bom, "necas"...

Nisso, o portão florido de hortênsias brancas, azuis e cor-de-rosa se abriu. Uma bela moça nos recebeu. Seu nome: Sullivan. Cumprimentei-a, mas não pude deixar de lhe dizer:

— Você parece uma fada, é lindíssima.

Ela vestia um camisolão azul; os pés descalços e a roupa muito humilde dava-lhe um ar de deusa. Rayto a reverenciou e Sadu, Samita e os outros também a reverenciaram; só eu, Sara, Damian e Lílian a cumprimentamos com carinho e admiração. Sullivan foi-nos levando para uma das casas da Colônia. Eu me sentia um pássaro, de tão feliz. Aqui desenharei a Colônia das Hortênsias:

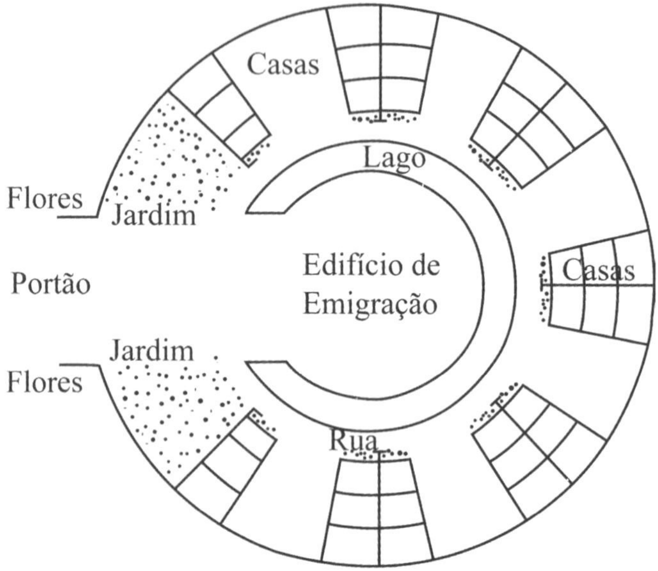

Ainda contarei para vocês o que vi. Sullivan nos abrigou em uma das casas. Logo peguei meu violão e cantei:

"Deixei meu sonho lá fora,
Mas ele não vai embora
Eu preciso sonhar com você
E agora, o que faço?
Eu não posso buscá-lo
E os meus sonhos
Foram embora,
Deixando-me sem sonhar
Por fim, volta meu sonho
Eu não quero despertar
Não vá embora, sonho meu,
Não vá embora, não,
Eu preciso sonhar

E sonhar é amar,

Amar, amar, amar."

Sullivan ofertou-nos um caldo e ficamos palestrando. Como sempre, aproveitei para lhe perguntar:

— Esta colônia presta auxílio aos desencarnados, não é mesmo?

— Sim.

— Mas para que tantas residências?

— Nem todas as casas são residências. Elas são alojamentos transitórios, ou melhor, este é um moderno hospital.

— Será que um dia teremos um igual na terra? indagou Damian.

— Acredito que sim, porque só assim serão debeladas as infecções hospitalares.

— De quem é esta residência?

— É minha, respondeu Sullivan. Aqui moram cinco irmãs.

— Oh, desculpe, estou tocando violão e não lhe pedi licença.

— Esteja à vontade, o lar é nosso.

Olhei a casa: humilde, contudo muito bem cuidada; nos vasos, as flores brilhavam de alegria.

— Como funciona o hospital? perguntou Carlos.

— Muito simples: depois de ser socorrido o irmão no plano físico, é trazido para cá; primeiro é levado para o Edifício da Emigração, onde recebe os primeiros cuidados. Se está muito doente, é encaminhado para as casas hospitalares e nelas tratado até obter alta. Outros, mesmo chegando à Colônia das Hortênsias, não podem aqui ficar e são encaminhados para outros prontos-socorros da espiritualidade.

Sullivan esperou que descansássemos e então nos levou até os hospitais-casas. E ali, como se estivesse em um apartamento, o doente recebia atendimento. Visitamos cinco espíritos e eles, muito felizes, estavam sendo tratados. Um deles, sentado em uma cadeira, recebia luzes no sistema nervoso central, de baixo para cima, verde. Na coluna, de cima para baixo, azul. No sistema nervoso central, de baixo para cima, rosa forte. Mais parecia a casa do doente e não a sala de um hospital. Um outro recebia, de um enfermeiro, azul na coluna; azul em torno da cabeça, azul no frontal; azul geral em todo o corpo. Esse irmão vivera cinco anos em um hospital psiquiátrico.

Íamos conhecendo, uma a uma, as enfermarias da Colônia das Hortênsias, quando assisti ao tratamento de uma irmã; havia desencarnado com tumor no seio, ou melhor, câncer generalizado. Ela me pareceu assustada. Ao ver os médicos, começou a reclamar:

— Não adianta curar esta doença maldita. Na terra, busquei a cura desde o Espiritismo até em outros países. Só não compreendo por que ainda não morri. Sempre fui ateia e para mim é uma grande surpresa não estar morta. Se ontem buscava a saúde, hoje desejava, de verdade, estar morta, ter virado pó. Que adianta estar aqui, dizer que estou viva, se não sei onde anda minha família, minhas filhas, minha mãe, meus amigos?

A médica Samita respondeu:

— Devem estar nas suas lembranças de saudade. A irmã agora está recuperando-se do impacto da morte dolorosa que teve, com o câncer que tomou conta do seu corpo físico e da sua casa mental.

Deu uma risada, perguntando:

— Estou no inferno?

— Não no inferno nem no céu, está num hospital de Deus.

As lágrimas afloraram nos olhos da irmã e ela, virando-se para o lado, murmurou:

— Meu Deus, ajuda-me.

Todos nós nos juntamos e oramos ao Pai pela sua paz e pelo seu crescimento espiritual.

Capítulo 13

COMO SE CONSTRÓI O UMBRAL

Aquela irmã tinha vivido na terra uma vida de aplausos, vaidade e sucesso. Deus era para ela uma estrela de difícil acesso, por isso apenas às vezes pronunciava Seu nome. Agora, descobrira o Deus amigo, Pai e Companheiro de uma Humanidade sem fé. Deitada, buscava os seus órgãos amputados pela doença e descobria, no corpo perispiritual, o amor de Deus. Os órgãos estavam no mesmo lugar, apenas no corpo físico haviam sido amputados. Mesmo ainda doente ela se sentia feliz, pois as dores não mais existiam. Somente precisava encontrar o equilíbrio necessário, ciente das suas novas oportunidades. Pedimos por ela e por aquele hospital de Jesus. Meio assustada, ela recebia o tratamento das cores: trinta segundos de azul na coluna; trinta segundos sobre os brônquios, pela frente, doação de energias sobre os pulmões; verde, azul, rosa-forte e amarelo, trinta segundos sobre cada pulmão. Verde, azul e rosa-forte no centro de força frontal; azul geral, banho de azul. Quando terminou a aplicação, ela dormia. Assim, fomos visitando outros doentes; naquela casa havia cinco doentes, mas outras chegavam a alojar mais de dez.

— E daqui, para onde vão?

— Para as colônias de trabalho, mas muitos doentes aqui ficam prestando auxílio.

— É um lugar muito lindo.

Em todo o hospital ouviam-se belas e suaves melodias. Ao deixarmos o local, observamos, na calçada, vários doentes sentados em cadeiras espreguiçadeiras; uns lendo, outros apenas meditando. Samita comentou:

— Depois ainda dizem que no umbral só existe sofrimento. Estamos em um dos umbrais e que beleza de tranquilidade, o que nos mostra a presença de Deus em todos os lugares.

Depois que visitamos as enfermarias-lares fomos até o edifício central, onde conversamos com os encarregados do processo de migração de espíritos de um agrupamento espiritual para outro. Samita, Enoque, Sadu e Carlos foram até a diretoria, enquanto nós fomos ao departamento de pessoal, para indagar como os espíritos ali chegam: o que é preciso para ser levado à Colônia das Hortênsias. Fomos recebidos por Augusta, que gentilmente nos informou:

— No momento do desencarne, os amigos espirituais ou parentes desencarnados amparam e assistem ao romper do laço fluídico e protegem o desencarnante das ciladas perigosas dos espíritos das trevas. Muitos espíritos sublimes prestam auxílio ao desencarnante; entretanto, depende muito do mérito de cada um a proteção que lhe é concedida no momento do seu desligamento. São poucas as almas encarnadas que buscam na terra o crescimento espiritual, assim, a proteção dependerá do padrão vibratório do espírito, embora não deixe ele de receber amparo. Outros ficam algemados aos espasmos vitais do corpo físico.

— Nesses casos são úteis os grupos de socorro, para os quais esses espíritos são levados e encaminhados às colônias de tratamento, não é mesmo? perguntei.

— Certo. No dia em que os Centros espíritas se conscientizarem do trabalho do médium doador, teremos menos espíritos vampirizados pelas entidades das trevas. Um Centro espírita de Jesus é um pronto-socorro de Maria em ação no plano físico, e os espíritos ali socorridos são levados para as casas transitórias e os hospitais da espiritualidade.

— Irmã, explique por favor: o espírito sofre o desencarne diante de uma equipe especializada e mesmo assim ele pode ser vampirizado?

— Sim, a operação de desligamento final depende do desencarnado.

Embora receba assistência espiritual, vê-se desesperado diante da "morte" e, mesmo sofrendo adormecimento do cérebro para facilitar o desligamento da carne, para que, sonolento, não interfira na separação, ele dificulta o socorro. Busca de qualquer maneira a continuação da vida física, ficando na casa, ao lado dos familiares, sofrendo. Alimentando-se e partilhando do próprio lar, reluta em ser protegido e em ser encaminhado para os hospitais da espiritualidade.

— Mas todos os espíritos precisam chegar até os hospitais ou casas transitórias? interroguei ainda.

— Não. Existem espíritos que se libertam com tanta naturalidade e rapidez dos seus corpos físicos, que as energias do duplo se alojam no físico e o corpo de carne ganha vitalidade e longevidade, isto é, custa mais a se decompor.

— E os trevosos não se aproveitam disso?

— Nem chegam perto, pois o espírito, ao deixar o duplo e o físico, leva a coroa da pureza e do amor. O que fica é a energia de um bom espírito, sem valor para os trevosos.

— Então os corpos que não se decompõem pertencem a bons espíritos?

— Nem todos. Alguns casos podem ocorrer em virtude da natureza do solo onde foram depositados. Contudo, a alma purificada deixa o físico como alguém que ganha a liberdade: sem olhar para trás. Mas existe aquele que, dizendo não temer a morte, por estudar a Doutrina espírita, desencarna mal, porque na hora do chamado teme a "morte", julgando-se ainda não preparado para enfrentar esse momento. Carregando na mente a preocupação com os familiares, o emprego, a conta bancária, reluta em abandonar o corpo, estando este, muitas vezes, em estado lamentável. Em vez de ajudar a equipe do desencarne, ele dificulta a sua libertação, dizendo precisar ficar na terra, procurando justificativa para não abandonar o corpo que o serviu. Assim, prejudica o desprendimento e, por mais que os encarregados pretendam afastá-lo, ele se mantém junto à matéria inerte e vive os momentos cruciais do sepulcro. Sofrendo, sem dar ensejo aos familiares desencarnados de socorrê-lo, ele julga que ali, junto ao físico, está a vida. Não quer compreender que a vida é ele. Muitas vezes os vemos vagar pelas sarjetas do plano físico e são levados pela própria casa mental para as zonas de sofrimento. Mesmo assim, são socorridos e encaminhados para os hospitais, casas de socorro e colônias de luz.

— E daqui, para onde vão? perguntou Lílian.

— Para as colônias espirituais onde existem Governadorias e o Ministério do Trabalho. Depois de curado, o antigo doente precisa aprender a viver como espírito. Então cuidamos dos recém-desencarnados e tudo fazemos para tornar glorioso o despertar destes irmãos na nova vida que os espera.

— Irmã, entramos há pouco em uma cidade do plano inferior e lá também existem edifícios. Como foram construídos?

— Existe verdadeira multidão dessas almas rebeldes que trabalham contra os Cordeiros de Deus; são agrupamentos trevosos. Eles tentam impedir o socorro às suas vítimas. Embora organizados, não conseguem vencer a luz, e isso os enfurece ainda mais. Possuem escolas e estudam para se esclarecer sobre o mecanismo psicológico das almas encarnadas e desencarnadas. Aliás, a organização conta com capacitados cientistas subjugados ao mal que, muitas vezes, dominam o encarnado para mais firmemente o escravizar, quando este deixar o plano físico. Hoje em dia, os encarnados estão sendo presa fácil dessas organizações, pois, longe dos preceitos evangélicos, o homem fica, cada vez mais, dependente da matéria e vive só em busca do ouro, do conforto e das orgias da vida física, enquanto que no amanhã terá de prestar contas ao Todo-poderoso do que fez da oportunidade da vida terráquea. Cada ser vem à terra para cumprir sua tarefa evolutiva, ai daquele que em vão passar por ela. Essas organizações constroem e vivem do lixo mental dos encarnados, tanto que conseguem construir as zonas do astral inferior com a ajuda das mentes humanas.

— Queira explicar melhor, por favor.

— Assim como a água pode ficar repleta de impurezas e nela se formarem bactérias, assim são formadas as zonas umbralinas. É o vírus que encontra campo produtivo. As cidades trevosas não possuem a beleza das cidades divinas, porque não contam com luz própria e as roupas que os espíritos vestem partem das roupas dos encarnados. Daí porque muitas entidades pedem perfumes e oferendas aos encarnados: recebem-nos e os usam.

— As mentes poluídas geram os bacilos dessa peste dolorosa que se chama umbral? interroguei, perplexo.

— É isso, Luiz Sérgio. O homem encarnado, junto com os trevosos da espiritualidade, constrói, a cada dia, as cidades trevosas. Hoje as festas, os armamentos e as drogas são alimentos fortes da formação dos bacilos.

Senti-me uma bomba de *flit*, daquelas muito usadas para eliminar mosquitos e moscas. As cidades trevosas existem, mas os mensageiros de Deus as eliminam com o poder do amor.

Voltei a mente até a cidade a qual chamamos Vale do Brilho, onde Gino — o rei da droga — mantinha um laboratório onde estudava, com cientistas desencarnados, a origem da vida, os centros de força, os canais que interligam os corpos e as rodas energéticas, chamadas chacras. Naquele Vale, havíamos presenciado verdadeiras pesquisas nos corpos de recém-desencarnados. Mas, como disse a irmã, se estas cidades existem são em número reduzido em vista dos prontos-socorros divinos. Por isso, são mínimas diante de tanta luz.

— Irmã, antes de terminar, gostaria que me respondesse a mais uma pergunta.

— Como não, amigo.

— Os núcleos de oração ajudam as colônias?

— Como ajudam! Nas casas religiosas, vamos buscar os fluidos para a cura de muitos doentes. Quando o plano físico não está contribuindo, ficamos como se asfixiados, recebendo as emanações negativas, e trabalhamos com dificuldade até que desligados somos do plano físico e o hospital fica a funcionar ligado somente com o astral superior.

— É como se falhasse a luz, ligando-se o motor?

— Não. Nós vivemos ligados ao motor da terra; quando ela está mal, somos sustentados pela luz do Cristo.

Nisso, Samita entrou e nos despedimos, muito agradecidos, da irmã. Quando saí no jardim, olhei para cima e disse:

— Pelo amor de Deus, encarnados, não vibrem na faixa inferior e orem pela salvação das almas. Lutem para ter uma vida repleta de amor a Deus. Não permitam que sejam presas dos espíritos trevosos. Façam caridade, o que fazemos ao pobre e oprimido recebemos de volta. Alimentem o faminto, para não sentirem fome. Quem dá aos pobres não sofre perdas materiais. A caridade nós fazemos a nós mesmos. Pelo amor de Deus, não deixem a terra da oportunidade ressequida por falta da água da Caridade. Estendam a mão ao próximo, para terem o direito de alcançar a mão de Deus. Não deixem para depois o hoje, que é o momento da nossa salvação. Quem relega para depois o momento glorioso da caridade está colocando debaixo do colchão as pérolas de Deus, e terá de cumprir um dia o que hoje deixou de fazer.

Irmãos, companheiros, amigos, familiares: a caridade é o único caminho da salvação, somente ela oferece ao homem o néctar da vida eterna. O homem caridoso é manso, é justo, é bom. O avaro, preocupado com ele próprio, nem percebe que os salteadores lhe tomam o que ele tinha por obrigação doar ao pobre. Ninguém sabe o dia da chamada, mas sabe que toda hora é hora de trabalhar para Jesus. Não construamos uma casa no umbral, não sejamos construtores das zonas de sofrimento. A avareza, a impaciência e a maledicência são vibrações venenosas que levam aos espíritos trevosos o que eles necessitam para fazer funcionar as suas organizações. Da mesma forma que os encarnados no plano físico obtêm os seus bônus-hora, os maus, os violentos, os orgulhosos, os avaros oferecem aos trevosos os fluidos perniciosos que levantam essas terríveis organizações. Ao pó retorna o corpo e do espírito nasce a paz.

Capítulo 14

O REFÚGIO NO VALE DA INCONSCIÊNCIA

Acompanhando a equipe de socorro, presenciava em uma colônia trevosa a luta do mal para se sobrepor ao bem. Entretanto, por mais que as organizações das trevas tentem, não atingem a perfeição, porque basta pensar no mal para se desequilibrar. A equipe das trevas não escondia o seu descontentamento pelo ocorrido. Sampaio, um deles, animou os companheiros:

— Não fiquemos tristes, hoje já demos alguns passos, logo estaremos operando no plano físico, igualzinho aos Filhos de Deus.

— Enquanto eles colocam milhões de espíritos do departamento reencarnatório, a gente nem consegue um, comentou Humberto.

— Mas não se esqueça de que mesmo recebendo orientação do Cordeiro, muitos pais e filhos caem para o nosso lado. Também, deste lado tudo é mais fácil! Os Filhos de Deus pregam o esquecimento de si mesmos em prol do próximo, mas quem se esquece é esquecido, o humilde é humilhado e o oprimido é violentado.

Senti uma vontade enorme de me apresentar para aqueles maus espíritos e dizer-lhes: "como é feliz um trabalhador de Jesus, um filho de Deus, porque mesmo agredido, humilhado, ele tem paz na sua consciência."

Enoque segurou meu braço, pois na hora que eu pensava algo aconteceu: um deles — talvez o pior — parou, escutou e disse:

— Parece que estamos sendo observados.

— Doutor Henri, estás vendo luz em qualquer lugar...

— Todo cuidado é pouco. Os Filhos de Deus têm pacto com o "demônio", falou um deles.

Tive vontade de dar uma gargalhada, mas observei os meus amigos, eles oravam, com fervor. Coloquei o pensamento no lugar e os acompanhei na prece. Depois, demos em retirada até o pátio — se podemos chamar de pátio, porque não notamos na cidade qualquer ordem administrativa; era um local sujo e sem vida. Que diferença dos belos jardins das colônias! Carlos aproveitou para dizer:

— Aqui está a prova de que a limpeza é de Deus. Casa suja é posto de obsessores. Os templos religiosos devem primar pelo cuidado de suas cadeiras, mesas, enfim, do seu patrimônio.

— Enoque, perguntei, o que podemos fazer aqui se Oana está sendo socorrida no hospital da terra?

— Estamos aqui para saber como operam esses irmãos. Eles estão tentando criar não só o corpo físico como também sonham em criar espíritos.

— Quero ver se Deus vai deixar! Pensando bem, não sei por que Deus ainda não deu um basta nessas organizações trevosas. Como podem existir? Parece-me o inferno comandado pelo "demônio".

— Luiz Sérgio, preste atenção nos transeuntes e verá que aqui neste local vêm milhares de espíritos do plano superior prestar auxílio, tirar do lodo os doentes. Nossa equipe é uma gota de água no oceano. Esta colônia recebe de Deus muita assistência espiritual. Vários mensageiros estão aqui, espíritos bons que se prestam a este trabalho, um dos mais sublimes.

— É mesmo, fico feliz, porque, confesso, nunca presenciei tanto sofrimento.

— Sabe como se mantêm essas colônias?

— Imagino.

— Os encarnados, com seus pensamentos maus, permitem que esses irmãos se alimentem das toxinas das mentes humanas.

Estávamos conversando, quando um uivo terrível nos assustou. Olhei para Samita, que me disse:

— É bom ir-se acostumando, aqui é comum ouvirmos gargalhadas, uivos e sons estranhos.

— Dá a impressão de que todos têm medo. Ninguém está tranquilo.

— Claro, o mal gera pavor.

Assim, fomos alcançando a rua, procurando um lugar para descansar. Senti que Samita estava pensativa. Indaguei:

— O que há, querida?

— Nada, só estou pensando nesses cientistas, espíritos dotados de grande inteligência, usando-a para o mal.

— É mesmo, Samita, um dia irão tornar-se bons.

— Sim, mas até lá o perispírito deles já retroagiu por demais.

— Vamos, irmãos, buscar um bosque para orarmos, falou Enoque.

Circunspectos, pedimos força a Jesus. Nisso, raios de luz banharam nossos corpos; era o plano superior operando. Senti uma momentânea vertigem, tanta era a energia positiva sobre nós. Depois do banho energético me senti muito bem, mais fortalecido. Naquele lugar lodoso, onde a vibração era das mais baixas, necessitávamos do socorro das esferas superiores e o nosso Enoque, tão conhecedor das nossas fraquezas, ofereceu-nos o remédio. Só aí notei que Lílian estava ofegante e eu me senti muito cansado. Acho mesmo que só Rayto, Samita e Sadu nada sentiram. Sadu nos falou:

— Vejam se não absorvem tanto as vibrações do lugar, do contrário vocês vão desmaiar.

Pensei: "é verdade, preciso me equilibrar, tenho de aprender a separar as emoções". Voltamos ao laboratório, dirigimo-nos ao Departamento 36, onde presenciamos outra pesquisa dos trevosos. Nesse departamento os aparelhos eram poderosíssimos.

— Quem os teria inventado? indaguei, curioso.

— Alguns dos seus gênios.

— Gênios do mal, não é mesmo?

Ninguém me respondeu.

Cinco pessoas examinavam atentamente um espírito recém-desencarnado. Cada centro de força daquele espírito era analisado. Depois, acionaram os centros de força, examinando os fluidos vitais. Um aparelho registrava o que eles estavam aprendendo. O fluido do desencarnado era o seu próprio pensamento e, no momento, esse pensamento era de pavor. Estudavam, também, os fluidos do sentimento e do desejo. Pararam no cérebro, vendo que o espírito era o governador dos corpos. Disse um deles:

— Bom seria se pudéssemos examinar um dos Filhos de Deus, porque nele buscaríamos material muito mais útil para tudo o que nos propuséssemos.

Apesar dessa restrição, eles continuavam investigando o desencarnado. Entretanto, o desligamento não se havia efetuado de todo. Percebemos que as junções fluídicas permaneciam ativas entre as células física e espiritual, embora o espírito já estivesse em outro plano. Aquele irmão havia desencarnado pela droga, por isso subsistia a ligação com o físico. A equipe buscava na mente humana desencarnada os fluidos que a mantinham viva e vários aparelhos radiografavam o corpo perispiritual do doente. Todavia, o maior desejo e as incessantes buscas visavam descobrir a quinta-essência da criação, pois sonhavam criar o espírito... Com a maior atenção examinavam o centro coronário, porque é este que supervisiona os outros centros. Temos ligações entre os corpos, mas é o centro coronário que dirige todos eles. O corpo espiritual dá a ideia da sede de um governo. Do coronário, o palácio, partem as redes elétricas que comandam os outros centros de força. Cada centro de força é um ministério com grande capacidade de ação, trabalhando e tomando conta do mecanismo dos corpos. O centro gástrico é responsável pela digestão; o laríngeo coordena a respiração e a fonação. Pensei: "só um grande sábio criaria tal maravilha: o corpo do homem!"

No painel de um laboratório das trevas, assistíamos a uma experiência incrível. O registro estava assim:

1°) Corpo físico — matéria energética densa;

2°) Duplo etérico — é uma formação etérica, reprodução do corpo físico, e está a ele colado. O duplo é composto de matéria fluídica que vem do corpo físico, que o alimenta;

3°) Corpo perispiritual — sede dos centros de força.

No duplo, encontram-se os chacras, que captam energias dos centros de força para abastecer o físico. É através dos centros de força e dos chacras que o espírito controla o corpo físico. Na relação do espírito com o corpo físico, os chacras agem como recicladores de energia.

Enquanto eles estudavam os centros de força e os chacras do duplo, recordei-me da passagem bíblica que fala das rodas:

Eclesiastes, capítulo 12, versículo 6:

Antes que se quebre a cadeia de prata, e se despedace o copo de ouro, e se despedace o cântaro junto à fonte, e se despedace a roda junto ao poço.[1]

Como não aceitar as rodas sagradas? As religiões precisam respeitar-se mutuamente; por se tornarem radicais, muitas delas se perderam. Nas Escrituras os centros de força são citados; agora, a palavra chacra, que os orientais denominam de rodas da vida, que elas existem, existem, não importa sua nomenclatura.

A preocupação daquela equipe trevosa se relacionava com o reciclador de energia, com os elétrons, enfim, ali, eles buscavam algo e, servindo de cobaia, um espírito recém-desencarnado.

Enquanto conversavam entre si, Sadu controlava os centros de força do espírito. Olhei para o tibetano e pensei: "meu Deus, como é importante a gente cumprir com o plano divino! Um médico que não se deixa envolver com a matéria é um médico feliz, pois cumpre com o sacerdócio da Medicina. Não só o médico, como todos os profissionais têm obrigação de ser cumpridores das suas tarefas".

A equipe trevosa continuava estudando as energias das rodas giratórias. Estas rodas giram no sentido contrário ao dos ponteiros do relógio e são de uma importância sem limites, pois é através delas que o espírito controla o seu corpo físico; as rodas giratórias — os chacras — captam as vibrações do espírito.

— O melhor meio de enfraquecermos o físico é buscar as energias nos chacras, mas também podemos atuar nos canais energéticos, o meio de comunicação deles, disse um dos trevosos.

Senti que algo não estava indo bem; o que falara, munido de um aparelho, buscava no perispírito do doente o que estava bloqueando a pesquisa. Sadu imediatamente tirou do centro de força coronário um aparelho que ali havia colocado. Virando-se para Carlos, comentou:

— Eles são terríveis!

---

(1) N.E. — Para uma completa explicação desta passagem, consultar o livro *Chama Eterna,* 11º volume da Série Luiz Sérgio, Cap. 34 — *O cordão de prata.*

Aí, vimos o pesquisador da energia parar com o aparelho no coronário e dizer:

— Estou ficando por demais desconfiado. Acho que os Filhos de Deus estão entrando em nossa área. Sinto uma energia nova penetrar no ambiente.

Todos o olharam, curiosos.

— Esperem. No estudo que estamos fazendo, esbarramos, certa vez, nos canais energéticos de um encarnado. Aí os corpos deles saíram do nível, facilitando o nosso trabalho.

— Salles, por que você, estudando os encarnados, evita atuar sobre o chacra básico, que está situado na base da espinha dorsal, se é nele que se encontra o fogo sagrado? É dele que parte o princípio da vida física, sendo o captador de energia vitalizadora, que mantém o corpo físico.

— Sei disso, muitos estudiosos desta energia nem podem imaginar como é importante para a formação do corpo físico.

— Então, por que não trabalhamos com essa energia, se buscamos realizar encarnações do nosso plano?

O outro respondeu:

— Simplesmente, porque os Filhos de Deus estão atentos. O chacra básico é o mais visado nos tratamentos de desobsessão. Por atuar no sistema nervoso, no aparelho renal e nos órgãos reprodutores, é o primeiro a ser tratado quando os Filhos de Deus fazem trabalhos desobsessivos. Prefiro uma outra roda giratória que se situa na parte superior do pulmão esquerdo. Se atuarmos nesse ponto a pessoa será teleguiada por nós.

Feita essa observação, chegaram mais perto desse centro de força e ali ficaram estudando-o. Nessa altura, Enoque convidou-nos a deixar o recinto. Aproveitou o momento para nos dar elucidações:

— Vejam só o perigo da mediunidade sem Jesus. Quando alguém busca uma Casa espírita, precisa ser encaminhado a um grupo de estudos. Mas a Casa que formar esses grupos deve possuir um departamento doutrinário e não entregar almas sem preparo para outras almas perturbadas de orgulho, vaidade e apegadas à letra, porque assim os iniciantes serão presas fáceis desses espíritos. Vocês estão vendo como eles agem. A importância da Doutrina é a transformação que ela opera em nós. Não adianta sentar a uma mesa mediúnica e emprestar o corpo a um espírito sofredor, se não temos energia tranquilizante para lhe oferecer. Através da "roda" que se encontra na parte superior do pulmão esquerdo é que atuam os espíritos. É ela responsável por toda relação mediúnica entre os planos físico e espiritual. Se o médium estiver desequilibrado emite a cor amarela, e não esqueçamos que o obsessor precisa da luz azul para abrandar a sua dor ou a sua cólera. Daí não poder ajudar o necessitado um médium sem esclarecimento, desequilibrado. Antes de colocarmos alguém defronte de tamanha tarefa divina, devemos convidá-lo a tornar-se o "trabalhador da última hora", no exercício da caridade, tirando-lhe as arestas, tornando-o bom, livrando-o da avareza, da maledicência, do egoísmo, do orgulho, enfim, tornando-se um veículo divino, uma carta de carne de Jesus. Outras seitas religiosas se preocupam em formar líderes e se esquecem de transformá-los em pastores de almas. E deu no que está dando, pois se distanciam do sacramento da caridade, do amor e do dever. E só se consegue crescer espiritualmente se fazemos da nossa vida uma lição de amor ao próximo. Muitos abusos estão sendo cometidos e algo precisa ser feito para corrigi-los: orientar melhor os iniciantes, dar-lhes exemplos de moral evangélica. No lar, ou no ambiente de trabalho, deve o espírita representar bem a Casa que frequenta e a Doutrina. Se o chamado espírita conduzir-se mal em seu lar e no ambiente de trabalho, os familiares e os amigos irão correr do Espiritismo: ele não possui equilíbrio, fala dos espíritos a qualquer hora, e nada mais desagradável do que um repetitivo assunto em todos os momentos. No entanto, se uma pessoa chegar à Casa e encontrar uma elucidação evangélica, ela não vai ocupar cargos, mas arregaçar as mangas e pegar na charrua, ocupar o seu tempo no estudo e no trabalho. O trabalho é a terapia e a caridade a salvação. Não adianta mandar um doente socorrer doentes, principalmente se ele é um desequilibrado espiritual. Muitos desses chamados médiuns abandonam a Doutrina, porque quem se encarregou de apresentá-la fracassou, não teve condição de fazê-lo. Ela é simples, inocente e humilde, e os orgulhosos e fanáticos a mascaram com dogmas, apresentando ao iniciante espírita inverdades que serão difíceis de vivenciar. O certo é estudar mais as obras básicas[2], e colocar no dia a dia os seus ensinamentos. Se um iniciante na Doutrina não procurar modificar-se para melhor, sua família irá sempre lhe cobrar: "nem parece que é espírita".

---

(2) *O Livro dos Espíritos*, *O Evangelho Segundo o Espiritismo*, *O Livro dos Médiuns*, *A Gênese*, *O Céu e o Inferno*.

Diz *O Evangelho Segundo o Espiritismo*: "Reconhece-se o verdadeiro espírita pela sua transformação moral e pelos esforços que faz para dominar suas más inclinações" (capítulo XVII, item 4). Se chegamos à Doutrina e desejamos só doutrinar e evangelizar os outros, esquecemos de nós mesmos e aí a máscara se desintegra e vem o fracasso. Ninguém está isento da reforma íntima, até os espíritas "de gabinete"; todos precisam buscar na imagem dos apóstolos o verdadeiro caminho. Os espíritas apegados à letra devem recordar que Jesus não ficou à frente de uma máquina de escrever, nem no parlatório, ou num gabinete de trabalho. Ele varou o Jordão, Cafarnaum, Betsaida e vários lugares. Buscou os mendigos, os desesperados, os coxos, os cegos; deu alimento aos famintos, foi o primeiro a fazer a hoje denominada "Campanha da Fraternidade Auta de Souza", quando pediu a Deus condição de alimentar o povo:

Mateus, Cap. 14, versículos 13 a 22:

Jesus lhe disse: Não é preciso que se afastem daqui, dai-lhes vós mesmos de comer.

Quantos espíritas expulsam os pobres das Casas espíritas, alegando que não podem cooperar com a malandragem, ou que devem ensiná-los a "pescar"! Uns dizem que a pobreza é carma, outros que é obsessão, mas Jesus, a carta de amor de Deus, simplesmente alimentou o faminto sem indagar quem era merecedor:

Todos comeram, ficaram saciados e ainda levaram doze cestos cheios de peixes que sobraram.

Já pensaram se os apóstolos e Jesus fossem fazer a vistoria e dissessem: "você fica, você vai embora, porque nós não damos de comer a vagabundos"? Não, amigos, o homem de Deus, o Seu trabalhador, apenas se torna o menor dos servos. Serve, e não deseja ser servido. Nesta passagem Jesus nos ensina a campanha da fraternidade, é o festival do amor. Jesus buscou na natureza o que hoje os jovens da Campanha Auta de Souza buscam nos lares — os alimentos. Ele, tendo nas mãos os peixes, envolveu-os com os fluidos apropriados à produção desses alimentos, os fluidos produtores. Sendo um grande conhecedor dos fluidos magnéticos, usou do Seu poder, com a cooperação da mãe natureza. Nessa passagem Jesus nos deixou o exemplo de que o homem precisou do alimento para ouvir as Suas palavras, ficando bem claro que ninguém aprende Evangelho de estômago vazio. E o Mestre, mais uma vez, ensina o Seu trabalho, o caminho da caridade. Os antigos religiosos também ficavam longe do povo, possibilitando a criação de milhares e milhares de seitas. A Doutrina Espírita é a religião do futuro, porque ensina o homem a possuir caráter, coração e força. Ai daqueles que brincarem com o Espírito Santo; ai daqueles que pregarem uma doutrina estranha. Toda a Doutrina Espírita tem de estar alicerçada nas palavras de Jesus, ditadas pelo Espírito da Verdade, na Codificação kardequiana.

Ali, num belo jardim de raras flores, eu, de braços abertos, desejei gritar as palavras de Jesus, quando nos aconselhou, em *Mateus*, cap. 19, vv. 29,30:

Em verdade vos digo que todo aquele que uma vez deixou pelo Reino de Deus casas, ou irmãos, ou irmãs, ou pai, ou mãe, ou mulher, ou filhos, ou terras, por amor do meu nome, receberá cem vezes tanto, e herdará a vida eterna. Porém muitos primeiros serão derradeiros, e muitos derradeiros serão primeiros.

Depois dessa preleção, Rayto disse:

— Voltaremos ao plano físico, vamos ao trabalho com os suicidas.

o O o

Como de costume, paramos no pronto-socorro espiritual, desta vez bem rapidamente, só para nos mantermos ligados à Casa espírita e para uma melhor cobertura dos nossos trabalhos. Sadu, Karina, Carlos e o doutor Pattabhi se distanciaram, como que a traçar algum método de socorro. Quando nos acercamos deles, já sabíamos para onde ir: uma roda de coca.

— Podem me informar como sabem da festa? perguntei.

O doutor Pattabhi deu-me a informação:

— Como é do seu conhecimento, Sérgio, estamos encarregados de desbaratar a organização que hoje busca na terra os suicidas inconscientes. E quando estivemos no Vale do Brilho, lá descobrimos de que forma os espíritos trevosos são informados e estão presentes sempre que essas festas se realizam: o chefe do Vale possui uma agenda com os nomes de todos os dependentes de droga e coloca ao lado deles espíritos que não só aspiram pó junto ao encarnado, como participam da sua vida física. A qualquer excesso, os trevosos são avisados e a organização chega primeiro, porque os irmãos do Cordeiro, os mensageiros de Deus, obedecem a uma programação divina. O desencarne programado é realizado por equipes capacitadas.

— E se essas equipes chegarem antes dos trevosos? perguntei.

— Mesmo que cheguem, nada podem fazer. Não se esqueça de que quem desencarna por *overdose* explode os seus fios energéticos; e quem desencarna obedecendo às leis da natureza recebe proteção organizada e disciplinada do departamento do desencarne. Mesmo que a equipe do Cordeiro chegue na hora do impacto da morte forçada, nada pode fazer. Vamos imaginar uma televisão que um técnico vai consertar e outra que um curioso vai tentar endireitar. Vão sobrar peças, não é mesmo? Principalmente se ela for de 110 volts e o curioso ligá-la em 220. Neste momento, fomos avisados de que cinco jovens estão preparando uma rodada com quarenta gramas de cocaína.

— Não diga, é pó demais, gente!

— E depois, o álcool também não vai ser pouco.

— E chegaremos a tempo?

— Espero, disse Rayto.

Corremos para o endereço. Entramos e nos deparamos com um apartamento sujo e desleixado. Que a sujeira é o alimento do obsessor, isso já sabemos. Os cinco conversavam como pessoas comuns, ou melhor, normais. Três rapazes e duas moças: faixa etária de dezoito a trinta e oito anos. Observei aqueles seres com uma vida pela frente e tão pouco respeito a si mesmos! Os violentadores da moral divina, jovens sem fé e sem amor. Passaram da conversa informal à orgia, num misto de droga e bebida. O álcool e a coca eram companheiros inseparáveis de dois deles, que foram ficando parecidos com animais, pois urravam como bichos. Os demais aspiravam com cuidado, demonstrando um conhecimento maior do tóxico. O mais velho recomendava:

— Vamos com calma, temos pó para muitos dias, não exageremos!

Mas Tito, de 25 anos, não se contentava, parecia louco quando a fileira da droga chegava às suas mãos. Ao perceber que os outros se encontravam já quase desmaiados, Tito aproveitou a "bodação" dos amigos e se afundou no pó e no álcool. Os desencarnados dançavam e consumiam junto com os jovens. Sara usava um aparelho para dispersar os fluidos pesados da droga, enquanto os médicos trabalhavam para salvá-los, principalmente o Tito, que já estava prestes a explodir. Um dos trevosos falou:

— Que turma "alta" e boa consumidora, hem?

Testemunhávamos o suicídio inconsciente em processo acelerado e pouco podíamos fazer, uma vez que os médicos e o Rayto se esforçavam ao máximo para que os jovens não desencarnassem. Os trevosos, ao perceberem que Tito era um bom consumidor, colaram-se nele e o pobre farrapo humano viu-se enfurecido, quebrando tudo. Os outros o ignoravam e ele consumia, ou melhor, comia o pó e consumia o álcool. Por mais que os espíritos amigos tentassem, não conseguiam dispersar a droga; era demais para um corpo físico. E o pulmão estourou, não só o pulmão, mas todos os outros órgãos.

Nessa hora ninguém pode imaginar o desespero de um espírito. A dor é tanta que ele grita e se retorce, todas as rodas energéticas ganham uma velocidade sem limite e os seus condutores de energia se partem violentamente, assim como cada vaso sanguíneo, órgão, membro, enfim, uma explosão de vida. O corpo físico do jovem recebeu um banho de líquidos internos, que extravasaram. Um quadro terrível. Como os trevosos não nos viam, os nossos médicos prestaram auxílio ao espírito, que sofria em descontrole total. Orávamos, desesperados, enquanto Rayto isolava o rapaz, o que deixou os trevosos revoltados, não sabendo por que haviam perdido a presa. Aí o doutor Pattabhi com os Lanceiros entraram no ambiente e os trevosos tamparam a visão, sem conseguir enxergar na claridade.

— O garoto vai ser socorrido? inquiri.

— Sim, mas apenas se verá livre dos consumidores desencarnados; é só o que podemos fazer.

— Para onde ele irá?

— Para o "Vale da Inconsciência".

— O quê?

— Sim, um lugar onde o espírito paga por não ter respeitado o seu corpo físico.

— Não há um meio de levá-lo para uma colônia ou departamento da espiritualidade?

— Não, disse Sadu. Este jovem vai ficar nesse estado que presenciamos ainda por muito tempo. Ele violentou os seus corpos e por mais que receba tratamento da Espiritualidade Maior, o erro que cometeu impede que as energias puras o livrem da dor. Ao violentar o seu corpo físico, também destruiu o seu perispírito, e o Vale da Inconsciência servir-lhe-á de refúgio, mas não de salvação.

— Explique, por favor: nesse Vale eles estão resguardados dos vampiros e das cidades trevosas, mas não salvos?

— Não sabemos o que você considera como salvo. Eles foram socorridos pelos Filhos de Maria, mas como tirar das suas casas mentais o desequilíbrio? E depois, eles contribuem para que a dor torne-se companheira inseparável dos seus espíritos.

O corpo físico, deformado pela violência praticada contra ele, estava coberto pelo limo da explosão interna e o espírito, retirado dali, ainda ficara preso àquela matéria dolorida, pela casa mental em desequilíbrio. Os trevosos buscavam desesperadamente o corpo espiritual que fora levado e senti que estavam morrendo de medo do chefe Gino. O que iriam dizer à equipe que logo viria buscar o espírito e as energias da vida, fonte energética que eles lutam para conseguir dos encarnados a fim de continuarem vivendo como se encarnados fossem?

— De onde vem o líquido que lhe cobre o corpo físico? perguntei ao Sadu.

— Não só do pulmão, como de outros órgãos.

Notei também que do corpo do jovem saía uma quantidade enorme de ectoplasma; era como fios que entravam e saíam do seu corpo e que os trevosos tentavam tirar, mas a equipe do doutor Pattabhi já havia retirado tudo, quando alguns médicos das trevas se fizeram presentes com aparelhos. Estávamos, ali, petrificados, ou melhor, assombrados. O chefe, que vou chamar de Florêncio, falou:

— O que aconteceu? Não me digam que os irmãos do Cordeiro aqui estiveram...

— Não, disse um dos desencarnados, nós não os vimos.

— E como é que o corpo está vazio, sem um fluido magnético sequer?

— O cara tomou tanta droga que acho que não só destruiu o físico, como também o corpo perispiritual, e o ectoplasma evaporou-se.

Três médicos examinavam o corpo destruído de Tito. Com espanto, vimos suas mãos buscarem no duplo etérico o ectoplasma e com um aparelho procurarem-no também nos poros do corpo físico. Examinaram o alto da cabeça e as gengivas. Investigaram detalhadamente aquele corpo e nada encontraram que lhes satisfizesse. O ódio brotou naqueles rostos e tememos pelos pequenos espíritos trevosos, pois sentimos que os médicos se julgavam traídos.

— Eles vão torturar os trevosos que aqui estavam? perguntei ao Rayto.

— Não. Logo saberão que fomos nós que levamos os fluidos.

— O quê? Vão nos descobrir?

— Não, apenas ficarão cientes de que vamos atrapalhá-los um pouco.

Observando bem o físico, víamos o jovem, mesmo no vale, ligado com sua veste carnal e a asfixia era o seu tormento.

— Como podemos ajudá-lo?

— Orando por ele.

Escrevi no meu caderninho: Tito — esperando que logo voltasse a ser dono de si mesmo. Nessa altura, os trevosos chutavam o corpo físico, revoltados por não encontrarem ali o que buscavam. Abandonaram o local. Samita, Sadu e Carlos se aproximaram do corpo. Sadu tocou o cérebro físico de Tito e desligou as fibras nervosas, principalmente a da projeção. Uma substância branca foi retirada por Samita. Calei-me, com respeito. Era a Ciência trabalhando em prol do próximo. Nós, os não-médicos, fomos saindo, devagar, deixando os técnicos ali, em serviço. Lílian segurava meu braço. Damian nos falou:

— Sérgio, dia após dia o tóxico toma conta da humanidade. Se o homem não cerrar as portas do seu lar com a chave do amor, dificilmente deixará de ter em casa um dependente. Eles estão morrendo a cada segundo.

— Hoje ninguém mais sabe quem é viciado ou não. Ela, a droga, tomou conta da sociedade.

— É mesmo, Lílian. Se as autoridades autuassem todos os que consomem droga, só fariam isso. Nos bailes, só não vê quem não quer.

Retiramo-nos. Com que carinho olhei os nossos amigos, quando nos juntamos de volta à Casa espírita, o pronto-socorro divino. Permaneci calado e a turma estranhou.

— O que há, frade?

— Nada, só penso como o homem pode ser tão burro. Será que ele nunca foi a um cemitério? Será que não sabe que terá de partir um dia? Que a morte não livra a cara, nem posição social de ninguém? Não aguento ver esses jovens se afundando em algo caro, podre e fatal. E ainda se considerando os tais.

— Sérgio, mas existe muita gente metida nisso.

— Sei bem, e é isso o que me assusta. A criança corre perigo, porque hoje o tóxico é moda, e a família que não montar guarda cerrada contra a dependência do álcool e da droga sentirá a dor e o desespero. Dificilmente alguém hoje desconhece o terrível mal do século: a droga. Quando escrevemos *Na Esperança de uma Nova Vida*, o Rayto disse: "as nuvens se aproximam" e muitos espíritas se assombraram, criticando-o: "quem é esse espírito que amedronta a sociedade?" Muitos dos que atacaram meu livro já passaram pelo drama de presenciar alguém da família se destruindo. Eu gostaria de neste livro dizer a todos os leitores: "estou pairando no ar, levitando sobre a cabeça de todos vocês, distribuindo a paz, a luz e a esperança em todos os lares", mas não posso isso dizer, porque estarei mentindo. Não estou levitando nas nuvens da esperança, como gostaria. Estou ombro a ombro com a mãe que espera o filho e me chama em alta noite, tendo por companhia a apreensão e o relógio, cujo tic-tac é uma punhalada em seu coração; estou ao lado da esposa e dos filhos, que muitas vezes têm de enfrentar o terror da fome, porque o companheiro ou o pai é um joguete nas mãos de um traficante; estou ao lado da autoridade que busca a droga, muitas vezes expondo a própria vida para que a sociedade não morra a cada instante; estou à frente da mãe que muitas vezes é esbofeteada pelo jovem filho, desejando que ela lhe satisfaça o vício. Estarei sempre do outro lado da vida, com os braços levantados em direção ao Pai, pedindo a Ele que nos dê forças para gritar: "crianças, corram da droga! Ela é um ácido que queima, deforma e mata! Corram é para os braços da família divina e encontrem nela a força para sempre dizer não aos tóxicos!"

Capítulo 15

UM SUSTO NECESSÁRIO

Buscamos nossa base de apoio, onde Etelvina e Terêncio nos receberam com respeito e amor. Naquele local, bem perto da Crosta, espíritos abnegados montaram um pronto-socorro e um altar de orações. Repousamos e estudamos os fatos ocorridos, enquanto diante de uma tela revíamos todas as cenas vividas pelos suicidas inconscientes.

Nesse justo momento, Olavo deu entrada no auditório e com carinho nos ofereceu ensinamentos não só sobre os jovens, velhos e crianças, como analisou cada ato do ser humano. Ele tornou a dizer que o tratamento do drogado não é um tratamento médico no sentido estrito do termo, tampouco a dependência de drogas uma doença. Segundo ele, temos de buscar as causas, os motivos que levaram o jovem a consumir tóxico. O tratamento deve ser feito por bons profissionais e os pais de um dependente devem ir, a seu turno, ao fundo do poço para salvar seu filho. Desejar que o tempo resolva é descaso e talvez o tempo seja curto para a salvação. Um grama de tóxico no organismo é morte certa das células nervosas. Mesmo analisando os que usam esporadicamente as drogas e os toxicômanos, conhecendo a diferença de um e de outro, não podemos deixar de considerar os primeiros como prováveis toxicômanos. A família deve viver alerta, pois seu filho pode estar sendo usuário do tóxico e nesse estágio é bom você lhe estender as mãos. Se ele está em busca de algo forte, é porque a insegurança lhe banha a alma. Como a Psicanálise é o estudo da alma, devemos analisá-la com cautela, procurando saber de onde a insegurança vem, pesquisar o consciente, o subconsciente e o inconsciente, penetrar no seu interior, sem violentar a alma. Por isso, devemos tratar um toxicômano, ou simples usuário, com a ajuda da Psicanálise, sem improvisar ou fantasiar. Seria bom se os psicólogos buscassem a vida do Espírito, conhecessem, através da Doutrina Espírita, as verdades espirituais, principalmente as vidas sucessivas, porque se submetermos à análise somente o hoje, não compreenderemos a variedade imensa dos atos humanos. Ao pesquisar a vida presente do indivíduo, busquemos na vida pretérita alguma coisa que hoje o incomoda. Quando analisamos um toxicômano, sentimos que à nossa frente se encontra alguém extremamente fraco. O tóxico é o combustível para o neurótico assumir outra personalidade. Muitas vezes a família deseja que o psicólogo opere milagres, mas não contribui para a cura do viciado. Uma família sã é mais fácil de cooperar com o profissional, mas muitas vezes o psicólogo tem de curar antes a família para depois chegar ao indivíduo. Muitos pais demoram a aceitar a dependência, o vício, e para salvar o filho iniciam com as agressões. Em protesto, o filho agride e é cada vez mais agredido. O certo é a família se auto-analisar, buscar onde se encontra o erro e todos lutarem para saírem da UTI, porque não só o filho, mas a própria família também precisa de cuidados médicos. Um psicólogo precisa investigar a alma, conhecer o espírito e descobri-lo. Só assim encontrará no inconsciente as neuroses. Não raro essas lembranças estão tão infectadas de ódio e vingança, que o profissional tem de dar ao indivíduo seguras orientações. A família, quando se deparar com filhos problemáticos, deverá não só buscar apoio profissional, mas também se auto-analisar, porque no mais das vezes o erro vem da educação do indivíduo. O psicanalista tem de buscar a causa nas raízes profundas da alma. Se um dependente de droga desejar agredir a sociedade, esta agressão não é gratuita.

Foi aberto tempo para perguntas. Fui o primeiro:

— Olavo, presenciamos muitos coroas também consumindo drogas. Por que tal fato?

— Fraqueza espiritual. Não é a idade que amadurece o homem, e sim o aprendizado de vida. O adulto que se droga, geralmente, é para acompanhar a onda da moda, é para se mostrar. Esses indivíduos são fracos, incapacitados e vaidosos.

Samita perguntou:

— Olavo, como deve agir a mãe quando descobrir o vício do filho?

— Dar-lhe a certeza de que é amado, fazê-lo entender que tudo deve mudar dali para diante e que os pais desejam salvá-lo. Precisam ser autoritários e ao mesmo tempo carinhosos. Como digo sempre: os pais precisam de um bom analista para saber tratar o filho. Hoje encontramos esses serviços profissionais gratuitamente em muitas instituições.

Conversamos muito com Olavo, mas o descanso era necessário e nos despedimos gentilmente do amigo que, em seguida, retirou-se. Enoque ainda me falou:

— Sérgio, sente a diferença entre aquela época que você escreveu *Na Esperança de uma Nova Vida* e a atual?

— Nem se compara. Hoje o tóxico não escolhe idade e a cada minuto desencarna alguém com *overdose*.

— É mesmo, falou Damian. Antes, a maconha era muito procurada; hoje o brilho é o rei dos tóxicos. E como tem ceifado almas! Um verdadeiro devastador.

Ali fiquei um pouco mais, os outros foram descansar. Olhei o pequeno auditório de palestras e me senti em casa. Depois de muito tempo recolhi-me aos meus aposentos, orando a Deus pela felicidade de toda a Humanidade. No dia seguinte nos encontramos na sala de estar do pronto-socorro e Enoque nos trouxe outras elucidações. Lílian perguntou:

— Por que os trevosos estão estudando tanto o espírito e o corpo humano?

— Julgam eles que podem criar o espírito e o corpo humano.

— Querias!... falei.

Sadu esclareceu-nos:

— Não sabemos ao certo o que eles querem; agora, que estão buscando algo, isso estão, não resta a menor dúvida. Veja bem: eles, diante de um corpo desencarnado, procuram analisá-lo com um cuidado muito grande, como se buscassem os seus componentes. É uma observação técnica. Mesmo contando com espíritos inteligentes, o materialismo deles dificulta uma melhor compreensão. Não querem aceitar que Deus criou os vegetais e os animais, segundo a sua espécie, inclusive o homem, "feito à Sua imagem e semelhança", e fogem desse Ser tão capaz. Assistimos a um desses grupos analisando as proporções de oxigênio, carbono, hidrogênio e nitrogênio nos animais e nos vegetais, e constatarem que eles contêm esses elementos em porções quase semelhantes. E se deterem no corpo humano a examinar a água, proteínas, gorduras, substâncias inorgânicas, carboidratos, o carbono, o nitrogênio, o oxigênio e o hidrogênio. Estudaram nas células duas espécies de ácidos nucleicos: ácido desoxirribonucleico e ácido ribonucleico. Só que eles longe se encontram de compreender a molécula "vida", da qual parte a vida — o espírito que reencarna, o átomo espiritual, a união matéria-espírito. O homem não é fabricado, ele é criado. Deus cria o espírito e o espírito para reencarnar necessita de uma veste confeccionada por dois seres — homem e mulher — que precisam de elementos do planeta para confeccioná-la. A união entre o espírito e o corpo físico é feita sem nenhuma interpenetração, a ligação se dá através da influência mútua entre os dois corpos. O espírito não está dentro da matéria, como muitos imaginam, buscando dentro do corpo físico o espírito. Ninguém aprisiona a luz.

Sadu ficou calado por alguns minutos e ia sair, mas eu segurei o seu braço. Voltou.

— Doutor, só uma palavrinha: como se dá a junção dos corpos?

— Temos o perispírito — sede do espírito — o duplo etérico e o físico. Entre eles existem espaços; os três espaços são distintos. Quando o corpo físico ainda é um embrião, dá-se o encaixe do espírito-perispírito com a parte correspondente da estrutura molecular cromossômica. O espírito o penetra e atravessa o espaço físico, passando através do embrião à medida que ele cresce e vai encaixando os corpos atraídos pelos campos biomagnéticos que se vão formando à medida que o embrião cresce.

— Sadu, por que a criancinha dorme tanto? perguntei.

— Porque o perispírito com o espírito está a uma certa distância do duplo e do físico, por isso a criança é semiconsciente. O nascer lembra o desencarne, quando vemos pessoas esperando o desencarne dormirem o dia todo.

— Sadu, o corpo físico está superposto pelo duplo e pelo perispírito? perguntei.

— Os três corpos estão ligados entre si à custa de laços magnéticos. Mas agora chega, peço desculpas se me estendi por demais.

Karina respondeu:

— Ao contrário, pedimos que o irmão prossiga com algumas outras elucidações.

— Não, Karina, falei demais. E pouco pudemos esclarecê-los, porque ainda não sabemos o que realmente querem os trevosos. Fico preocupado, mas quando estudo o núcleo celular e o citoplasma acho infundado meu receio. Ninguém tem acesso à inteligência Suprema, somos apenas seres lutando para alcançar o grande laboratório divino, porque é lá que se encontra a verdadeira felicidade.

— Chega de curiosidade. Ou vocês também desejam cooperar com os trevosos? interferiu Enoque.

— Enganá-los, falei.

E assim nos despedimos dos irmãos daquele pronto-socorro e atingimos as ruas do mundo físico. Logo chegamos a uma casa onde íamos trabalhar. Na porta, uma senhora muito simpática. Seu nome: Adelaide.

— Como vai, Enoque? Você demorou a chegar, tenho pedido tanto pelo meu neto que já nem mais sabia o que fazer.

— Querida irmã, no momento que escutamos o seu pedido, corremos para socorrê-la e aqui estamos, prontos para o trabalho.

— Meu bom amigo, Jerônimo procura cada vez mais os colegas em busca de emoções fortes. Vamos entrar, esta é a casa de meus filhos, que estão na Europa. Jerônimo, Glória e Jaime ficaram com os empregados e minha filha solteira; mas, coitada da Catarina, por mais que fale, não lhe dão crédito, tão afundados no materialismo estão que o respeito fica distante.

— Adelaide, leve-nos até eles.

E assim se deu. Quando entramos na sala, Glória, quase despida, deitada se encontrava sobre o tapete. Jerônimo e mais dois colegas conversavam.

— Jerônimo, disse Carlito, a grana está no fim e o brilho está subindo, pois a inflação está no pico. Temos de puxar ou depenar algum carro.

Jaime pulou, assustado.

— Vocês estão loucos? Toca-fitas, prataria da mamãe, joias, isso ainda vai, mas roubo, meu, eu não entro nisso!

— Seu bobo, disse Carlito, pois então jejum total.

Glória deu uma gargalhada.

— Jejum? Você sabe, Carlito, que o Jaime já consome quatro gramas?

— Se sei. Nossa patota é fogo. E haja grana!

— E para quando você pretende fazer o serviço? indagou Jerônimo.

— Para hoje. Quanto mais cedo, melhor.

— Tem alguém para trocar com a gente? Bem explicado: comprar o nosso pequeno furto?

Todos riram, sentindo-se os tais. Voltei meus olhos para a vovó Adelaide, condoído pela dor que seu semblante exteriorizava. Os três queridos netos embarcavam na marginalidade. Enoque chegou perto de Glória e tentou influenciá-la. Ela parou de repente e disse:

— Não vamos, não, estou com o pressentimento de que seremos grampeados.

— Deixa pra lá, sua boba. Não sendo assim, o jeito é assaltar algum trouxa.

— Pelo amor de Deus, vamos pensar em coisa melhor.

— Eu não aguento mais um dia sem ela, a "gostosa". Fico louco, louco, louco, reagiu Jaime.

Tentamos tirá-los daquele clima, mas nada. Tudo indicava que aquele grupo ia iniciar-se no assalto para consumir tóxico. Saíram. E nós atrás deles. Ficamos de longe, observando-os, e quando Carlito, com facilidade incrível, abriu um carrão e foi puxá-lo, algo ocorreu: disparou o alarme e alguns policiais, que estavam nas proximidades, os prenderam.

Glória pôde escapar, ajudada por Enoque, e os outros foram presos. "Coitados dos familiares!" pensei, abraçando Adelaide, que desabafou:

— Foi o melhor remédio receitado pelos espíritos amigos. Vamos ver se vai dar resultado.

Retornamos à casa dos meninos, que rapidamente foi visitada pelos repórteres, familiares e vizinhos: três filhos de ricas famílias haviam sido presos com tóxico tentando roubar um carro, e isso era notícia. Advogados e amigos influentes entraram em cena e os pais, que se encontravam na Europa, ao saberem, xingaram o país, o governo, somente os filhos eram defendidos.

— Isso é bom para os meninos? perguntei ao Enoque.

— Ótimo. Um escândalo vai assustá-los; se não os assustar, aí sim, a coisa fica feia. É a decadência.

— E nós não podemos salvá-los?

— Não — foi a resposta, um pouco dura, que recebi. Como podemos deixar alguém roubar para se drogar? Se tudo tivesse dado certo, logo se tornariam ladrões profissionais. Para debelar uma infecção, devemos aplicar um forte remédio.

— E os pais? Coitados!...

— Os pais vaidosos precisam também de um enérgico tratamento. Creio que depois desse aperto eles vão curar-se.

— Deus lhe ouça, disse Adelaide. Peço ao Senhor que meus netos não vivam aquém da sociedade, a minha esperança é que sejam cidadãos dignos, nem que seja na pobreza.

Disse, ainda:

— Obrigada, Rayto, por ter salvo Glória.

Ninguém respondeu. Fomos até a delegacia, onde nos deparamos com outros repórteres, todos eles curiosos: o filho de um grande industrial estava ali preso como um indivíduo comum. Os três choravam desesperadamente. O pai de Carlito, furioso, culpava a sociedade pelo erro do filho. Mas os policiais nem o ouviam, tão acostumados já a esses fatos. A mãe de Carlito, separada do marido, deu entrada na sala. Ele correu para abraçá-la; ela, secamente, lhe disse:

— Quem tem coragem para roubar deve ter também para enfrentar a Justiça.

Gostei da moça. E ela prosseguiu:

— Já lhe dei ótimos colégios, roupas caríssimas, portanto, de hoje em diante você vai se virar. Vou arranjar-lhe um emprego e não lhe dar mais nada.

O pai, meio sem graça, observou que os policiais a cumprimentavam por aquela atitude e disseram:

— Pena que poucos pais agem como a senhora.

Ela, virando-se para o ex-marido, falou:

— Tudo o que for dar-lhe compre em bens, não quero que estrague mais o garoto, porque ele, filho de pais separados, deve enfrentar essa situação. Não o compre, por favor.

O homem nada disse, mas a mãe de Carlito conversou com os policiais e saiu. Carlito ficaria mais tempo na prisão, determinou a mãe, e eu a achei uma grande mulher.

— Enoque, meu filho e minha nora não teriam essa atitude, eles são por demais orgulhosos, comentou Adelaide.

— Não importa. Jaime, Jerônimo e Glória jamais vão se envolver novamente com tóxico. A prisão vai doer na alma dessas crianças, porque você vai ficar ao lado delas intuindo-as sobre a verdadeira moral.

— Com todo prazer. Também buscarei o meu velho e juntos tentaremos salvar nossos netos.

Enoque completou:

— É o que podemos fazer por eles no momento; mais, impossível. Livrar alguém da polícia não, porque ela muitas vezes é o remédio. Existem pais que tudo fazem para abafar os escândalos, mas ignoram que estes às vezes são necessários para a salvação.

Fomos saindo dali. Desejava dar uma chegada à casa dos meninos, mas não queria pedir, quando Enoque falou:

— Vão, Luiz, você e Sara, dar uma olhada em Glória.

Fiz continência:

— Obrigado, amigo, e até já.

Quando lá chegamos a garota estava desesperada.

— Eu vou me matar! Maldita droga! Que será dos meus irmãos? E o papai, que sonhou com um cargo político e agora esse escândalo! Vou me matar!

Cada vez que ela falava, eu corria para abraçá-la.

— Não é preciso, Sérgio, isso é só vontade, acalmou-me Sara.

— Veja bem, Sara, se essa garota se suicidar o fracasso será nosso.

Nisso, bateram à porta: eram os policiais em busca dos pais. Glória correu para baixo dos cobertores e os empregados se encarregaram de falar com a tia Catarina, mas a governanta logo se prontificou a telefonar para os patrões, defender os garotos, chamar advogado, arranjar pistolão etc. Entretanto, os meninos e Jaime, de maior idade, deixaram na delegacia um pouco da vida suja que ultimamente vinham vivendo. Ficamos com Glória, que foi ao banheiro e deu fim a todas as drogas da casa: comprimidos, maconha, cocaína, *crack*. Como desejei me materializar para dizer àquela garota: "menina, olhe o seu corpo e o respeite. Não deseje aproveitar a vida sem amor. Não tire do seu coração o dever de mulher, entregando-se ao primeiro homem, muitas vezes em troca de algo tão sujo: a droga! Busque a força no seu interior, para não ser mais uma na imensa galeria de mulheres que tudo perderam, até a vida física. Glória, olhe ao seu redor e busque algo mais do que alguns gramas de pó e alguns cigarros de maconha. A mulher que se droga mata a cada instante os seus sonhos de criança. Estarei orando por você, Glória, e saiba que ninguém sofre mais do que uma mulher nas mãos da organização das trevas".

Ela chorava e dizia:

— Vovó, eu sinto que a senhora está falando comigo. Não deixe que eu volte a me drogar. Hoje fui salva por milagre, mas doeu a minha consciência, porque deixei os meninos e corri. Sou um verme que nem coragem tem de enfrentar os fatos tristes da vida.

Era o momento oportuno para nossa interferência. Então falei:

— Tem razão. O jovem tem coragem de furtar, de matar e de se drogar, mas não tem coragem suficiente para ser um cidadão cumpridor de seus deveres. Diz-se pregador da liberdade, mas é a mais infeliz presa dos vícios. Levante-se, Glória, e ore a Deus pela sua família, que hoje conheceu a dor e o desespero.

Cerrando os olhos cheios de lágrimas, Glória iniciou a oração que Jesus nos ensinou:

— Pai nosso, que estais no céu...

Terminada aquela missão, deixamos o recinto, não sem antes jogar um beijo para uma jovem que tinha tudo para ser feliz e tudo fazia contra si mesma.

Capítulo 16

AS NUVENS NEGRAS JÁ CHEGARAM

Um caso a mais, uma dor juntando-se a milhares de outras dores. Assim vive a sociedade de hoje. Muitos, indiferentes ao fato, ainda criticam quem tenta desesperadamente colocar um ponto final nessa situação dramática. Na organização da droga o dinheiro corre solto, e não é pouco, são milhões e milhões de dólares. Todos os países precisam unir-se, pois só assim venceremos a besta do Apocalipse. Em cada esquina existe um traficante querendo adotar uma criança, um jovem. É preciso lutar contra ele com a arma do amor.

Estava assim meditando, quando fui chamado por Enoque para prestarmos ajuda.

— Mais rolo? perguntei.

— Rolo é pouco, respondeu Sara.

Fui seguindo a turma, pensativo.

— Por que a tristeza? perguntou-me Lílian.

— Se o nosso país não tomar sérias providências, logo teremos o palácio das drogas no Brasil. A infiltração da organização da droga é tanta no Brasil que os Raiozinhos de Sol já estão ficando preocupados. Em todas as cidades brasileiras se avoluma o número de jovens viciados e as famílias continuam ignorando o fato. Paralelamente ao trabalho da espiritualidade, torna-se necessário um esforço conjunto da sociedade com a área governamental. Só assim poderemos ficar tranquilos.

Chegamos a um clube grã-fino da cidade. Perguntei ao Sadu:

— O que vimos fazer aqui? Dançar?

— Sim, dançar em arame farpado.

Rimos, os dois. Ele prosseguiu:

— Sérgio, neste clube da grã-finagem, como em outros clubes, as pessoas fumam maconha e cheiram lança, e ninguém toma providência.

— O quê?

— É isso mesmo. Olhe só aquele coroa.

E para meu espanto, um senhor de seus cinquenta anos aspirava lança sem o menor constrangimento, assim como usava outras drogas. Poucos iam ao banheiro, era no salão mesmo. Enoque voltou, dizendo:

— Qualquer dia desses teremos um escândalo nesses clubes. Está precisando que isso ocorra, porque a droga está correndo solta e não só nas grandes cidades, não. Em cidades do interior, até nas mesas dos clubes se veem pessoas se drogando.

— É o fim, meu amigo, falei.

— Não, não é o fim. Deus vai permitir que vençamos o desafio da droga, respondeu Rayto.

No banheiro daquele clube, presenciei fatos horrorosos, era Sodoma e Gomorra piorado. Senhores de cabeças brancas praticando atos bem indignos. Um adolescente de quinze anos injetava droga e suas veias não aguentavam mais as picadas. Fiquei ali orando por ele, que com grande ansiedade tentava injetar a droga em si mesmo. Que mundo cão! Aqueles senhores, indiferentes, pouco se incomodavam com o drama do jovem que, desesperado, tentava em vão pegar a veia frágil que se arrebentava. No banheiro de um clube grã-fino, a gente estava ao lado de um jovem que se matava. Saímos, pois no caso presente nada havia a fazer.

— Por que o viciado se coça tanto? perguntou-me Lílian.

— Simplesmente por estar intoxicado.

— Coitados, são farrapos humanos! Meu Deus, até quando vão se matar? O que falta a essa juventude que não encontra nos colegas, no trabalho, nos prazeres, o que busca? A sociedade tem de estudar um meio de preencher as horas vazias dos jovens, pois eles estão insatisfeitos.

Calei-me, mas à minha frente outro jovem se picava, buscando a veia do braço esquerdo, antes dissolvendo a heroína em uma colher. O desespero estampou-se no seu olhar no momento em que a heroína ganhou o seu corpo. Voltamos ao salão, onde vários grupos de uma sociedade decadente se envenenava: álcool, maconha, lança e cocaína. Isso a olhos nus, e depois chamam os jovens de maconheiros. Que ironia!...

Estávamos ali porque Enoque fora encarregado de apresentar um relatório para os espíritos que tratam da segurança nacional e terá de mostrar os pontos fortes onde a droga está mais atuante.

— Acredito, falei, que no nosso país ela está tomando conta de tudo.

Enoque nada disse. Voltamos calados para a nossa casa de apoio. Comentei depois com Rayto, ao chegarmos ao nosso destino:

— Venho notando que cada vez aumenta mais a dependência da droga pesada. Antes só havia maconheiros. Hoje o que mais se vê é viciado em cocaína e LSD.

— Tens razão, Sérgio, é isso justamente o que vou tratar com os encarregados da segurança do país, que deve se tornar a Pátria do Evangelho. Vários Estados estão marcados com tinta vermelha assinalando as fontes da droga. É a rota do tóxico. Nosso temor é que o solo brasileiro se torne um ponto forte do tóxico.

— Que tristeza! falei. Logo estaremos enfrentando momentos difíceis. O pior é que existe homem público julgando ser a droga brinquedo de adolescente, tão distante da real verdade. Quando escrevi *Consciência*, a maconha era a grande inimiga do jovem; hoje, o grama de coca é o passaporte para a morte. E muitas pessoas estão se drogando.

Em seguida, fomos encaminhados ao auditório e lá Enoque, junto a outra equipe, expôs o que estava ocorrendo. De cada dez jovens, apenas um não se droga.

— O quê? admirou-se um dos espíritos. Não é possível!

— É, respondeu Enoque. Há vários anos, quando iniciei esse trabalho no plano físico, fui atacado por eminentes espíritas, porque falava em droga. A prece que faço na abertura do livro *Na Esperança de uma Nova Vida*, de Luiz Sérgio, foi classificada de mau agouro, quando dizia: "as nuvens negras se aproximam". Passados tantos anos, agora cobertos por essas nuvens, os homens pensam que, ficando indiferentes, a tormenta vai passar. Não é bem assim. A droga está aí, matando, aleijando e roubando a paz nos lares. Se as autoridades não abrirem carga pesada sobre ela, logo seremos os campeões dos tóxicos em todo o mundo. A extensão geográfica do Brasil é propícia às refinarias e a rota já se iniciou. Precisamos combatê-la com disciplina e amor. A droga se encontra nas faculdades, nos hospitais, nos núcleos de trabalho, na política, nos quartéis, nos colégios, nas cadeias, enfim, ela, a terrível, está em toda parte. A luta tem de partir de cima e o governo precisa das mães; elas, as verdadeiras mulheres, precisam unir-se para combater a assassina dos seus filhos. As mães que já perderam seus filhos devem solidarizar-se num grito de justiça. Hoje os traficantes buscam meninos desde tenra idade para iniciá-los no vício. Visitamos, há dias, num hospital, um garoto de dez anos, vítima de AIDS, contraída pelo uso de tóxico em seringa contaminada. Ninguém pode dizer que a desconhece, ela ronda cada lar, é impiedosa, cruel e bárbara. O homem que a ignora distante se encontra da caridade. Hoje o seu lar pode estar resguardado, mas eu pergunto: até quando? Ninguém sabe. A droga chega, chega de mansinho e não escolhe rico, remediado ou pobre, ela só deseja aprisionar, dominando cada vez mais a sociedade. Cidades existem onde o tóxico já tomou conta de certas áreas e esses locais não são de favelas, são pontos residenciais das classes média e rica. Os pais, as autoridades, vão deixando o tempo se encarregar do conserto. Pobres coitados! O jovem drogado é uma planta contaminada, pouco tendo para oferecer ao seu próximo. Os religiosos também devem unir-se, pondo de lado o fanatismo da crença para trabalhar pela felicidade do próximo. Quem pode dormir, quando um jovem rasteja na dor e no desespero?

Enoque ainda ficou conversando, enquanto nós nos retiramos, desejando ganhar o alojamento para descansar. Ali no meu quarto eu rememorava os últimos acontecimentos. Aquela colher de desmanchar heroína e coca me dava uma sensação de vazio na alma. O olhar de terror daquele adolescente do clube asseverava que não é tão boa a "viagem" como apregoam. Recordei-me de uma aula sobre a destruição do corpo etéreo. A grandeza divina concede ao espírito uma veste semimaterial, feita do fluido universal, e esta veste, se bem tratada, permite que voltemos bem vestidos para o mundo espiritual, mas se a destruirmos, voltaremos com ela em frangalhos. Quantos espíritos destroem o seu laço fluídico, que nada mais é do que uma expansão do seu perispírito, através do suicídio consciente ou inconsciente! O perispírito também se renova, se aprimora, atendendo à evolução, mas igualmente é destruído, quando não temos uma vida digna. Ele vai ficando remendado, isto é, enfraquecido, e até se deforma. Sabemos que o perispírito modela e orienta a plasticidade embrionária dos seres; é o perispírito que dá forma aos traços fisionômicos, mas também é ele que se deforma na hora do desencarne por suicídio ou vida irregular, distante de Deus. O perispírito transmite a luz do espírito ao duplo e ao físico, mas também recebe do físico as vibrações nocivas ou boas. É no corpo perispiritual que fica plasmado o que o espírito faz de bom e de mal. Embora sendo a veste do espírito, ele, ligado à matéria física, trabalha unido a ela. Esses três corpos, procurando cumprir uma etapa encarnatória, precisam uns dos outros, mas muitas vezes o espírito, que os comanda, esquece o valor do perispírito e, muito mais ligado ao físico, é escravo dessa veste perecível, é presa dos vícios e da luxúria. Se o perispírito receber vibrações nocivas irá adoecer. Veja os corpos:

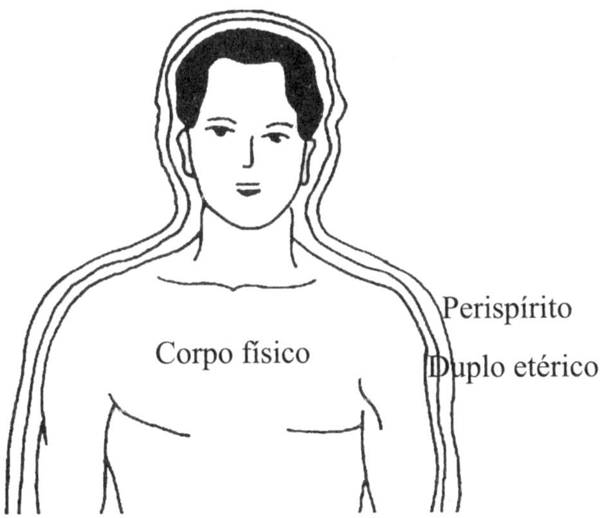

Quando temos atividades terrenas apenas ligadas à matéria, o perispírito vai ficando opaco. No viciado, ele chega a ser cinza. Lembremo-nos de que o perispírito guarda os resíduos de nossas vidas passadas. Ele é o molde ao qual a matéria física se junta; e quando ela, a veste material, morre, ele, perispírito, permanece livre e bem vivo, porque nele se encontra a chama eterna. É no perispírito que se encontram os fios energéticos que unem os corpos para o mergulho na carne. Ele é muito importante para o espírito, mas é o espírito que o comanda, assim como aos outros corpos. No dia em que o homem aprender a cuidar de seus corpos, diminuirá o número dos espíritos sofredores. Quando já cansados de servir, a veste física e o duplo são devolvidos à terra, colocados no guarda-roupa, caixão ou armário, em perfeito estado e ali os espíritos prepostos deles retiram os fluidos energéticos, cumprindo as leis da natureza. Não é de hoje que, com pesar, se presencia espíritos debatendo-se para não deixar esses corpos, simplesmente porque não era chegada a hora da separação.

Pensei tanto, que dormi. Acordei com a voz de Karina, que me chamava para mais uma tarefa.

Capítulo 17

A ALIMENTAÇÃO NATURAL
O SOFRIMENTO QUE ESPERA UM SUICIDA

Fomos até o salão, onde oramos juntos. Logo depois recebemos a visita do doutor Pattabhi, o médico indiano, que nos elucidou sobre o consumo exagerado de alimentos. Ressaltou que, atualmente, no mundo moderno, o consumismo está em primeiro lugar e as criaturas ingerem em excesso alimentos artificiais. A insegurança do homem leva-o a buscar na alimentação em excesso a força que lhe falta. Falou sobre o alimento natural. Quando ficou livre para perguntas, eu fiz a minha:

— Muitas vezes o homem defende a alimentação natural mas se droga. Por quê?

— Nem todos, irmão. Poucos adeptos da alimentação natural se envenenam com o tóxico. Um naturalista jamais violentaria sua alma com substâncias nocivas a ela.

Perguntei também:

— Sabemos que para você, oriental, ingerir carne é saborear cadáver; mas estando o homem brasileiro bem distante da cultura oriental, não necessita ainda da energia da carne para alimentar o seu corpo?

— Os homens, brasileiros ou hindus, são homens; apenas se diferenciam pela cultura. Se o hindu se contenta com pouco alimento, o brasileiro, pela fartura do seu país, se excede. Em poucos países existe tanta abundância de alimentos como no Brasil. Em uma casa brasileira da classe média são servidas muitas iguarias e todas elas contendo carnes. A fartura existe no Brasil. Mesmo os pobrezinhos, quando se alimentam, são possuidores de grande apetite. E sendo um país que veio com o dever de se tornar o celeiro do mundo, o grão germina no cerrado e no pedregulho, só faltam mãos para semeá-lo. A terra oferece ao homem uma alimentação saborosa e útil ao seu corpo e à sua alma. O homem não necessita matar para se alimentar. Se a cultura torna os homens diferentes, a fé em Deus os torna iguais e quem tem fé em Deus O ama e não mata os Seus filhos.

— Acha, então, que ingerir carne depende da mente?

— Sim. Se você se conscientizar de que ela nada lhe acrescenta, pode aboli-la.

— Mas se a carne é a alimentação básica dos brasileiros, será que o povo não vai ficar mais desnutrido? perguntei.

— O povo indiano não é desnutrido e o povo brasileiro muitas vezes, mesmo ingerindo tutano de ossos, vísceras, coração, rim, bucho, mocotó, ainda se sente desnutrido. Se a população pobre fosse orientada a se alimentar das riquezas do solo brasileiro, diminuiria a mortalidade infantil. Dos quintais pobres surge o alimento que se transforma em deliciosas sopas e outras iguarias. Seria de bom alvitre que os encarregados da assistência social ensinassem a população menos favorecida a bem se alimentar com os vegetais, qual seja no preparo de excelentes alimentos somente à base natural, mas para isso tem de formar uma nova mentalidade. Esses irmãos, tão carentes, muitas vezes sucumbem pela fome por ausência de conhecimento; falta neles a busca das coisas simples que podem ser produzidas ou encontradas até no próprio quintal. Poder-se-ia, também, levantar campanhas para que, nos logradouros onde existem os depósitos de vegetais, as sobras sejam dadas aos pobres.

— Mas, doutor Pattabhi, são muitos anos de consumo carnívoro, como podem deixar assim, de repente?

— É só buscar a vontade na fé e no respeito ao próximo, visitar os matadouros de animais e constatar a dor dos companheiros em evolução, iniciando uma limpeza interior, desintoxicando-se dos elementos nocivos da carne no organismo.

— Irmão, sabemos que existem médiuns que se alimentam da carne em dia de trabalho mediúnico.

— Sim, e a substância inferior da carne do animal penetra na aura do médium e a escurece, o espírito fica preso em uma cadeia de vibrações pesadas e o médium quase nada pode fazer de bom.

— Irmão, conheço muita gente que não consome carne, mas "come" todas as vísceras dos irmãos que caminham ao seu lado. Existem irmãos que não comem carne, mas no seu interior as vibrações de cólera, orgulho e maledicência são muito mais nocivas do que os fluidos pesados da carne.

— Estou de acordo. O não consumo da carne dá ao espírito liberdade, a aura espiritual capta mais energia e o duplo e o físico ficam como se pairassem no ar, tornando muito mais fácil a intercomunicação dos vivos com os mortos; mas nem todos os que já se afastaram dos carnívoros são santos. Pode ser vencido esse ponto negativo, mas existem muitos outros na alma de um homem e cada ponto negativo eliminado é uma conquista. Quero deixar bem claro que aqueles que não mais necessitam da carne nunca devem desejar violentar com palavras os que ainda não conseguiram livrar-se dela. O futuro vai fazer o homem deixar os alimentos pesados, devido à sua escassez.

— Os animais também transmitem doenças ao homem?

— Os germes e os bacilos das sujeiras dos chiqueiros penetram no corpo humano e as pessoas, ao saborearem as vísceras do porco, por exemplo, estão colocando no seu organismo vermes que poderão atingir o cérebro de maneira cruel. Muitos desses casos o clínico tem dificuldade de diagnosticar; as impurezas do porco podem alojar-se em vários órgãos, o que leva o doente a uma grande fraqueza e, não raro, à morte.

— Doutor, que devemos fazer para deixar de comer carne? perguntou Karina.

— Procurar substituí-la. Todos os países devem abrir campo para a culinária vegetariana. Não como muitos fazem, levados pela cobiça do ouro, mas sim para nutrir o corpo físico, para embelezar a alma. A alimentação rica em frutas e verduras é muito nutritiva, e quem é seu adepto é reconhecido pela beleza da pele, dos cabelos e por sua tranquilidade. A carne torna o homem violento e a alimentação vegetariana o torna equilibrado.

— O mal dos naturalistas é querer mudar o mundo. Como devemos elucidar aqueles que desconhecem o valor nutritivo de uma alimentação natural? indagou Damian.

— Das escolas ou mesmo criando-as deveria partir o ensino do aproveitamento dos cereais e das verduras. Em um país como o Brasil, a população deveria consumir mais as suas riquezas vegetais. Em qualquer quintal nascem frutas, legumes e verduras. Criando-se cursos de culinária, os lares estariam aptos para fazer um bom alimento. Muitos não comem verdura, porque não sabem prepará-la.

— O senhor não quer nos ensinar? perguntei.

— Se me fosse permitido, com prazer o faria.

Sorri, imaginando no meu livro boas receitas culinárias. Sei que o leitor iria gostar, mas deixa pra lá.

— Irmão, falou Lílian, por que dizem que a vibração do animal fica na carne?

— Na hora da morte, as energias deletérias da aura do animal penetram no seu interior e se espalham por toda a carne. Ao ser ingerida a carne pelo homem, essas energias se alojam no seu organismo sob a forma de alta dose de vibração de ódio.

— Qual a razão desta aula, doutor Pattabhi?

— Muito simples. Estamos estudando a importância da alimentação porque, trabalhando com suicidas pelas drogas, também encontramos os que se suicidam pela ingestão de alimentos nocivos. Muitas pessoas, embora sabendo que não podem comer gordura, se utilizam exageradamente dela; se não podem ingerir doces, não ficam sem eles. Esta é a causa da nossa palestra: transmitir ao leitor o perigo do suicídio inconsciente por excesso de alimentos.

O médico hindu se despediu, mas ficou ainda conversando com vários irmãos. Saí, sozinho, queria respirar, pensar nas coisas que aprendera. Muitas vezes o encarnado acha que está abafando e entra pelo cano. Pensei: "como podem pessoas com conhecimento doutrinário ingerir bebidas alcoólicas, fumo e carnes? Conhecemos vários espíritas que são consumidores da carne e do álcool. Eles deveriam conhecer o mecanismo dos seus corpos e saber que uma alimentação pesada os desnivela, podendo levar ao desequilíbrio. Hoje, são poucos os grandes espíritas, como aqueles que renunciaram no passado para que a obra nada sofresse".

Sentei-me na grama da Casa e fiquei a recordar-me de Gino, da organização das trevas, preocupado em fazer nascer um dos seus tutelados na terra, do estudo científico deles na busca do conhecimento dos átomos e dos elétrons, em uma palavra, a vontade de ser Deus. A aula do médico me entristecera, porque é difícil elucidar o homem para aquilo que ele realmente precisa. O homem vive no corpo físico a mil por hora, julgando que tem de aproveitar a vida. Ele não se detém para pensar que a cada minuto suas células envelhecem e que um dia terá de deixar a matéria. O homem se esquece de que é um espírito. Ele deveria olhar para dentro de si e recordar que até o corpo que encobre o seu espírito ele desconhece; que dentro do físico existem muitos órgãos que precisam estar sadios para ele viver na terra; que o corpo físico também é frágil — na sua composição temos sessenta e cinco por cento de água, quinze por cento de proteínas, quinze por cento de gorduras, substâncias energéticas menos de cinco por cento, carboidratos menos de um por cento. O físico é máquina cujos pontos energéticos precisam estar bem ajustados, e o homem, cada vez mais, o destrói. Mata-se não só com a droga mas com muitas e muitas substâncias tóxicas. E ninguém nada faz, porque o lema é tornar o país rico. Pobre dele! Nem está preocupado com o ser, o que ele sente, o que ele faz, como ele vive. Só querem torná-lo um país rico, esquecendo que a Pátria do Evangelho será pobre de bens materiais, mas riquíssima de alimentos.

Fiquei pensativo até que a turma chegou. Iríamos voltar ao plano espiritual. Precisávamos inteirar-nos do que ocorrera na organização das trevas.

Para lá nos dirigimos, mas antes passamos em uma colônia, onde fomos visitar um amigo recém-desencarnado. Quando lá chegamos, ele me olhou meio sem jeito, me pareceu envergonhado.

— Como vai, amigo?

— Vai-se indo, como Deus quer, respondeu.

— Já se encontra bem melhor, não é mesmo?

— Sim, só um pouco amarrado, gostaria de fazer alguma coisa, não aguento mais hospital.

— Se desejar trabalho, procure.

— Posso, Luiz Sérgio?

— Pode. Não só pode, como deve.

— Está zangado comigo? perguntou-me, sorrindo.

— Eu, meu amigo? Jamais me zangaria com alguém que aprendi a respeitar. E depois, vamos esquecer, nada acontece por acaso. Se não me foi permitido relatar o seu desencarne no meu livro, registrei momentos memoráveis com outros companheiros. Um dia chegaremos lá.

— Luiz Sérgio, venha sempre me ver e se desejar um engraxate para os seus sapatos, estarei às suas ordens.

Abracei-o com amor, diante daquele gracejo.

— Esqueça isso e recorde que Deus é Pai, e o amigo tem a seu favor a prece e o reconhecimento de muitas pessoas.

— Eu quero é trabalhar.

— Graças a Deus. Falarei com Etelvina para lhe encaminhar até o Departamento do Trabalho.

— Obrigado. Você é muito bacana.

Despedi-me e saí. Lílian olhou-me, curiosa, mas pouco comentei sobre o irmão. Retornamos à casa transitória por algumas horas, o tempo suficiente para nos equilibrarmos. Depois, fomos à luta.

À medida que andávamos, o ar ia ficando pesado demais. Percebi, entretanto, que não era o caminho do Vale do Brilho, mas nada perguntei. Nosso destino, constatei depois, era o Vale dos Suicidas, onde iniciamos o socorro.

Nossa equipe atendia aos que se suicidaram, colocando aparelhos nos órgãos auditivos e visuais e no cérebro. O corpo perispiritual dos atendidos era tão vivo que dava a impressão de ser carnal. E a luz, mais uma vez, se fez presente. Ela era extraída dos raios solares, no momento das operações. Verdadeiras cirurgias plásticas foram ali realizadas. Em cada quarteirão, de amontoados espíritos, havia um posto médico, onde os doentes eram tratados. Quase não vi dependentes de tóxicos, a maioria ainda carregava a arma da tragédia na mão e o sangue a escorrer pelo corpo.

— Eles vão ficar aqui em tratamento? perguntei ao Carlos.

— Não, aqui eles recebem o segundo socorro. O primeiro é o refúgio no vale do sofrimento. Esta é a segunda etapa, logo estarão no Hospital de Maria.

— Notei que uma garota, há pouco assistida, recebeu um tratamento com as cores e logo depois sofreu uma cirurgia. Por que tal fato?

— Essa jovem suicidou-se com um punhal no coração, e na pequena cirurgia presenciamos a retirada da arma, mas terá ainda de sofrer outras cirurgias em hospital capacitado para tal trabalho, esclareceu Sadu.

— Por que tinha tanta sede? ainda perguntei, pois a garota havia ingerido quase um litro de água cristalina.

— No vale, ela, ferida, pedia água e não era atendida. O ferimento fez com que perdesse muita água, e a menina Aurora só se acalmou quando lhe deram um bom caldo e muita água.

Naquele local, presenciamos vários atendimentos que na terra podem ser considerados como grandes cirurgias, mas, para esses abnegados médicos, são apenas os primeiros socorros. Adorei as tendas médicas onde os suicidas eram tratados com imenso carinho, enquanto no plano físico muitas religiões lhes negavam uma prece. Cada tenda era de uma cor. Elas compunham o arco-íris de onde Maria orienta os Seus filhos no alívio aos sofredores. Todo o vale ganhava luz artificial, parecia vinda de um grande holofote. Darei para você uma ideia da colocação dessas tendas, naquele vale:

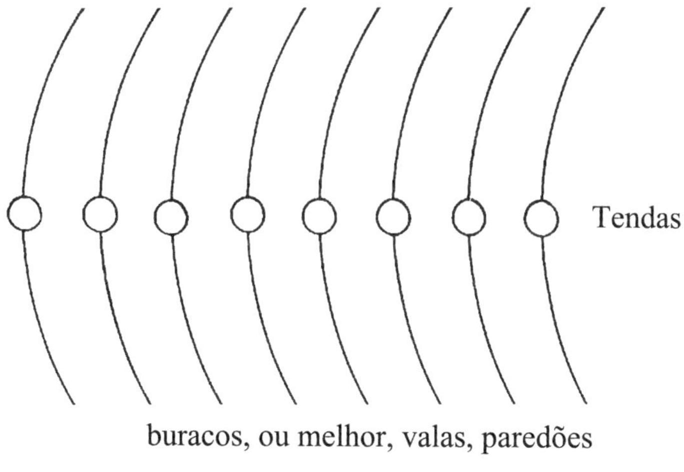

Fui-me aproximando da tenda cor-de-rosa e vi ali deitado um senhor de aproximadamente cinquenta anos, venda nos olhos. Suicidara-se com um tiro na cabeça. Cinco médicos lhe prestavam auxílio. Revoltado, pedia a morte, relutando em receber tratamento. Aparelhos poderosíssimos emitiam luz azul, equilibrando seu campo vibratório e afastando as energias negativas. Toda a coluna do irmão foi banhada de luz azul, em torno da cabeça, no frontal, enfim, azul geral em todo o corpo. No início, ele se retorcia, mas logo depois foi-se acalmando e em seguida vimos os médicos operando o irmão. Apesar de estar no mundo espiritual, parecia que era o cérebro físico que recebia tratamento, tal a identidade com ele. Um aparelho minúsculo pairava sobre os dois hemisférios, direito e esquerdo. Em cada hemisfério ele se detinha nas circunvoluções cerebrais e nos sulcos, e naquela substância cinzenta os médicos trabalhavam. Notamos que a área da visão foi a mais tratada. A essa altura, fui percebido e recebi o mais carinhoso sorriso de um dos médicos e compreendi a grandeza daquelas almas. Deixei-os e fui ao encontro de meu grupo, que estava reunido em uma cabana, a cabana da prece, onde oramos por todos os suicidas, principalmente por aqueles que destroem a veste física, cobertura bendita da reencarnação. Suspirei. Karina segurou meu braço.

— Por que o suspiro?

— Amor a Deus. Que Pai exemplar! Cuida de bilhões de filhos e a todos trata com misericórdia, enquanto muitos pais, possuindo somente um, desesperam-se com os problemas que surgem a cada dia. Deus estende o Seu amor para todos e Dele partem raios curadores para que possam todos aproximar-se e receber a Sua bendita bênção.

— Sérgio, ainda não me perguntou o que vimos fazer aqui, falou-me Enoque.

Sorri. Ele me disse:

— Para você dizer aos seus leitores: suicida não é obsessor, é um doente necessitando que as Casas espíritas o tratem com respeito; que eles recebem de Deus e de Jesus um cuidado mais que especial; que o homem precisa prevenir-se contra o suicídio, pois dias virão em que irão aumentar, por causa da fome, do desespero, da droga, da miséria, do abandono, dos vícios e da traição.

— Não diga, Enoque, que tudo isso tende a piorar.

— O Brasil é um país onde o número de suicídios ainda é baixo, mas se não contivermos o desemprego, a miséria e a fome, ele será daqui a algum tempo o campeão mundial do suicídio. Os espíritas precisam urgentemente orientar a população com folhetos nos logradouros públicos, falando e orientando sobre o suicídio. O homem deve ficar ciente de que não existe morte e que ninguém é dono do seu corpo; a veste física é um empréstimo da natureza e teremos de devolvê-la um dia, queira Deus intacta. Ninguém pode rasgá-la, nem violentá-la, ela é obra divina emprestada para permanecermos na terra. O homem não se conhece. No dia em que ele se preocupar com seu corpo, ganhará a paz, pois sentirá no seu ombro o peso da responsabilidade e sorrirá feliz por se sentir eterno. A ignorância e a falta de fé levam ao suicídio. Se o homem perceber que sua passagem na terra é rápida, não vai desejar antecipar sua volta para a espiritualidade. O corpo físico é um veículo indispensável para se transitar no plano físico; destruí-lo é retardar a chegada aos braços de Deus. O suicida sofre antes, durante e depois do ato impensado, pois leva a dor como bagagem. Nossas preces e o nosso respeito são bálsamos para o seu sofrimento. Para mim, o suicida é criança necessitada de um braço forte para guiá-la. Gostaria que toda a Humanidade se conscientizasse do valor da oração aos suicidas, o quanto eles são beneficiados através das nossas preces.

— Enoque, você tem por eles um amor imenso, por quê?

— Porque são filhos do meu Pai, meus irmãos. Depois, Luiz Sérgio, ele sofre antes do suicídio por estar enfrentando muitas vezes imensa dor, e qual não é a sua surpresa quando, com o ato, sente os seus padecimentos se agravarem. Nas primeiras horas em que ele percebe que não conseguiu morrer, e continua preso à dor moral e à física, sente-se confuso porque está vivo, o sangue jorrando, a ferida doendo e ele ali, inteiro. Embora tenha adormecido por segundos, o despertar é cruel. O enterro, a arma, o povo falando, e ele ali, junto ao corpo físico; o ar lhe falta, o odor é fétido; busca a ferida, ela é sangrenta e dolorida. Agora sofre, além da dor moral, e ainda mais, a dor física. Depois do suicídio, busca outra vez a morte e, em desespero, constata que aumentou a sua dor. Muitas vezes o suicida não larga o corpo físico e, junto às vísceras putrefatas, não compreende por que cheira mal, e conclui que o túmulo agora é a sua prisão; antes era a tristeza. Quando consegue se ver livre da cova, leva-a gravada na mente. É a dor, o desespero de um suicida. Como ignorá-lo? Como condenar um irmão em sofrimento?

O mais acertado a fazer é orar por ele, abraçá-lo nas nossas preces para que se renove e encontre a paz.

Trabalhar com suicida é tarefa dos Lanceiros de Maria e nós, que hoje nos deparamos com os vales dos suicidas, buscamos os encarnados para lhes dizer: não se matem. Em cada lar hoje pode existir um provável suicida, principalmente se abriga alguém que consome drogas. Seguremos as mãos de Maria e oremos juntos para que a Humanidade volte a ser criança e que só cresça em amor, porque, senão, a cada passo, veremos um irmão em sofrimento. E Deus deseja que todos os Seus filhos se salvem.

Capítulo 18

TATIANA — UM AMOR DIVIDIDO

Julgava eu que agora nos dirigiríamos para o Vale do Brilho, em busca do Celso e do Gino, mas logo compreendi o porquê de o Rayto no vale se encontrar: ele buscava uma garota de seus treze anos que se debatia em convulsões; havia desencarnado ingerindo vários comprimidos. Ao nos aproximarmos, percebemos que Tatiana, mesmo com o seu corpo perispiritual bem distante do cemitério, sentia tudo o que se passava com o seu corpo físico em decomposição; estava solidamente unida a ele pelas leis naturais da afinidade, que a "morte" forçada não destrói. O espírito eterno e sua veste perispiritual permaneciam ligados ao corpo físico chagado pelos vermes; e o espírito de Tatiana sofria em desespero este martírio.

— Mas ela é uma criança! O que a levou a isso? indaguei.

— Os pais, respondeu Karina.

— O quê? Os pais?

— Sim. Tatiana foi criada com um amor incontrolável dos pais, Celina e Clodoaldo, recebendo educação esmerada e ganhando tudo o que desejava. Mas veio a separação dos dois e com ela iniciou-se o descontrole da garota, começando sua agressividade, para chamar a atenção dos pais. Depois, sentiu-se dividida, não sabia a qual deles agradar. Se se demorava junto da mãe, Clodoaldo reclamava, dando-se o mesmo com Celina. No meio desse desajuste, só encontrou um caminho: a morte.

Lá estava ela, a criança disputada como um objeto e não amada. Diz Francisca Theresa: "o ciúme é um amor sem asa". Aquele casal matou os sonhos e a esperança de sua filha. Agora, jogada ali, nossa Tatiana debatia-se num mar de sofrimento. Enoque a tomou no colo para levá-la. O seu olhar, antes de pânico, logo se acalmou ao fitar o semblante do oriental. Cerrou os olhos e suspirou. Sem uma palavra, nós o seguimos. Ao chegar à porta de uma das tendas, foi recebido pelo irmão Ângelo e este companheiro deitou Tatiana em uma cama toda banhada de azul. Ele iniciou o tratamento da garota. Primeiro tentou limpar sua mente — nela estava impregnado o momento dramático que retratava, sem parar, o episódio. Notamos que no corpo espiritual se encontravam fragmentos do cordão luminoso, arrebentado, à semelhança de fios elétricos despedaçados, dispersando os fluidos que a equipe ia logo organizando. Esses fluidos foram trabalhados pelos médicos, pois neles estava o desequilíbrio do espírito de Tatiana.

Observei atentamente aqueles fios despedaçados e compreendi a importância dos fios magnéticos para um espírito, são eles que ligam o espírito à matéria física e lhe oferecem a vida. Na morte natural, ele é desatado com amor por equipes divinas. Com o suicídio, ele é partido e não desatado, violentamente arrancado, estraçalhado, quando ainda está com toda a força magnética. É nele que estão concentrados os fluidos vitais para uma longa vida terráquea. Não é Deus que castiga um suicida, é ele mesmo que mata suas oportunidades de vida; ao explodir o cordão fluídico ele está destruindo a asa que o alçaria ao mundo espiritual sem as dores da matéria. Ao desatar o nó do cordão fluídico, a equipe divina dá condição ao espírito de decolar. E ele se vê livre da matéria. No suicídio inconsciente, ou no consciente, o laço não se desfaz, rompe-se, e a separação não se processa facilmente. Com a morte clínica do corpo físico, este mesmo corpo torna-se para o espírito uma cruz de ferro que pesa e fere, mas que o suicida terá de suportar por um bom tempo.

A jovem sofria, pois na sua mente estavam bem vivos ainda os últimos acontecimentos terrenos: a morte, o enterro, o túmulo e o corpo em decomposição. Sentia a dor e o asfixiamento da tumba fechada. Tatiana, dos braços do Rayto, passou para uma confortável cama na qual se iniciou o tratamento, sendo submetida a vários exames. O estômago foi recebendo cuidados, depois tomou um banho de ervas medicinais e, logo após, seu corpo foi alvo de tratamento com os mais modernos aparelhos, que me pareceram cauterizadores.

Tatiana fora socorrida, mas outros ali no vale ficaram. Oramos por todos, pedindo que cada um busque o tratamento divino. O hindu Enoque, também chamado de Rayto, nos convidou a irmos embora, mas ainda olhei para trás.

— Por que não chamamos este lugar de Vale do Arco-Íris?

— Um lugar tão triste, com um nome tão bonito?! exclamou Karina.

O Vale dos Suicidas tem o formato de um arco-íris e acolhe aqueles suicidas que estão sendo socorridos; mesmo estando no umbral, aquele é um vale de esperança. Nas tendas de socorro são realizadas sublimes operações, feitas por verdadeiros médicos, os enfermeiros de Jesus.

Ninguém pronunciou uma palavra, até que dali fomos saindo, levando no coração a prece para todos os suicidas, e na mente, bem guardada, a fisionomia de Tatiana, a menina que não suportou as exigências dos pais separados, cada qual querendo aniquilar a privacidade da filha. Eu me sentia muito triste. O silêncio era o meu companheiro. Os outros procuravam tirar-me daquele mutismo, mas como falar, se o meu coração chorava por todos aqueles que enfrentavam momentos tão difíceis? Fiquei até distante do grupo, nem queria pensar, pois me via impotente diante de tantas dores. Sadu buscou-me:

— Sérgio, não compreendo a tua tristeza.

— Muito fácil: como posso cantar, quando a dor é um engasgo na garganta de muitos? Como posso ser feliz, quando existem tantos infelizes?

— E adianta a tristeza?

— Não vem, não, doutor, estou sofrendo, desejo ficar na minha.

— Sérgio, pensar no próximo é uma bênção, agora, colocar o próximo em nossa mente para lamentar a sua sorte é não ter capacidade de ajudá-lo. O homem que para cai pela incompetência, o que caminha sempre chega primeiro à Casa do Pai.

Olhei o meu amigo, compreendi a lição e fui abraçado por ele.

Juntei-me à caravana, que cantava:

"Eu sou, eu sou, eu sou,
Eu sou Rayto de Sol
Eu ando na hera, eu subo nas árvores,
Eu amo você.
Eu vou, eu vou, eu vou,

Eu bebo o orvalho, eu subo nas árvores,
Eu nado nos rios..."

O nosso querido Rayto fez tanta brincadeira que nós acabamos nos divertindo muito. Ainda não fomos dali para o vale dos picos, fomos para a casa de Etelvina, Noêmia e Cenira. Ao chegarmos, cantando, elas se juntaram a nós nesta canção, de autoria de Francisca Theresa:

"Brasil, Brasil amado,
Estás guardado
no coração de Jesus.
Sob um céu cor-de-anil,
Vives, gigante Brasil!
Tuas terras cultivadas
Por mãos desarmadas
Tudo de bom produz.
Os teus cerrados floridos
Mostram que teu povo unido
Forma um elo de luz.
Tuas aves saltitantes
Vão alegrando o viajante
Enfeitando os pinheirais,
Bandeiras de paz!
Bandeiras de paz!
Brasil, Brasil, Brasil,
Pátria amada, gentil,
Coração do mundo
Pátria do Evangelho
Nada desfaz o elo
Proclamado por Jesus
Nossa pátria amada,
Arca abençoada,
Caminho de luz,
Caminho de luz!"

Já no Cantinho de Maria, Eustáquio carinhosamente nos ofereceu um caldo quente e só o papai aqui tomou, juntamente com a Lílian e o Damian, os outros se alimentaram dos fluidos magnéticos do Universo. Um dia chegaremos lá, não é mesmo? Eustáquio não sabia como nos proporcionar alegria, ele e as queridas irmãs esmeravam-se em gentilezas para nos sentirmos em casa.

— Os trevosos têm tentado perturbá-los? interroguei.

— Como têm, meu filho! Um dia desses, tentaram colocar aqui dentro uma jovem de catorze anos grávida.

— E vocês, o que fizeram?

— Pedimos ajuda à patrulha divina e eles se dispersaram.

— E a garota? Não estava grávida?

— Sim, mas ela logo vai ser levada para uma das enfermarias do pronto-socorro espiritual. Até lá, tudo será feito pela sua conversão; aliás, aqui nós só amparamos os espíritos doentes, não curamos espíritos trevosos.

A enfermaria estava lotada e o nosso amigo, com todo carinho, cuidava dos internados.

— Eustáquio, disse Rayto, estamos aqui porque os trevosos buscam uma encarnação forçada, melhor falando, eles desejam preparar um espírito deles para retornar à Crosta, levando a mensagem da violência, numa terra onde até a natureza está sendo agredida. Um representante do plano científico virá nos elucidar como fazer para se evitar o domínio das trevas nos planos divinos.

— Estaremos sempre ao seu dispor. Mandarei energizar o salão de palestras e para lá deslocarei uma equipe de abnegados irmãos, que imantarão o local para uma melhor compreensão do assunto por vocês.

— Que bacana, Eustáquio! Acho que não precisa tanto trabalho.

— Precisa, sim, Luiz. Fico triste por constatar que em muitos Centros espíritas ninguém se preocupa em preparar previamente o ambiente com músicas. Algumas Casas nem apresentam suas dependências higienizadas. Isso é necessário, pois os trevosos buscam os lugares sujos para atuar. Flores e limpeza fazem bem ao ser criado por Deus. Isso eu admiro nas igrejas, nenhuma tem aspecto de desleixo. Vamos embelezar as Casas espíritas, não com adornos caros, mas com um belo jardim, flores e árvores frutíferas e tudo muito bem limpo; não importa se os próprios adeptos da Casa façam esse trabalho, em um dia da semana pré-estabelecido, isso é Doutrina Espírita. Disse Jesus: "vim para servir e não para ser servido". Vamos fazer da Casa Dele um riacho de águas cristalinas, dessedentando quem tem sede e alimentando o faminto.

Rayto falou:

— Tem razão. O Centro espírita tem de transmitir esperança a quem o busca. E uma casa coberta de poeira e teia de aranha assusta qualquer um. Não devemos possuir um castelo de bruxa e sim uma Casa de Jesus. Dizem os livros espirituais que na cabana simples de Pedro o copo de água acariciava as flores silvestres no culto cristão no lar feito por Jesus; que as cabanas de Cafarnaum exalavam não só o perfume das almas que ali moravam, como a limpeza e o bom trato dos apóstolos de Jesus. Casa limpa, obsessores distantes; casa suja, obsessores sugando as energias magnéticas das pessoas e dos objetos sem cuidados.

— Concordo. A grande maioria dos templos e igrejas é muito bem cuidada.

— E um Centro com muito movimento?

— Esses Centros precisam dessas providências muito mais que os outros.

— Querido Eustáquio, é muito bom trabalhar ao seu lado. Conhecê-lo foi para mim uma bênção, disse eu.

Tocou a sirene e ele falou:

— Deus lhe abençoe, que das suas mãos partam rios de luzes sobre todos aqueles que manusearem uma das suas obras. Que eles se mirem no irmão, que luta para fazer chegar às suas mãos a chave do cofre dos mistérios, e despertem para uma vida repleta de paz.

Findo o sinal, fomos avisados da chegada do cientista da Espiritualidade Maior. Repletos de curiosidade, caminhamos ao seu encontro.

Capítulo 19

A CIÊNCIA ALIADA AO ESPIRITISMO

O cientista, um espírito muito simples, iniciou a palestra:

— Deus, Criador incriado de todo o Universo, nos proteja neste momento. Tivemos a incumbência de transmitir alguns esclarecimentos à plateia irmã, preocupados com alguns que, aproveitando-se da fraqueza dos encarnados, apropriam-se de suas mentes e de suas horas. Conhecendo suas tendências, os vampirizam, com a finalidade de abreviar a partida deles para o mundo espiritual. Apoderam-se de seus corpos para fins que julgam muito importantes: reter os fluidos vitais e usá-los ao seu bel prazer. Agora estão captando essas energias para atuarem no mundo físico desejando atrapalhar o trabalho da Espiritualidade Maior quando trazem para o plano material os espíritos, através da reencarnação. Assim como existem as nossas equipes para os desencarnes, eles também estão operando por vontade dos encarnados e, neste instante, usufruem de energias que são importantes para o equilíbrio do Universo. Quando se efetua o desencarne normal, são retiradas, por equipes capacitadas, as energias excedentes dos corpos para reintegrá-las à atmosfera. Nos desencarne controlado pelas trevas, estas energias são deslocadas para os departamentos umbralinos com objetivos escusos, contrariando as leis de Deus. Sem estarem preocupados com a violação das leis, eles se agrupam, com a ajuda de encarnados, ao redor de prováveis suicidas inconscientes, só esperando a hora de agir.

— Neste momento — continuou o cientista — organizamos uma equipe extra de socorro, mas ainda receosos, porque não podemos violar as leis de

Deus. Devemos respeitar o livre-arbítrio. Ao aproximarmo-nos de um recém-desencarnado, suicida inconsciente, só podemos atuar se assim ele o desejar, e, se não receber ou não quiser o nosso auxílio, temos de nos retirar e orar de longe para a sua salvação. Os trevosos desejam anular o socorro das equipes divinas e, para isso, contam com a quase maioria do mundo físico. A sociedade materialista está desencarnando mal, porque quando encarnada distante se encontra da caridade e, assim, distanciam-se de Deus. Em *O Evangelho Segundo o Espiritismo* encontramos, no capítulo XVI, item 14: *O desprendimento dos bens terrenos*, que todos deveriam ler diariamente, para um melhor aprendizado dos valores de Deus. É importante esta leitura. Sem um encontro com a Divindade, o homem desejará ser servido e certamente irá afundar-se no mar do sofrimento. Depois que é levado ao corpo físico, o espírito cedo se esquece das aulas doutrinárias recebidas na espiritualidade, vai-se cobrindo com a névoa do materialismo, longe da verdade. A vida física, sendo passageira, muitas vezes não concede tempo para o arrependimento. Esses irmãos começam a sofrer o "ranger dos dentes", que vem a ser o remorso pelas oportunidades perdidas.

— Os espíritos do Senhor — prosseguiu — estão soprando em toda parte, mas precisam da colaboração dos aparelhos magnéticos — os médiuns humildes — que não deturpam os ensinamentos divinos. A responsabilidade de um médium hoje é muito grande, talvez maior do que na época kardequiana; por que são os porta-vozes da Espiritualidade Maior, têm de conscientizar-se de que foi preciso contar com homens de excepcional inteligência e bondade para a grande reforma espiritual que se operou na Terra — os apóstolos da Doutrina, que nos deixaram excelentes livros doutrinários. Portanto, não se concebe um médium sem dedicação ao estudo. Para adquirir o conhecimento, necessita ele de uma Casa espírita bem dirigida, porque, do contrário, se perderá no mar da ignorância. Todos os médiuns, até os possuidores da mediunidade natural, devem iniciar pelo alicerce, pois não se constrói uma casa começando pelo telhado. Portanto, conhece-se o bom médium pelo perfume da humildade. Torna-se necessária maior elucidação sobre dois fatos: o estudo e o desenvolvimento do dom mediúnico. O certo é educar o dom inerente ao ser humano e para isso é preciso tempo. Não podemos aceitar a pressa de alguns médiuns ao desejar receber, logo de início, livros doutrinários. Para educar alguém, precisamos nos educar primeiro. Um médium sem conhecimento adultera os ensinamentos dos espíritos do Senhor e aí estaremos diante de uma doutrina diferente. Qualquer médium iniciante que desejar psicografar, de imediato, livros espíritas, precisa da elucidação da Casa para não incorrer no ridículo. Ultimamente, vem ocorrendo uma demanda de médiuns novos desejando receber os espíritos em tarefa doutrinária no plano físico; os nomes desses irmãos são usados sem critério. Os encarregados dos Centros espíritas têm de iniciar campanhas de elucidação, como se processa uma psicografia com Jesus. Não é só receber mensagens, temos de procurar saber se elas são de Deus. E as coisas de Deus são simples, mas verdadeiras. E a um médium que logo com um ano, dois anos de Doutrina, já se acha preparado para divulgar mensagens espirituais, precisa ser lembrado que não se sobe uma escada iniciando-se pelo quarto degrau. Inicia-se o trajeto pelo chão. Carece a Espiritualidade Maior de tarefeiros, que hoje tão escassos, porque quase todos só desejam a mediunidade gloriosa, porém nada fazem para conquistá-la. Trataremos desse assunto noutra palestra, porque a Casa espírita que não tornar humilde e caridoso o homem não receberá a coroa do dever cumprido. Da Casa espírita deve partir a elucidação de como limpar a alma, e seus frequentadores têm por obrigação tornarem-se espiritualizados. E só nos tornaremos espiritualizados se vivermos em espírito e verdade. Não é difícil, o homem só precisa descobrir as verdades espirituais e será salvo.

— Hoje — prosseguiu — o ser ainda continua desencarnando mal, porque longe se encontra do desprendimento da matéria. Quem já deveria estar bem desprendido, por ter um contato real com os desencarnados, são os médiuns, e estes ainda estão em busca de uma mediunidade de aplausos, só desejam receber seres iluminados, mas nada fazendo por merecer. Devemos esclarecer que, para desenvolver um médium, existem equipes de trabalhadores, às vezes esta mesma equipe que psicografa as belas mensagens do amanhã, não precisando o médium assinar os nomes de abnegados espíritos que hoje são respeitados no mundo espírita. Esses irmãos já encontraram os seus aparelhos, os comunicadores, e já os aperfeiçoaram à sua maneira e só com eles trabalham. Na falta deles, aí sim, serão escolhidos outros. Mas a espiritualidade é muito sábia, é ela que escolhe e não a Casa espírita ou os médiuns. O mundo espiritual é muito disciplinado, não adianta desejarmos brincar com ele; pelo seu equilíbrio ele jamais será desmoralizado. Que fique bem claro: um médium tem de estudar para se auto-burilar, tem de frequentar uma Casa espírita até estar apto para o trabalho. Muitos médiuns bons se perderam ficando presas de obsessores terríveis, por falta de humildade. Hoje estamos precisando de bons porta-vozes, preocupados nos encontramos com a falta de conhecimentos espirituais do homem. O ser está se suicidando e muitas vezes ele já conhece a imortalidade da alma, mas mesmo conhecendo-a não se tornou um ser espiritualizado. Também os espíritas estão desencarnando mal, muitos ainda buscam na Doutrina uma tenda de milagres, um palco de teatro, desejando usufruir algo dos espíritos e ansiosos por aplausos para sua pessoa. E Doutrina verdadeira é aquela que ensina o homem a viver no corpo carnal, com o espírito liberto da matéria. O verdadeiro espírita é aquele que já ultrapassou as barreiras da imperfeição e tudo faz para o bem do seu próximo. Nós estamos precisando de mais trabalhadores, a própria Doutrina pede que os espíritas aprendam a bem servir e que os outros mirem-se neles pelos exemplos, para também se tornarem espiritualizados. Só assim não teremos tanto trabalho nos departamentos da encarnação e desencarnação. No dia em que o homem respeitar as leis de Deus, não nos defrontaremos com tantas lágrimas de desespero. Agora iremos assistir a alguns filmes referentes ao desencarne de pessoas distantes de Deus. Vamos observar como agem os trevosos e como podemos livrarmo-nos deles.

Assim falando, dirigiu-se a um monitor no qual foi-nos mostrado o que vem ocorrendo com aqueles que se suicidam consciente ou inconscientemente. Eu quase nem respirava, era muito importante para todos nós o que iria ser projetado naquela tela. Apareceu uma sessão de materialização e o nosso instrutor interpretava casos de ectoplasmia e de ideoplastia, provando que existe no subconsciente do ser humano uma força a serviço do pensamento; explicou, também, que todos nós podemos formar um corpo mental e oferecer energia para a aparição de outros corpos. Estes corpos são tão vivos que podemos sentir as pulsações do seu coração e perceber o sangue a circular nas artérias, mesmo o espírito já vivendo no plano espiritual.

— Qual é a força existente no ser humano que permite que um perispírito se torne visível e palpável? continuou o palestrante. Precisamos saber que o corpo físico dos encarnados contém pontos energéticos de real valor, e que os chamados médiuns possuem uma força energética vinda da mente, mais intensa. Graças a essa energia, o perispírito ganha uma nova veste e se torna visível aos olhos humanos. No perispírito existem também os órgãos, pois é dele que parte a elaboração do corpo físico. Em uma sessão de materialização, apenas os assistentes e o médium confeccionam essa nova veste para o espírito desencarnado se apresentar. Desse modo, está provado que é possível materializar espíritos com a participação de um grupo. Como ainda relutamos em aceitar essas mesmas aparições! Por que trato do assunto materialização? Simplesmente, porque queremos alertar para o perigo do suicídio, consciente ou não, pois essas energias contidas nos corpos encarnados podem ser utilizadas pelos vampirizadores. E eles também as usam para se materializar ou manipulá-las, como lhes aprouver. Vivemos na terra com combustível suficiente para o percurso programado. Se o gastarmos sem critério, sofreremos as consequências, e se nos suicidarmos, outros irão consumi-lo. No corpo humano ainda existem energias e regiões desconhecidas da Ciência terrena, uma delas: o cérebro. Certas áreas do cérebro, responsáveis pela memória, fala e emoções, já foram localizadas pelos cientistas, mas seus mistérios permanecem. Existem outras áreas cerebrais ainda desconhecidas. Há muito estudam sobre o cérebro, mas pouco conhecem das suas reais funções. Os cientistas afirmam que o cérebro possui cento e noventa áreas diferentes, mas alguns reduzem a cifra para cinquenta. Outros dizem que se conhece apenas cinco por cento das atividades cerebrais. O mistério vai-se dissipando pela ciência e pelos estudos constantes da Doutrina Espírita, que dá conhecimento não só do corpo físico, como também dos outros corpos. É no cérebro que existem os núcleos dos neurônios, interligados por vários segmentos. São os transistores cujos cabos se conectam com outros transistores, sendo que cada um deles está encaixado numa região da máquina cerebral responsável por alguma função orgânica. Eles podem sofrer lesões por doenças como aneurisma, derrame ou outras, quando esses cabos são arrebentados ou sofrem algum abalo, sentindo o ser humano sequelas no seu corpo. Os neurônios morrem quando seu núcleo é atingido, mas podem sobreviver se a lesão atingir somente seus prolongamentos, os axônios. Muitos cientistas encontram no estudo da Doutrina a verdade sobre esta máquina tão sublime: o cérebro. É nele que se encontra o farto material que torna possível a materialização dos espíritos e a comunicação tão real que hoje acontece. A Neurologia precisa urgentemente de ajuda para suas pesquisas, pois morre a cada minuto uma esperança. As doenças neurológicas são as que mais atacam o ser humano. O sistema nervoso também mata demais. Existem em todo lugar a depressão, o complexo, a timidez, a neurastenia e a agressividade, decorrentes de um mal funcionamento das células nervosas, portanto, se os cientistas descobrirem as maravilhas cerebrais, muitas doenças serão evitadas, uma delas a epilepsia — curto-circuito em pontos do cérebro, e o suicídio não mais será tão comum como ocorre hoje. O homem não sofrerá crises depressivas, será dono de sua mente e não se submeterá aos vícios. Para o trabalho de ajuda aos suicidas é preciso ir aos pontos umbralinos, pois a equipe tem de conhecer a causa da dor. Por que o homem hoje troca esposa, filhos, pais, emprego e posição social por um grama de cocaína ou de heroína? Simplesmente, porque existem na área vital do cérebro a causa da caída atual. Por causa desses doentes as trevas mantêm-se atuantes no plano físico; o desequilíbrio do homem é um ímã para os irmãos trevosos. E no cérebro existe energia que atrai outras energias, e quando energias desequilibradas se encontram, ocorre o curto-circuito e aí o cérebro humano sai perdendo, sofre doenças desconhecidas dos médicos.

'— Agora partiremos para outro bloco: por que os trevosos hoje colam-se ao dependente de drogas, de remédios, de álcool e de outros vícios? Porque sabem que esses dependentes terão pouco tempo de vida no corpo físico. Um encarnado viciado representa uma usina repleta de energias, prestes a se romper e sem possibilidade nenhuma de capacitados técnicos a salvarem. Assim, ficam junto deles, esperando o romper das comportas. Quando isso ocorre, o departamento umbralino parte naquela direção com aparelhos apropriados para aspirar as preciosas energias. Agora descansaremos e logo mais prosseguiremos para estudar, por que as trevas lutam para se apoderar dos recém-desencarnados pelo suicídio consciente ou inconsciente.

Capítulo 20

LIVRE-ARBÍTRIO: ASA DO SER

Notando o meu silêncio, Sadu interpelou-me:

— Por que o amigo está triste?

— Não estou triste, apenas me encontro preocupado. Não posso, de maneira alguma, deixar de passar algo para os meus leitores. Depois que ouvimos o alerta para o perigo de certos médiuns usarem nomes conhecidos com mensagens que nada contêm de verdades, fico apavorado, sem saber o que dizer. Não há um meio de evitar que tal fato ocorra?

Sadu respondeu:

— Há, sim. O leitor espírita não é fácil de ser iludido, quem fizer isso logo será descoberto.

— Até provar que Joaquim não é Luiz, muita água já transbordou...

— Luiz Sérgio, as Casas espíritas precisam orientar os médiuns iniciantes para esses fatos desagradáveis que vêm ocorrendo.

— É mesmo, respondi.

De volta ao auditório, o orientador reiniciou a palestra mostrando um filme no qual os trevosos, com suas equipes, apoderavam-se de recém-desencarnados. Uma jovem, vinte e dois anos, vitimada pela *overdose*, debatia-se no chão e eles, utilizando-se de aparelhos, trabalhavam em seu corpo colhendo os fluidos vitais. Detiveram-se no local de onde parte o princípio da vida orgânica, buscando um fluido leitoso; este fluido foi retirado, mas percebemos que, apesar de as trevas possuírem excelentes aparelhos, os técnicos desconheciam o mecanismo dos fios magnéticos e a garota cada vez sofria mais, pois apesar de clinicamente morta, encontrava-se ainda presa ao seu corpo. Vários espíritos, que presumíamos serem cientistas, mantinham-na colada ao físico; queriam retê-la no corpo, desejando mantê-la encarnada, ou melhor, dominada por eles. Mas por mais que fizessem, não conseguiam ligar as inúmeras fiações que entrelaçam os três corpos: perispírito, duplo e físico. Examinaram cada ligação dos corpos com minúsculos aparelhos, mas não conseguiram descobrir o que buscavam. A garota agonizava, dando-nos um quadro muito triste. O perispírito de Solange era analisado, principalmente as rodas energéticas, os centros de força, controladores das correntes de energia. Esses centros de força comandavam, com suas super funções, as diversas zonas nervosas, principalmente o sistema neuro-vegetativo, através dos genes e do código genético; é um trabalho muito bem orientado o dessa máquina neuro-endócrina

As energias do perispírito comandam o corpo físico e o duplo.

Alojadas no duplo e no físico, irradiam-se formando as auras que aumentam sua luminosidade de acordo com as modificações emocionais do espírito.

Os trevosos se detiveram nos átomos e depois iniciaram um estudos dos genes, situados nos cromossomos dos núcleos celulares. Aparelhos muito sensíveis buscavam os genes — que são a continuidade da vida — sua forma e função. Os pontos luminosos surgiam nos aparelhos espirituais, mas percebi que, no filme, os trevosos não os viam. Indaguei o porquê.

— Simplesmente, porque eles não possuem ainda sensibilidade para buscar nos cromossomos os genes, centelhas divinas.

Percebemos que a energia da vida vive em constante intercâmbio com a matéria, é um mundo que só os técnicos divinos conhecem, e por mais que o homem busque descobrir e a Ciência aproxime-se da verdade, o ser encarnado ainda não possui sensibilidade suficiente para penetrar nesse mundo divino. No filme, os trevosos buscavam a semente da vida para plantar na terra mais criaturas perversas, mas Deus, ao fazer o espírito, guardou a fórmula no coração e só quem se aproximar Dele conhecerá a verdadeira vida.

A aula não havia terminado, mas confesso que nem olhava mais a tela; o corpo de Solange era agora o alimento dos trevosos, e eles a levaram consigo para os seus postos de trabalho. O instrutor desligou o televisor e falou:

— Acabamos de assistir à pretensão de seres distantes de Deus, à procura das energias dos corpos perispiritual, duplo e físico. Ao apoderarem-se do físico e do perispírito estão buscando a vida que movimenta os corpos, seja perispírito ou corpo físico. Como sabem que ao cessar a vida orgânica os fluidos vitais voltam a compor outros corpos, buscam esses fluidos mas, devido à sua ignorância espiritual, dificilmente encontrarão o mecanismo que retém esses fluidos para a composição de novos corpos. Existem na natureza verdadeiros laboratórios, compostos de espíritos, Ministros de Deus, e se há no plano espiritual departamentos de reencarnação e desencarne, há também no plano físico, na parte espiritual, departamentos dirigidos por nobres espíritos aptos às confecções físicas. Vamos imaginar: os departamentos encarnatórios mandam os moldes para os laboratórios confeccionarem as roupas físicas e estas são feitas com o material do plano físico. Aqui também existem os departamentos e eles são de grande importância para todos nós.

— Esses departamentos estão ligados por uma ponte, não é mesmo? perguntou Sadu.

— Sim, a ponte da procriação. Eles são, na verdade, um só departamento, o da reencarnação.

O orientador ainda fez referência aos nossos trabalhos. Falou sobre o perigo por que os dependentes passam após o desencarne e a busca desesperada dos trevosos, desejando descobrir os segredos da vida. Entretanto, esquecem que só os bons serão salvos e Deus não permite que cobra voe; enquanto a maldade morar em seus corações a sabedoria ficará distante deles.

— É possível à organização das trevas elaborar um reencarne igualzinho ao do departamento reencarnatório? perguntou Sadu, acredito que captando meus pensamentos.

— Igualzinho, jamais. Essas organizações, não possuindo elevação moral, incapacitadas são e, por mais que desejem, não conseguem o seu intento.

— Mas nós estamos acompanhando essas organizações e elas têm colocado espíritos na terra, espíritos que trazem uma mensagem de ódio. Como se processa isso?

— Muito simples: o livre-arbítrio é a asa do ser. Seu nome: liberdade. Ninguém pode apossar-se do livre-arbítrio de outrem. Todos nós temos o direito de acertar ou de errar. As organizações tentam burlar o departamento e este, respeitando o livre-arbítrio dos trevosos, deixa que ajam, mas, mesmo sem interferir, prestam ajuda às suas vítimas.

— Explique melhor, disse Samita.

— Quando os trevosos desejam mandar à terra um terrível vingador, é permitido que esse espírito se aproxime das colônias de socorro e peça ajuda. Depois de socorrido, ele pede para reencarnar. Antes disso, já foi preparado pelas organizações inferiores. Na casa mental desses irmãos só existe uma palavra: vingança. O nosso departamento tenta ajudá-los, levando-os a excelentes psicólogos, na esperança de fazer cessar a influenciação negativa das trevas. Alguns tombam diante das evidências; outros permanecem fiéis às instruções trevosas.

— E, mesmo assim, o departamento permite que esses doentes levem ao plano físico o terror, o desespero e as lágrimas?

— O plano espiritual não desampara esses doentes; mesmo já encarnados, recebem uma proteção especial. Muitos, aliás, livram-se das chapas fotográficas colocadas em suas casas mentais pelas organizações das trevas quando ainda crianças, pela oração e o amor da família.

Pensei: "meu Deus, quantas mães nem imaginam que estão esperando uma criança que carrega consigo ódio e lágrimas".

O instrutor respondeu:

— Não esqueçamos que em uma família espiritualizada jamais ocorrem tais reencarnações. Somente naquelas nas quais o materialismo é a única moeda corrente. Esses casos são raros, ou melhor, eram raros. Hoje os departamentos trevosos estão desesperados para ocupar a Terra e todos os dias batem à porta do departamento reencarnatório pedindo para reencarnar. Recebem um tratamento especial e muitos levam anos na fila de espera. Enquanto isso, vão recebendo uma lavagem cerebral; mas não nos esqueçamos de que o departamento trevoso recebe mais auxílio dos pais do que o departamento da luz.

— Explique-nos, solicitou Carlos.

— Muito simples: a família, quando aguarda um bebê, deve orar no seu quarto, enquanto organiza o guarda-roupa, enfim, preparar a casa para a chegada de um espírito que vem vestido num corpo de criança, mas não se esquecendo de que ali está alguém com muitas experiências pretéritas; os espíritos trevosos que julgam burlar o plano celeste carregam bagagem imensa de ódio.

Continuou o instrutor:

— Sei que muitos de vocês julgavam que os trevosos tivessem departamentos reencarnatórios e fossem capazes de fazer a redução perispiritual e a ligação umbilical.

Acho que ele falou isso para mim, para esclarecer-me, pois eu julgava que os trevosos estavam mandando diretamente de lá gente sua para a terra, por isso se presencia tanta violência no planeta. Mas não deixam de estar mandando. O ser humano, com o extermínio da moral e o recrudescimento dos maus costumes, hoje prega a liberação do sexo e ele, sem controle, é uma ponte para os espíritos trevosos. E o departamento, impassivo, nada pode fazer; a democracia espiritual funciona de verdade e não somente no papel, como em alguns países.

Karina perguntou mais:

— Nesse caso, o que faz o departamento reencarnatório divino?

— Apenas oferece esclarecimento a esses irmãos. Recebem uma lavagem cerebral especial, mas muitos ficam inatingíveis, tão forte é a instrução recebida. Por mais que façamos, eles são presas seguras das organizações.

— E mesmo assim é permitida a sua encarnação?

— Sim. Mas deslocamos vários abnegados espíritos para auxiliá-los e tentar desviá-los do caminho do ódio.

— Não seria mais fácil retê-los na espiritualidade?

— Seria, se os espíritos do plano celeste fossem imperfeitos. Mas eles são espíritos emissários de Jesus, Ministros divinos.

Disse, ainda, o instrutor:

— Há reencarnações que são conexões com os planos trevosos. Não esqueçamos que eles também precisam reencarnar.

Desejei perguntar muitas outras coisas, mas um dia ainda vou estudar melhor esse assunto que me parece muito complicado. O instrutor captou meus pensamentos:

— Engana-se quem julga complicado esse assunto tão sério. Ele é um fato rotineiro nos departamentos reencarnatórios. As trevas, muitas vezes, organizam a descida de elementos úteis às suas organizações e os departamentos divinos aproveitam para auxiliá-los, e mandam para a prisão da carne espíritos que no plano espiritual são por demais terríveis. As trevas julgam que estão ludibriando os verdadeiros técnicos desse intercâmbio físico-espiritual, contudo, muitas vezes esses espíritos trevosos já passaram muitos anos no plano espiritual e estão por demais necessitados de uma nova reencarnação; por isso o plano espiritual coopera com os trevosos.

— E a terra vai ficando mais violenta, falou Damian.

— Não é por isso, não. Ela está violenta porque os homens ainda não descobriram o valor do espírito. Quem é pedra não deseja ser luz. Se o homem voasse além do corpo, já estaria no céu, mesmo com os pés ainda na terra. Um dia, quem sabe, a bandeira branca da paz vai ser realmente a bandeira de todos os países.

Animei-me a perguntar:

— Então as trevas não possuem um departamento reencarnatório igual ao departamento de Jesus?

— Não, se assim fosse os espíritos desencarnados sofreriam uma pressão e seriam guiados por mentes doentias que os tornariam escravos. Os trevosos não possuem técnicos capacitados para ligar os centros de força e montar os corpos. O perispírito, ao sofrer a redução, recebe dos Ministros de Deus um tratamento especialíssimo. Ele é o molde do corpo físico, constituído de células do fluido universal, com sua vida própria. Suas células acompanharam a evolução do seu espírito nas diversas existências; elas também evoluíram, não esqueçamos que algumas das células do perispírito já pertenceram ao mundo animal, embora moleculares. Toda essa maravilha é conquista divina. A união dos corpos obedece a uma disciplinada programação dos técnicos da reencarnação. Tudo isso leva os trevosos a buscarem esclarecimentos e lutarem para atingir tal saber, mas Deus deu ao homem a liberdade de escolha e venturoso aquele que escolhe a argila do bem para moldar a sua felicidade.

'— Vamos ficando por aqui, espero vê-los logo mais, para novos estudos. Que os irmãos busquem não somente orientar os lírios, mas ainda elucidá-los para a grandeza da luz. Lembrem-se de que todos giram ao redor do Sol. O livre-arbítrio permite que busquemos as trevas, mas Ele, o querido Pai, por nós espera e até lá temos Jesus por irmão e companheiro. Vão em paz.

o O o

Quantos ensinamentos! Queira Deus eu saiba passá-los para você, leitor amigo. Nada mais desejo do que uma reflexão sua sobre tudo o que escrevo; procure desgastar os miasmas pesados da matéria e venha comigo, um dia, conhecer esse lindo mundo espiritual, onde todos nós somos protegidos pelo Pai amoroso.

Capítulo 21

EVOLUÇÃO: META DE TODOS OS ESPÍRITOS

Ficamos na Casa esperando o momento de atuar ao lado dos encarnados e, sem demora, Enoque juntou-se a nós; ele, Sadu e Samita haviam ficado no salão de palestras.

— Por que gosta de tresmalhar? perguntei a Enoque.

— Frade, frade, simplesmente porque preciso pagar tributos, mas agora vamos até uma chácara onde está programada uma festa de arromba.

— Comes e bebes?

— Picos, fumo, pó e sexo. Alimento, que é bom, acho que nem se preocuparam com ele, respondeu Samita.

Assim falando, ela acercou-se de mim.

— Vamos, querido, trabalhar.

— Com a minha musa vou até o umbral.

Rindo, deixamos nosso refúgio para ajudar aqueles janotas, que não eram poucos. Uma bela chácara, ou melhor, mansão. O maior luxo: piscina, sauna, cavalos, rios, cinema. Tudo examinava e pensei: "quanto conforto". Acostumados a nos deparar só com jovens, nos admiramos, pois ali encontramos uns coroas. Todos no embalo, o lança-perfume era cortesia da casa.

— Por que estamos aqui? perguntei.

— Procure observar a guarda espiritual desta mansão.

Agucei melhor a vista e pude perceber a legião dos trevosos. Eram os donos daquele lugar, principalmente Terêncio, que me pareceu peremptório, quando reuniu os trevosos para dar-lhes instruções:

— Hoje receberemos aqui várias equipes das nossas organizações, que estão realizando estudos para um melhor desempenho nosso junto aos encarnados. Nesta casa hoje vai jorrar pitéu de tóxicos e vamos aproveitar os doidões para organizar as nossas equipes e atuar.

Permanecíamos silenciosos, sem sermos vistos, ouvindo o chefe elucidar a sua turma. Examinávamos por enquanto o ambiente de verdadeira porneia, com mulheres lindas, cujas companhias espirituais as tornavam extrovertidas por demais, muito loucas. Eram pessoas sem fé e sem dignidade. Dessa forma, o ambiente foi ficando cada vez mais pesado. O sexo, para nosso espanto, era praticado pelos casais na sala e nos gramados. Confesso que me encontrava perplexo, mas logo fui advertido, pois não estávamos ali para criticar, e sim para trabalhar. Os nossos médicos vigiavam atentamente a atividade dos técnicos trevosos. Se para muitos a intimidade conjugal é algo sagrado, ali era espetáculo público. Notamos que várias mulheres encontravam-se em dia fértil.

Fiquei zonzo, mas tinha de reagir e ajudar a nossa equipe que, atenta, a tudo observava. Agindo apressadamente, os técnicos das trevas eram o reflexo da indisciplina, pois faltava-lhes equilíbrio. Na nossa frente, várias mulheres esperavam a hora da fecundação, mas amparadas por uma luz divina, luz esta que partia do departamento reencarnatório. Não aguentei e falei ao Carlos:

— Assisti ainda há pouco a uma preleção sobre o assunto, através da qual ficamos sabendo que as organizações trevosas não possuem capacidade para este trabalho tão sublime, que é a reencarnação.

— Luiz, se você buscar na memória a aula que tivemos, vai recordar que as organizações trevosas não conhecem o processo de redução perispiritual, mas podem escolher a mãe e o momento da fecundação, entretanto, sempre observados e auxiliados pelos espíritos de Deus.

— Explique mais, por favor, Carlos.

— Olhe bem o que está acontecendo: o doutor Nagi é um dos grandes médicos do Departamento da Reencarnação. Agora ali se encontra esperando o momento de atuar. As trevas somente escolheram quem eles desejam para reencarnar, espíritos que também necessitam progredir.

— Eles fazem a redução do perispírito?

— Não, Sérgio, quando eles desejam fazer alguém voltar à terra, buscam os nossos departamentos e, como bons meninos, frequentam as aulas e prestam os exames, só que na hora das provas as organizações escolhem o local de sua realização. Elas buscam desesperadamente o meio de efetuar esse difícil trabalho sozinhas, sem a cooperação dos enviados divinos, mas não conseguem.

— É muita jactância deles, desabafou Damian.

Ali percebemos o quanto o homem está distante de Deus. Enoque, acercando-se de Nagi, perguntou:

— Será que essas moças vão levar a gravidez adiante?

— São gestações muito traumáticas, mas a organização trevosa tudo faz para não ocorrer o aborto.

"Nesse caso, pensei, até que seria bom o aborto". Nagi, virando-se para mim, refutou:

— Não, o aborto para ninguém é benéfico, principalmente para um espírito falido; ninguém mais do que um espírito doente merece completar o seu tempo no plano físico.

Fiquei envergonhado, mas foi bom para o meu esclarecimento.

Notamos os cuidados dos trevosos, à semelhança de cobra guardando a cria. Aquela mulher sem dignidade servia às organizações trevosas, mas mesmo assim recebia de Deus a proteção. Haideia conhecera seu parceiro há poucos dias e já se comprometia seriamente com ele para a eternidade.

— Ela terá uma gestação feliz, Carlos?

— Essas ligações produzem na mãe certa mudança de temperamento e não é raro a encarnação fracassar. A mulher, embora leviana, é possuidora de bons sentimentos, daí a rejeição aos fluidos pesados da criança levar a mulher, inconscientemente, a abortar. Nessas horas, a organização trevosa fica desorientada e tudo faz para não fracassar a gestação. As equipes divinas não interferem nesses casos, deixando o livre-arbítrio agir.

— Meu Deus! exclamei.

Acerquei-me de Nagi, indagando:

— Por que Deus permite tal fato?

— Por ser bom. Ninguém mais do que Ele conhece a necessidade da encarnação. Muitas vezes os espíritos trevosos, protegidos pelas suas organizações, levam anos e anos sem reencarnar. Quando eles buscam os departamentos, são elucidados pelos cordeiros de Deus e muitos se convertem. Não importa a progênie do espírito, importa, sim, o seu crescimento espiritual. A procrastinação de um espírito dói por demais, não só a ele, porém muito mais aos encarregados do seu crescimento espiritual. Para uma melhor compreensão, fique sabendo que assim como existem reencarnações ligadas aos planos superiores, temos também aquelas que se enraízam diretamente nos planos inferiores. É a oportunidade de libertação das zonas umbralinas, às vezes muito bem aproveitadas pelos espíritos reencarnantes. O plano celeste é sempre um guardião de amor, não se esqueça disso.

Olhei aqueles casais abusando do sexo, e pensei: "como pagarão caro por minutos ou horas de orgia!" Observei Haideia e gostei dela; me pareceu sofrida. Aparentava uns trinta e dois anos, olhos verdes, boca muito bonita. O seu parceiro, um senhor de quarenta anos, casado, desquitado e ajuntado, apresentava-se como conhecedor da vida, homem bem vivido, como diz o povo. Ela, bem empregada, morando com os pais velhinhos, era ótima filha, mas o sexo, o seu fraco.

Eu estava tão preocupado com tudo aquilo, que indaguei ao Nagi:

— E essa criança tem alguma ligação com Haideia?

— Em todas essas encarnações, o reencarnante tem ligação com os pais.

— Será que ela não vai provocar o aborto?

— Acho que não, respondeu-me Carlos. O sonho dela é engravidar.

— E por que não lhe deram um espírito bom?

— Todos os espíritos que reencarnam têm como meta a sua evolução.

Calei-me, envergonhado. Busquei as outras mulheres. Eram dez em dia fértil.

— Todas serviriam à organização trevosa, disse Nagi, mas daqui somente três terão condição de levar a sua gestação adiante. As outras estão com os órgãos sexuais muito doentes. O abuso é tanto que já estão colhendo os frutos que plantaram.

— Gostaria de acompanhar este caso, que está me impressionando muito.

Nagi sorriu, despedindo-se sem me responder. A festa estava pegando fogo: droga, bebida e sexo. O inferno mora ao lado do céu. Enquanto famílias labutam e sonham, muitos nem dormem, julgando aproveitar a vida. Confesso estar ficando com pavor dos fins-de-semana, é neles que os doidões entram no umbral e de lá demoram a sair, por mais que os Raiozinhos de Sol tentem mostrar-lhes a luz.

Todos da nossa equipe prestavam auxílio; eu, infelizmente, me encontrava pusilânime, para preocupação de Sadu e Samita, que se acercaram de mim.

— Frade, o que está acontecendo?

Abracei-me com eles, mas nada falei. Sadu, olhando-me firmemente nos olhos, disse:

— Se as organizações das trevas atuam junto aos encarnados — lembre-se bem, Luiz Sérgio — é porque gostam da companhia delas; mesmo assim, Deus não Se cansa de proteger Seus filhos. Em cada pedacinho da terra, Sérgio, há uma semente de amor germinando. O homem é tão protegido que até brinca de se esconder de Deus, mas um dia o vento demolidor do desespero será contido pelo corpo de um grande homem: Jesus. Ele, com os braços abertos, preso em nossa cruz, ainda Se encontra no calvário da nossa indiferença. Todavia, abriga todos aqueles que Lhe pedem proteção. Tenhamos fé de que toda a Humanidade irá buscá-Lo como refúgio, principalmente nos dias tortuosos. Jesus — nosso irmão querido — estará ao nosso lado até o dia em que vencermos todos os obstáculos que dificultam nossa chegada aos braços de Deus.

Reconfortado por essas palavras, conclui:

— Que Ele lhe ouça, Sadu, e que a Terra se agigante em humildade e espiritualidade, para que todos nós possamos viver em paz.

Capítulo 22

AS ENERGIAS DA VIDA

Olhei ainda Haideia. Ela me pareceu triste, algo mudara em sua vida Conhecendo-me, Enoque falou:

— Sei, Luiz, que está querendo acompanhar esta gestação, não é mesmo?

— Posso? perguntei, ligeiro.

— Não. Infelizmente não nos é permitido inteirarmo-nos do assunto agora. Estamos em busca das organizações, estudando até que ponto estão dominando os encarnados.

— Confesso, Enoque, que gostaria de acompanhar o espírito de Iagê, o seu crescimento físico e espiritual. Tenho fé que Haideia irá ajudá-lo, ela vai conseguir transformar Iagê.

— Gosto de você porque é um sonhador, interferiu Lílian. Eu também acredito nela como mãe e um dia teremos a felicidade de ver mãe e filho no caminho de Jesus. Agora, vamos ajudar os doidões.

E, assim, nos dispersamos. Eu e Damian fomos para perto de um casal, Nestório e Larina. Estavam tão loucos que nem se aguentavam de pé. Oramos por eles, na tentativa de fazê-los parar, mas em vão, cada vez mais consumiam o tóxico. Corri em busca de socorro médico e consegui que a garota fosse assistida pela nossa equipe. Lílian partiu à procura da ajuda dos encarnados; felizmente, naquela própria casa existia uma equipe a postos para essas emergências e, intuída por Lílian, correu em socorro do casal. O rapaz relutou em aceitar ajuda mas o grupo nem se comoveu e logo, para nosso alívio, iniciou o tratamento. Os dois já estavam tendo convulsões pelo excesso de substâncias estranhas ao cérebro.

À medida que as pessoas vão tomando o coquetel de tóxicos, as células cerebrais são inundadas por substâncias tóxicas e por outras reguladoras, produzidas pelo próprio organismo, que passam a dar ordens desencontradas para o corpo.

Os batimentos cardíacos do casal estavam todos perturbados. Aí assistimos a uma lavagem estomacal, pela aplicação de uma injeção de carvão ativado. Eles tiveram controladas a respiração e os batimentos cardíacos através do balão de oxigênio. A equipe de plantão era excelente e vinha recebendo muita ajuda dos médicos desencarnados que a intuía para um melhor atendimento.

— Como estão organizados, não é mesmo, Luiz?

— É preciso, Lílian, que os viciados em droga se conscientizem de que existe socorro, só precisam não temer. Todas as pessoas que desencarnam com *overdose,* se tivessem sido socorridas a tempo, teriam sido salvas. Veja o que assistimos neste grupo de consumidores de droga: possuem até uma equipe de não-drogados para essas emergências...

— Mas, Luiz, aqui o dinheiro brota do chão.

— Quem não tem uma equipe caseira tem uma hospitalar. Ao mínimo sintoma a vítima deve ser levada para ser socorrida. É muito triste presenciar, impassível, alguém desencarnar com *overdose*.

O médico espiritual, Melquíades, dirigindo-se a nós, indagou:

— Por que a alacridade?

— Porque sentimos o quanto Deus é bondoso, falei, fitando aquele casal que recebia os socorros necessários.

Acho que Sodoma e Gomorra ficariam envergonhadas com tanta falta de pudor. Os casais não se respeitavam, ali ninguém era de ninguém. O médico nos convidou a acompanhá-lo e diante de nós desfilavam almas em decadência. Mulheres que chegaram muito bem vestidas, agora somente de roupas íntimas ou sem nenhuma peça, retorciam-se no mundo pavoroso da droga e do álcool.

Observamos que um jovem, completamente bêbedo, ia ser iniciado na cocaína com a ajuda da namorada. Desesperado, aproximei-me e tudo fazia para não deixá-lo consumar o ato. A garota tentava passar o pó nas suas gengivas, mas ele dizia, rindo muito:

— Não... Não...

Se, no estado em que se encontrava, ele usasse a cocaína, dificilmente iria suportar. Mas a jovem insistia em levá-lo ao vício. Colei-me no garoto e comecei a gritar: "socorro, socorro, socorro!" A menina assustou-se, julgando-o maluco; ele continuava gritando, ora com a voz dele, ora com a minha voz. Quase todos correram para ver o que se passava. O ambiente era caótico, mas nem eu nem Lílian deixamos de gritar por socorro. O dono da casa, indignado, deu-lhe um bom tapa e ele investiu para cima do senhor. Eu e Lílian, surpresos com aquele comportamento, tentamos acalmar o jovem, mas ele estava furioso, dando pescoções em todo mundo.

— Pare, Luiz! pediu-me Lílian.

— Parar o quê? Não sou eu que o estou influenciando!...

— Quem, então?

— Eu! falou um espírito zombeteiro. Sou eu, Luiz Sérgio, que o estou defendendo.

— Não! falei, caindo sentado. Pelo amor de Deus, para com isso!

Mas ele nem me ouviu, fazia o garoto distribuir pescoção em muita gente. Corri para perto do garoto e, ajudado agora por Enoque, fizemo-lo desmaiar. A festa esfriou um pouco. Ao recobrar os sentidos, o jovem foi convidado, juntamente com a garota, a se retirar.

— Não encontrou um método mais simples de o salvar? inquiriu-me Enoque.

— Amigo, ele ia chafurdar-se e aí, coitado, nunca mais seria livre.

Enoque, rindo, falou:

— Vá até a rua proteger o casal. Você não começou o tratamento?

Fiquei sem graça. Eu só queria ajudar e me pareceu que Enoque não gostara. Saí, junto com Karina e Lílian, e encontramos o jovem sentado, na beira da calçada, sozinho; a garota o havia deixado e voltara à mansão. Seguramos o braço dele e fizemos com que pedisse carona e logo ele estava seguro em sua casa. Falei a Karina:

— Não sei por que trabalho com drogados, eles me impressionam por demais. Tenho, às vezes, vontade de pegá-los no colo e outras vezes de lhes dar umas boas palmadas. Veja: hoje não me importo se o Enoque está zangado comigo, eu estou em paz, porque Zuriel não entrou na roda do pó.

Ele voltou para seu lar; a garota, entretanto, contorcia-se, dançando no pátio da casa.

— Hoje ela encontra a turma dela, falei, mostrando para Lílian os espíritos dependentes da droga, que pareciam encarnados, tais eram suas participações nos atos dos visitantes daquela mansão.

Não demorou muito e nós a vimos, com o corpo encurvado, movida por uma força estranha, dirigir-se para a piscina.

— Essa não!

Quando acabei de falar, ela já havia pulado e bebia água. Os trevosos davam gostosas gargalhadas e nós, mais uma vez, nos esforçávamos para salvar uma louca dependente do tóxico. Logo fomos ajudados pela equipe plantonista encarnada daquela casa, e a menina foi retirada da água. Quando perceberam que era a garota de Zuriel, também a jogaram na rua com a roupa toda encharcada. Nós a tomamos nos braços para que não desmaiasse de frio, porquanto a temperatura era de três graus positivos. A menina chorava e nós pedíamos para que aparecesse alguém e, para nossa surpresa, foi a polícia que a levou para casa. Ela tentou delatar o dono daquela mansão, mas quem iria acreditar? Aqueles moradores eram respeitáveis cidadãos. Sacudi a cabeça:

— Até quando a fachada de um muro vai acobertar a podridão?

Nisso, Enoque e Sadu nos chamaram. Eram as equipes trevosas à espera de uma desencarnação. O chefe, Dalmácio, reclamava dos viciados desencarnados, cobrando-lhes uma atuação maior. Só eles poderiam fazer aumentar o consumo do tóxico. Dalmácio e suas equipes estavam sequiosos de vítimas. Não demorou muito e presenciamos um corre-corre: era um senhor de cinquenta anos, debatendo-se. Dalmácio sorriu. Nós, os Raiozinhos de Sol, corremos para ajudar Demétrio, mas ele fora muito além do que um coração pode suportar. Desencarnava ali mais uma vítima da droga. Por mais que as equipes encarnada e desencarnada ajudassem, nada adiantou. Demétrio desencarnara. No mesmo instante, a equipe trevosa presente pôs-se a estudar a origem do espírito. Eles buscavam a zona inconsciente e a chama energética que comanda o físico através de fios sensíveis dos núcleos celulares, detendo-se na glândula pineal, como se nela estivesse a sede do espírito. Analisaram esta glândula do corpo físico de Demétrio, buscando o comandante das forças sexuais dos homens. E, assombrados, presenciamos a devassa no corpo de Demétrio; eles estavam em busca das forças sexuais, energia bendita muito bem guardada não só na pineal, como na hipófise. Nós permanecíamos calados, impassíveis. Os trevosos não buscavam as energias no reservatório energético do inconsciente, nem as glândulas eram bem analisadas, faltava neles a visão divina. A glândula pineal, filtro das energias do Espírito, como que se atrofiou diante da morte física. Eles, que pesquisam as energias do corpo físico, não compreendem por que o sexo é peça importantíssima para o equilíbrio do espírito e do corpo. Eu senti, diante do corpo de Demétrio, o valor do sexo. Ele me pareceu uma torneira por onde descarregamos as energias já absorvidas pelo corpo físico. Ao passarem pela glândula pineal, as energias do Espírito buscam dar vida ao corpo físico e este se mantém vivo; mas essas mesmas energias precisam dissipar-se e isso se dá através do sexo. Uns o fazem de maneira disciplinada, outros enfraquecendo os seus chacras.

Enquanto a equipe trevosa examinava Demétrio, o nosso médico Sadu nos orientava; porém, em determinado momento, a equipe trevosa levou Demétrio, e nós nada pudemos fazer. Esperaríamos a hora de socorrê-lo, pois no momento tornava-se impossível. Comentei com o médico:

— Eles estão buscando a vida física e a espiritual, mas, graças a Deus, ficam atordoados diante da máquina física e perispiritual, não é mesmo?

— Temo o que vem ocorrendo, eles estão trabalhando, e muito, nas pesquisas do Espírito. Como vimos há pouco, eles chegam perto da fonte, mas não possuem aparelhos para retirar a água.

Enoque e Sadu despediram-se:

— Vamos deixá-los. O dia nos espera, precisamos cuidar de outros irmãos.

Desejava perguntar mais sobre as energias da vida, mas os Raiozinhos de Sol foram saindo devagar. Ainda olhei para trás: que belo lugar, mas tão mal assistido!

Capítulo 23

CARIDADE: JESUS EM AÇÃO

Ao atingirmos a rua, ouvimos um grito de socorro. Ficamos parados, mas logo Enoque nos orientou sobre o local. Um veículo desgovernara-se e algumas pessoas se acidentaram. Um espírito acercou-se de nós e falou:

— O motorista imprudente corria adoidado e aí está o resultado da sua inabilidade.

Alguns irmãos ainda se debatiam com vida junto às ferragens.

Quatro, mesmo desencarnados, ainda continuavam junto ao corpo. Pediam ajuda e logo a equipe do departamento do desencarne chegou. Nós aplicávamos passes e os médicos davam assistência. Os trevosos se aproximaram, desejando apossar-se de alguns espíritos, mas as equipes de Jesus prestavam auxílio. Acerquei-me de um menino, com aproximadamente treze anos, preso às ferragens, ainda com vida. Vieram os bombeiros e o resgataram. Ninguém pode imaginar a ajuda que se presta num instante desses. Dedicados médicos espirituais fazem com que a vítima suporte o sofrimento, protegendo-a. Contudo, por mais que o menino Antero recebesse auxílio, seus ferimentos eram graves e ele não os suportou. Notei que o seu corpo físico manteve-se por muito tempo vivo, muito vivo; pareceu-me que nele foram concentrados todos os fluidos das auras, porque era um campo energético de grande potencial. Imediatamente o técnico espiritual foi retirando toda a energia daquele corpo, entregando-a ao chefe da equipe, grande conhecedor de fluidos magnéticos. Depois de socorrido, o nosso grupo foi escolhido para levar alguns deles a um Centro espírita. O doutor Kassin juntou-se a nós e assim buscamos uma Casa para os primeiros socorros aos desencarnados, de onde seriam levados para as Casas transitórias. Fomos muito bem recebidos pelo dirigente espiritual do Centro e logo encaminhados ao grupo. Acostumados com grupos que prestam auxílio aos desencarnados, estranhamos quando foi dado início ao trabalho. Bastava o doutor Kassin ligar o doente ao médium, este gritava, retorcia-se, procedendo como se estivesse recebendo um terrível obsessor, enquanto nós estávamos ali buscando no médium somente a energia necessária para os espíritos recém-desencarnados. O procedimento daquele grupo, porém, nos deixou muito tristes, aqueles médiuns diziam receber até seis espíritos, mas não davam assistência aos doentes que ali trouxéramos. Assim, o atendimento foi desastroso, levando o doutor Kassin a indagar do dirigente espiritual:

— Por que eles procedem assim?

— Simplesmente porque nesta Casa todos os médiuns têm a obrigação de receber espíritos, o dirigente não concebe uma ajuda espiritual sem incorporação.

O doutor Kassin retrucou:

— Mas não se pode, de maneira alguma, condicionar um médium à incorporação. Notamos que neste grupo todos são médiuns conscientes e muitos estão colocando para fora o desequilíbrio do próprio espírito.

— Sabemos disso e peço ao irmão que nos perdoe. Achamos que, mesmo indisciplinados os médiuns, os espíritos podem ser assistidos.

— De que maneira, meu amigo? Todas as vezes que tentamos colocar o doente junto a um médium, este grita e se retorce, assustando o doente, que, não esqueçamos, é um recém-desencarnado, portanto, amedrontado com a morte.

Nós não sabíamos o que fazer, quando vimos Enoque falar algo com o doutor Kassin e este se despedir do mentor espiritual daquele grupo sem conhecimentos doutrinários. Quando saímos daquela sala, respirei fundo e senti pena de certos médiuns que servem de trampolim para alguns espíritos vaidosos que se agregam aos Centros espíritas e brincam com a ingenuidade do próximo.

E assim buscamos outro Centro espírita, onde chegamos a um grupo muito conhecido nosso; em todos os meus livros, foi nesse grupo que sempre encontramos médiuns humildes e dirigente com conhecimentos doutrinários baseados na obra kardequiana. Quando lá chegamos, desejei abraçar cada médium pelo muito que eles auxiliam os socorristas. Depois dos estudos teóricos, iniciamos o trabalho prático com cada médium, em total silêncio, com as mãos sobre a mesa; foram feitas as ligações dos aparelhos e cada irmão, trabalhador humilde de Jesus, representou ali uma usina energética, dando àqueles doentes uma nova vida. O silêncio era total, ninguém se mexia. O dirigente, passando por trás de cada médium, pedia uma pequena prece. Enquanto isso, os enfermeiros de Jesus prestavam os primeiros socorros ao grupo de desencarnados. O garoto foi tratado com imensa ternura por uma irmã que, mesmo não possuindo vidência, sentia que estava sendo útil, pois trabalhava com disciplina e amor. Presenciamos as vibrações influírem sobre os médiuns, da mesma forma que os médiuns influíam sobre a corrente. A corrente magnética exercia poder sobre o médium, aumentando a força magnética da mediunidade. Se na mesa mediúnica todos estivessem convictos da força que possuem, aumentaria a corrente magnética da mesa e espíritos e encarnados seriam beneficiados. Porém, para esses trabalhos, não pode a mesa ter um único elemento disperso, alheio à tarefa. E torno a falar daqui: que os diretores de uma Casa espírita criem grupos somente com médiuns que, como dizem, nada recebem; eles são respeitadíssimos pelas equipes de socorro. Não esqueçamos que num grupo bem dirigido os médiuns são verdadeiros condensadores, que formam o campo eletromagnético.

Imaginem vários médiuns reunidos: formam um gerador de real potência. É louvável o médium que possui energia suficiente para formar uma corrente poderosíssima que lhe dá condição de captar os pensamentos dos espíritos, mas a maioria dos médiuns não possui essa carga energética nos seus corpos. Porém, precisamos elucidar os dirigentes de grupos e os médiuns que, mesmo sem incorporar, pode um espírito aproximar-se dele e receber as energias de que necessita. Não é porque não se manifestou que ali não esteve. Esses grupos, chamados pela Espiritualidade Maior de *a mediunidade do futuro,* são respeitados por todos os trabalhadores do Senhor. Sentimos não os ter ainda descoberto o meio espírita, quando são por demais necessários nesta época, em que os desencarnes são tão violentos.

O grupo, em total silêncio, ouviu a prece do doutor Kassin, transmitida pelo dirigente encarnado. Os doentes foram levados para o pronto-socorro da Casa espírita para serem transportados mais tarde para as Casas transitórias. Íamos saindo, quando Paulo, um dos trabalhadores da Casa, nos comunicou:

— Luiz Sérgio, sabe que este grupo vai acabar? A diretoria não aceita um grupo que não incorpora espíritos.

— O quê, Paulo? Você está brincando!...

— Não, meu amigo, infelizmente não estou. Este grupo será transformado em grupo de desobsessão, os dirigentes não acreditam mais nele.

— E se a gente falar com o dirigente espiritual da Casa?

Enoque interferiu para dizer:

— Não, Sérgio, não vamos fazer isso, os encarnados precisam conscientizar-se de que a caridade é Jesus em ação. Todos aqueles que não tiverem caridade sentirão o ranger dos dentes. "Ai daqueles que brincarem com o Espírito Santo", disse Jesus.

— Mas Enoque, não se faz isso com um dirigente que sempre respeitou os seus médiuns e os espíritos.

— É, irmão, o tempo se encarregará de provar com quem está a verdade.

— Desculpe, mas até lá muitas injustiças serão cometidas.

— Se esta porta se fechar para as equipes socorristas, outras serão abertas, completou Sadu. Os doentes terão sempre a ajuda do Maior dos médiuns — Jesus.

— Mas o dirigente terá de sair da Casa!

— Não se preocupe, logo aparecerá um grupo, um verdadeiro grupo. Ele jamais deixará os seus médiuns sem o esclarecimento da real mediunidade. É um trabalhador como todos nós, e sempre foi estudioso e amigo leal dos espíritos desencarnados, tratando-nos com respeito, portanto, juntos ficaremos, porque lhe somos gratos.

Confesso que uma lágrima molhou meu rosto. Até quando, Senhor, o homem vai ser injusto?

Capítulo 24

GERAÇÃO SUICIDA

Ninguém pode imaginar como é importante para uma equipe de socorro o equilíbrio de um grupo mediúnico, com médiuns conscientes de que não só os que incorporam, ou visualizam os espíritos, trabalham; com humildade, todos podem doar, sem alarde, conscientes de que estão trabalhando, e como são importantes para a espiritualidade! Muitos, ao chegarem a um Centro, não se importam com o estudo e pouco fazem para que a verdade seja a sua bandeira. Existem pessoas que fogem de uma Casa espírita, pois o convívio com os outros médiuns as assusta; desejam, então, comandar a sua própria mediunidade, sem submetê-la ao crivo da razão. Alguns dizem que os espíritos nada as deixam fazer, porque querem escrever o dia todo.

Para que eu começasse a escrever para você, leitor amigo, precisei cursar uma escola de psicografia, na qual a disciplina é obrigatória. Quem deseja escrever deve primeiro matricular-se na faculdade da humildade. Existem muitos espíritos necessitando mandar mensagens. Não possuem nomes conhecidos na Doutrina, mas precisam ser respeitados; têm de cumprir uma missão. É árdua a tarefa e são poucas as criaturas que se anulam em favor do seu semelhante. Rayto tirou-me desses pensamentos, dizendo:

— Vamos até a sede de apoio para depois voltarmos às colônias espirituais.

E assim fizemos. Ao chegarmos ao pronto-socorro, recebemos um passe, descansamos e logo seguimos viagem. À medida que avançávamos, sentíamos a brisa de Jesus a nos acariciar e, gradativamente, fomos ficando mais etéreos, até que avistamos a colônia, ou melhor, onde iríamos reencontrar os instrutores. Na porta, Enoque cumprimentou a guarda e ela se curvou respeitosamente. Entrando, olhamos as flores e os pássaros, que nos davam as boas-vindas. Minúsculas flores do campo formavam um grande coração com os nomes: Jesus e Maria. Recepcionados por Antero, este nos levou ao auditório nove, onde uma equipe de quatro irmãos nos esperava. Quando entramos, levantaram-se para nos cumprimentar. Meus olhos faiscaram de curiosidade, com a vontade muito grande de perguntar seus nomes, mas essa é uma imperfeição que devemos eliminar. Aliás, não foi preciso, pois eles mesmos se apresentaram: Quintino, Radamés, Teófanes e Úlmes. Teófanes, aproximando-se de Samita, esclareceu:

— Chamei vocês aqui para um estudo mais detalhado do trabalho desenvolvido pelos trevosos. Eles estão atacando as crianças e os jovens, estes últimos deixando-se levar com maior facilidade. Os jovens estão morrendo não só pela droga, mas pelos inúmeros acidentes por ela provocados. Eliminando a juventude, destruído é o plano encarnatório, e toda uma programação espiritual se perde. Hoje, no mundo inteiro, a mocidade quase toda está doente desta chaga terrível — o tóxico — que quando não mata deixa sequelas terríveis.

Samita, Sadu, Enoque, enfim, os nossos médicos, ajudados por Sara, projetaram filmes com os fatos ocorridos durante os nossos trabalhos de socorro. Muitas vezes os médicos interromperam a projeção para tecerem considerações. Assistimos ao desencarne de uma jovem de dezessete anos, que por causa da droga sofrera um derrame cerebral; a garota, consumindo droga, provocara o entupimento da artéria, a abrupta interrupção de aporte sanguíneo a uma das regiões cerebrais. O tecido nervoso, esclareceu o médico, suporta muito mal a falta de oxigênio, que seria levado pelo sangue. Não existindo oxigênio, o cérebro inicia a liberar reservas de substâncias que, em grande quantidade, se tornam tóxicas. No momento em que o sangue deixa de chegar ao cérebro, os aminoácidos excitatórios, que promovem a entrada de cálcio no neurônio, são liberados de tal maneira que se tornam altamente lesivos, levando a célula à morte; não esqueçamos que este cálcio, em pequena quantidade, não causa problemas.

— Estamos aqui, continuou, para estudar um meio de não deixar os toxicômanos desencarnar ou sofrer problemas motores e distúrbios da fala. Estamos inteirados de que as crianças e os jovens imprudentemente consomem droga e álcool, e isto é suicídio.

Enoque relatou o que se passa na Crosta:

— Os países ainda não despertaram para este triste fato. A juventude morre a cada instante, os jovens se picam, aspiram e fumam junto a uma sociedade impassível. É muito triste.

— Irmão, não só a sociedade, também as religiões estão impassíveis, poucas, muito poucas, estão fazendo algo. Das religiões deveriam partir campanhas anti-drogas. As mães atingidas deveriam sair às ruas de braços dados, pedindo providências. O mundo espiritual encontra-se muito preocupado, a prova está aqui à nossa frente, nesses filmes, que mostram como as organizações trevosas estão cada vez mais atuantes, tendo por cooperadores as próprias famílias. O jovem está sendo criado sem Deus e sem disciplina; o querer é a sua bandeira.

O doutor Úlmer, assistindo ao filme no qual alguns médicos das trevas tentavam implantar o óvulo de uma mulher em outra, sacudiu a cabeça, dizendo:

— Ainda bem que, quando se possui o coração duro, a cabeça é precária de inteligência.

— Mas se eles, quando querem, levam para a terra alguns dos seus, por que desejam tanto reencarnar trevosos? perguntou Samita.

— Não se esqueça de que ninguém reencarna sem ser essa a vontade do Senhor; toda reencarnação recebe uma gota da vida espiritual.

O médico parou o filme bem no momento em que a jovem desencarnava e o embrião era retirado com vida e conservado em lugar apropriado. E nos mostrou que a fecundação do óvulo materno somente se dá algumas horas depois da união sexual. O espermatozoide faz imensa viagem antes de atingir o seu objetivo. Vimos um reencarnante recebendo, dos encarregados espirituais da reencarnação, o tratamento especial para lhe reduzir o perispírito; e ele, o irmão, ligando sua mente à equipe e, numa conexão mental, reduzindo-se perispiritualmente, tomando a forma de uma criança.

Prosseguiu Úlmer, explicando:

— Este reencarnante já estava em processo de ligação fluídica com os pais há muito tempo e recebeu um tratamento especial em seu perispírito. Quando desencarnamos, o perispírito torna-se mais etéreo: alimentação diferente, novos hábitos, enfim, ao terminar sua permanência na terra e deixar o corpo físico, ele está preparado para viver no mundo espiritual. Se necessitar reencarnar, precisará desfazer-se de certos elementos da vida espiritual e assimilar outros, necessários para a nova vida física, dados pelos pais e pelo mundo físico. Hoje, infelizmente, os homens estão tentando destruir esse trabalho muito belo, sem aproveitar satisfatoriamente a importante oportunidade da reencarnação, suicidando-se e dando trabalho à espiritualidade. Por ignorância, jogam fora a vida, enquanto os trevosos, por sua vez, estão lutando para levar ao plano físico espíritos maus, recebendo para isso a cooperação do homem. Hoje, meninas e garotos praticam sexo por esporte e os espíritos do Senhor pouco podem realizar em prol do encarnado, quando este tem por companhia os irmãos das trevas. O que ocorreu nesta gestação foi isso, a moça desencarnou fora da época e a equipe de socorro não estava por perto; a outra mulher, na qual foi realizada a operação implante, estava vivendo a sua experiência sexual em grupos de orgia. Contudo, não é fácil essas organizações atuarem, o perigo é levarem mais pessoas à morte física, porque o segredo da vida não está nas mãos dos cientistas, e sim nas do maior deles: Deus. Os trevosos desejam trazer espíritos de sua livre escolha para reencarnar na terra, sem a interferência dos departamentos competentes.

Interrompeu Sadu:

— Por que antes eles nem tentavam e agora nós presenciamos atuarem com importantes aparelhos provenientes das organizações das trevas e ainda estudando um meio de burlarem os emissários divinos?

— Neste instante, passo a palavra ao irmão Quintino, para responder à sua pergunta, disse o doutor Úlmer.

— É mesmo preocupante. Não se nega o fato de estarem em busca de um meio de efetuar essa viagem maravilhosa de ida e volta ao plano físico. Mas se contam também com a colaboração terráquea, o plano espiritual tem Deus, que não cessa de ensinar aos Seus tarefeiros o verdadeiro caminho da salvação. Sabemos nós que algumas inteligências cooperam com as trevas, mas só os emissários divinos, encarregados dos nossos departamentos reencarnatórios, conhecem os métodos empregados para auxiliar o feto, a sua proteção, para que chegue ao término da gestação, e o cuidado com todos os órgãos do corpo físico. Somente o departamento divino possui os mapas, a geografia dos genes da hereditariedade alojados nos cromossomos. Por não conhecerem estas verdades, ocorre o que ocorreu: a rejeição fetal. Tudo é magnetismo e a atração magnética é de grande importância na gestação. Eles tentam, mas não possuem sensibilidade bastante para operar num corpo no qual a célula-ovo é protegida pelo próprio corpo da mulher; no seu organismo estão alojados poderosíssimos elementos protetores, e ainda contam com o auxílio de um espírito com grande conhecimento magnético, que ajusta no perispírito a forma reduzida do reencarnante, enquanto o organismo da mulher, sozinho, se abraça ao ovo e dele se apodera como grande guardião. Este trabalho é realizado por técnicos capacitados e não por espíritos brincalhões e repletos de vaidade.

Interrogou Carlos:

— Se nos desencarnes fora de época as equipes de Jesus muitas vezes nada podem fazer, por que para a reencarnação existe maior proteção?

— Vou dar-lhe uma resposta pobre, mas que se encaixa: entrar em um país é mais difícil do que dele sair clandestinamente. A preocupação com o reencarne é muito grande e somente espíritos aptos têm acesso a esse Departamento. A volta do espírito à matéria é ação máxima de inteligência e só Deus é capaz de criar tão bela obra. Os espíritos do Senhor são operários capacitados para esse extraordinário serviço e, ao realizá-lo, não são relegadas as regras impostas pelas leis da genética, na determinação dos tipos biológicos; mesmo sendo o espírito o orientador da matéria na sua organização biológica, não podemos esquecer que tudo obedece às leis da natureza, é nela que o espírito busca os elementos necessários à união espírito-matéria. O homem deve descobrir o tesouro físico que ele é, para respeitá-lo. Nenhum cientista existe que crie a matéria física e a alma, a beleza da reprodução da célula viva, composta de duas partes: o núcleo e o citoplasma. Por mais que as trevas tentem criar a matéria viva e o espírito, jamais conseguirão. Não nos cansamos de contemplar as células haploides destinadas à reprodução. O novo ser resulta da união de dois gametas: um, feminino — o óvulo, e o outro, masculino — o espermatozoide. Da união de dois gametas — espermatozoide e óvulo — surge o ovo. Este, por meio de divisões cariocinéticas, irá formar o embrião. Constituído o ovo, ele passará a desdobrar-se por meio de divisões sucessivas, formando o novo ser. Cada órgão, cada função e cada característica já está predeterminada desde que é constituído o ovo. E por mais que o homem busque compreendê-lo, para, extasiado, diante de tal esplendor.

Fez uma pausa, sem ter sido quebrado o silêncio, e prosseguiu:

— Os estudiosos admitem que os cromossomos são portadores dos fatores hereditários, mas eles desconhecem o valor exato dos cromossomos com seus respectivos genes. Os microscópios trabalham em busca dos "mistérios" da vida, mas eles deixam de ser mistérios à medida que descobrimos Deus e Jesus e nos deparamos com a Terceira Revelação, que é a Doutrina Espírita. O que se tem conseguido descobrir já é importante para o meio científico, mas ainda é mínimo diante do que existe realmente de verdades no homem. Ao retornar ao corpo, o espírito veste novamente a roupa apertada e se aloja num ovo, vai desenvolvendo-se até formar o ser adulto e, mesmo em precárias condições intelectuais, comanda esta máquina maravilhosa chamada corpo físico. É ele, o espírito, que orienta o desenvolvimento do embrião. O espírito é o comandante dos seus corpos. Portanto, irmãos, não nos preocupemos com os trevosos, porque estão bem longe de descobrir a origem da vida. Podem, sim, atrapalhar os Filhos de Deus e causar malefícios e muitas lágrimas com as suas experiências, mas daí a criar um espírito ou enganar a Espiritualidade Maior, é impossível. Deus é Criador atento e ninguém consegue destruir ou adulterar as Suas grandes obras.

Eu sentia uma enorme vontade de fazer perguntas, mas quem sou eu? Apenas escutava, muito atento. Nisso, Quintino cedeu a palavra ao doutor Radamés:

— No dia em que a Terra deixar de ser materialista, os homens irão dar valor à vida física e cuidados serão tomados para que tenham saúde, paz e amor. Até lá, eles cooperarão com as organizações trevosas que, sempre atuantes ao lado dos encarnados, os levarão a uma dependência: ou tóxica, ou alcoólica. Lamentavelmente, defrontamo-nos com uma geração suicida; não só a droga, mas o álcool também é um grande mal que se alastra. Nunca se viu tantas famílias com o hábito da bebida. Muitos jovens hoje se viciam não só no tóxico como no álcool também, e fazendo esta mistura encontram a "morte". O alcoólatra é um doente não só do corpo, mas também da alma. As casas religiosas têm condição de ajudar os alcoólatras, porquanto a dependência é uma fraqueza da alma. Geralmente o doente vive problemas psíquicos; devemos buscá-los, trazê-los para fora e fazer com que o doente os enfrente cara a cara. Existe também o fator hereditário: muitos pais passam os vícios aos filhos, ensinando-lhes a beber, o que é comum em muitos lares. Cabe aos pais oferecer aos filhos a água da vida eterna, a moral divina. Quem oferece bebida alcoólica para uma criança está longe de Deus. Devemos ajudar, não com críticas, mas com amor, os viciados em álcool, eles caminham a passos largos para os tóxicos e, em geral, de braços dados com ele. É muito triste ver um irmão caído na sarjeta, mas triste também é o que ingere álcool socialmente, e não se julga um alcoólatra. Enquanto existir no plano físico esse tipo de doença, as organizações umbralinas se fortalecerão e se julgarão donas dos espíritos reencarnados, não medindo esforços para desmoralizar os obreiros do Senhor. Essas organizações conhecem algumas partes do cérebro ainda desconhecidas pelos homens e atuam sobre elas, levando o ser a se drogar e a se embebedar. Sabemos que existe no cérebro uma série de pontos ainda desconhecidos pela Ciência terrena. O cérebro é hierarquizado: as regiões mais antigas são mais resistentes do que as outras, e o ser humano as desconhece. Os trevosos, entretanto, atuam sobre diversas áreas e uma delas está localizada no sistema límbico, perto do hipotálamo, conhecida cientificamente como área do prazer. Mas existem outras áreas bastante requisitadas pelos trevosos e ainda desconhecidas do homem: as regiões mais antigas do cérebro, onde trabalham as organizações para melhor dominá-lo. São essas áreas mais antigas do cérebro que comandam a emoção; algumas delas possuem as características do cérebro dos peixes; não nos esqueçamos de que a vida física parte da água e os peixes possuem elementos necessários para o corpo físico. O que os Raiozinhos de Sol precisam é ficar atentos e não deixarem os trevosos atuar tanto junto aos homens. Quando encontrar um viciado, procurar ver, nas regiões da sua mente, se nelas estão alojados minúsculos aparelhos que levam o homem ao desequilíbrio.

— Por que eles possuem esse poder? perguntou Sara.

— Não, eles não possuem poder, apenas alguns conhecimentos. O agravante é que os encarnados adoram má companhia. Mesmo assim, a atuação das trevas não tem ação prolongada, principalmente se buscamos Deus.

— Não nos devemos preocupar, então? inquiriu Samita.

— Sim, no sentido de buscar os meios mais rápidos e eficazes de prestar ajuda aos encarnados. Por isso estamos mostrando os pontos frágeis em que eles atuam. Muitas vezes usam a pantomima, o embuste, para conquistar médiuns ou religiosos fanáticos. A nossa preocupação é a de que eles estão encontrando nos jovens aliados fiéis; nunca se viu juventude tão materialista. Mas mesmo assim nós estamos junto aos encarnados, incentivando-os.

A seguir, Radamés foi substituído pelo doutor Quintino, que iniciou sua explanação colocando perante nós a certeza de que Deus Se manifesta por várias maneiras. Esse médico nos ensinou como tratar os viciados, sem crítica, mas com respeito à sua condição de doentes. Nada é mais triste do que não raciocinar e os viciados em droga ou álcool não são donos de si mesmos.

Apresentou-nos vários casos de desencarne por tóxico e álcool. O doutor Quintino intuía grupos anti-drogas, ministrando cursos na espiritualidade para que essas organizações atuassem com êxito junto aos dependentes. Acompanhamos os mais modernos métodos de tratamento anti-drogas e também ficamos a par de como agem os traficantes, o que estão fazendo para enganar as autoridades. Até as crianças estão sendo usadas. Vimos um belo bebê levando a droga na touquinha e dentro da fralda descartável. Depois Quintino nos explicou, respondendo a uma indagação de Lílian sobre alguns artistas, que garantem aumentar sua criatividade com o uso da maconha. Disse-nos ele:

— É uma impressão subjetiva. Na verdade, como as capacidades de concentração e de abstração resultam prejudicadas pelo THC, piorando a coordenação motora, a produção do indivíduo é nula. Alguns julgam que a maconha ajuda o artista pelo fato de estimular a imaginação e a fantasia. Droga é droga, a ninguém ajuda, só mata. Sabemos nós que a maconha produz uma perda de memória muito forte, o indivíduo esquece o que acaba de fazer ou de dizer. Como auxilia a produzir, se ela leva o ser a uma incapacidade de concentração?

Depois, mostrou-nos um filme: o indivíduo "deschavando" o tijolinho de maconha, soltando as várias partes da planta seca e as limpando das impurezas. As sementes eram cuidadosamente separadas, pois provocam dor de cabeça. Aí ele pegou um papel de seda e enrolou a maconha, mas antes a "batizou" com cogumelo seco, usando um pilãozinho para socar a maconha. E vimos que para enrolar o cigarro já existem pequenos aparelhos vendidos em casas famosas. O cigarro contém de duzentos e cinquenta a mil miligramas de maconha. O rapaz do filme tinha muita prática, enrolava-o uniformemente. Depois, passou a língua por sua borda para umedecê-la e grudá-la no corpo do "baseado". Existe, em países onde a droga corre solta, um papel dotado de cola em sua borda, parecendo um envelope. A aula foi muito boa, porém o que nos mostrava já era muito velho para nós. Hoje a turma está na heroína e no pó. Quando pensei, ele falou:

— Este filme é velho, estamos mostrando um grupo iniciante na maconha; hoje as drogas estão terríveis. Como se aperfeiçoam os materiais de consumo, os traficantes estão inovando nas misturas e nas drogas sintéticas.

Esperei que o doutor Quintino fosse nos mostrar mais, porém deu por encerrada a palestra e fomos andando calmamente, só ficando junto aos médicos Sadu, Samita, Carlos e outros médicos que lá se encontravam. Quando saí, procurei um banco no jardim e me sentei, segurando a cabeça com as mãos. Sentia-me muito triste. Não se concebe as autoridades deixarem a droga tomar conta de crianças, jovens e velhos. Precisamos dar um basta, pensava eu, assim a juventude não conhecerá a beleza divina. Os jovens estão morrendo, quando não é por desastre de carro é por droga. Sara alisou meus cabelos.

— Por que a, preocupação?

— Você já viu a faixa etária desses grupos e prestou atenção nas tatuagens, nas cabeças, nas roupas? Parece-me que eles buscam a moda das organizações trevosas. Como se parecem!...

— É mesmo.

— Sara, em cada esquina existe um jovem se drogando, existem os pontos centrais e as autoridades sabem disso. Por que o descaso?

— Espere, logo teremos uma solução.

— Confesso que não a vejo. Enquanto isso, ficamos ao lado da mãe que espera desesperada os filhos, da esposa que tem por rival a droga, dos filhos que não podem ter por herói o pai. Nada se compara ao tráfico de droga, terrível, vergonhoso e cruel. São crianças consumindo pó e vivendo como bichos. Até quando, Jesus, os Seus irmãos estarão suicidando-se e matando? Assistimos, impassíveis, a filhos batendo nos pais, como se não bastasse a surra da dor do dia a dia. Quantos lares abrigam alcoólatras e toxicômanos, enquanto a Espiritualidade Maior luta para fazer esse transporte espírito-mundo físico! Quanto trabalho do Departamento da Reencarnação para nada. O ser joga fora a sua vida; não imagina ele o trabalho divino para trazer para a Crosta um espírito que já se acostumou com benfazejos fluidos etéreos. Cada parte dos nossos corpos é analisada por grandes inteligências e tudo é preparado, muito bem preparado; um espírito, para voltar ao campo de trabalho, necessita possuir uma roupa apropriada e os técnicos partem para sua tarefa. Recordo-me de um estudo sobre o ADN, quando se provoca réplicas de si próprio e formam o duplo etérico, o companheiro do corpo físico e do perispírito, fatos tão sérios para os estudiosos e ignorados pelos materialistas. Morre a cada segundo um homem que foi levado à terra para cumprir uma tarefa. Deus tem um plano de vida para cada filho e hoje o que mais se vê são jovens voltando para o mundo espiritual sem o diploma da conclusão do curso. Ignorantes, e não inocentes, aí, choram de remorsos. Mas ao vê-los, penso: "como podem ignorar o valor da sua alma e do seu corpo?" Para que se tornassem visíveis, foi preciso que grandes cientistas ajustassem as fiações e as alinhassem num elo de luz divina. Contudo, jogar fora tudo isso é ignorância demais e choro de tristeza, porque a cada minuto me defronto com um lar em desespero e a sociedade impassível que nada faz para salvar o futuro, que é dos jovens e das crianças.

— Luiz Sérgio, tudo está sendo feito pela espiritualidade.

— Falou bem, minha irmã: pela espiritualidade, porque até nos Centros espíritas poucos ajudam os toxicômanos. E eles morrendo do lado de fora. Nada mais lindo do que nos defrontarmos com um jovem sadio. É fácil reconhecê-lo: ele não vive em turma, não chega tarde em casa, ele é gentil com a família, com a sociedade, tira ótimas notas, é aluno cumpridor dos seus deveres.

— Onde se encontra um jovem assim? perguntou Rayto, aproximando-se.

— Nas minhas esperanças. Se Deus quiser, um dia a terra voltará a ter crianças que brincam de bonecas e carrinhos, meninas que não pintam o rosto antes dos quinze anos; jovens que sonham com o primeiro baile e o primeiro beijo. Hoje, Sara, meninos e meninas são estuprados sem piedade pelo mundo do sexo e da droga. O lirismo ficou distante, mas acredito que vai haver uma grande mudança, porque do contrário será tarde. De que vale para um pai o conforto, o dinheiro farto, se no seu lar as sementes estão morrendo, sem futuro algum?

— É verdade, Luiz, respondeu Rayto. Se hoje procurarmos nos colégios quem se droga, quem já provou droga e quem jamais se drogou, vamos assustar-nos: só um por cento não conhece o mundo terrível da droga. Mas, agora, vamos até as organizações trevosas — os hotéis dos dependentes e dos traficantes de amanhã. Vamos até as cidades trevosas buscar um meio de ajudar os jovens encarnados. Quem sabe se não está nos umbrais a fórmula dessa bomba que hoje aleija muitas e muitas pessoas.

— É mesmo, cada dependente deve ter ao seu lado uns dez amigos trevosos, por isso o consumo aumenta tanto. Gostaria de segurar bem forte as crianças que estão nascendo e as proteger com amor, para que elas possam desfrutar do espaço lindo da sua juventude. Hoje os pais temem que os filhos cresçam, eles terão de orientá-los muito bem, porque os jovens julgam-se donos do mundo e, pouco o conhecendo, o mundo os domina. É deprimente ver em quase todas as festinhas a roda de coca. Os jovens não sabem mais se divertir. O sexo e a droga correm soltos, por isso os Raiozinhos pedem a Deus por todos os lares, para que neles não entre esta erva daninha que os destrói e os envergonha.

Recordei uma passagem do Novo Testamento: *Apocalipse,* Cap. 22, vv. 14-15:

Felizes os que lavam as suas roupas para terem o direito de comer o fruto da árvore da vida e para poder entrar pelas portas da cidade.

Lavar a roupa é limpar a veste perispiritual e, com ela limpa, entrarmos no reino de Deus e nos banquetearmos com os Seus ensinamentos.

Mas fora da cidade estão os viciados, os feiticeiros, os imorais, os assassinos, os que adoram ídolos e os mentirosos em palavras e atos.

Muito bem colocado este versículo. Nós, os espíritas, sabemos que serão exilados da Terra todos aqueles que não a respeitam. E, veja bem, os espíritos não se cansam de dizer: a porta do Senhor é estreita e só os bons passam por ela.

Capítulo 25

A TRISTE HISTÓRIA DE GENARO

No Evangelho de Jesus encontramos o roteiro a seguir na nossa vida. Poucos se preocupam em buscar nele o seu alimento, por isso a Humanidade se encontra hoje tão desorientada.

Rayto convidou-nos a participarmos da reunião da Casa, e logo nos encontrávamos em prece junto aos encarnados. Foi quando conhecemos Genaro, um jovem de dezenove anos, desencarnado, que, com muita audácia, foi passando pela barreira dos Lanceiros; ele acompanhava um dependente e, enquanto o jovem recebia um passe especial, ele, meio tonto, foi socorrido pelos amigos Lanceiros. Ao retirar-se, o jovem foi para sua casa e Genaro ficou em nosso pronto-socorro; a princípio, um tanto zangado, mas logo, vendo-se protegido, começou a chorar. Nari lhe mostrou um filme com jovens sadios trabalhando para os pobres, alegres e felizes sem precisar se drogar. Genaro se lastimava muito, e eu me condoía junto a ele, vendo-o tão maltrapilho e judiado. Já mais calmo, narrou a sua história: filho único, criado com todo mimo, a disciplina não existia para ele, só comia e tomava banho quando desejava. Os pais brigavam com a família e os amigos, sempre o defendendo quando alguém se queixava de sua má educação. Frequentava os mais caros colégios e suas roupas eram de etiquetas famosas. Genaro vivia num reino, só que num reino de vaidade e fantasia. Agredia os pais, os tios, os avós, "mas, coitado, era criança ainda", ninguém percebia que ele já estava com quatorze anos e já se iniciara na maconha. Genaro viajava para o exterior, mesmo tirando péssimas notas, com a conivência dos pais.

Vimos a trajetória de Genaro, as festas, as experiências sexuais, os primeiro furtos. Quinze anos: festa no clube e somente a família não percebia que ele estava doidão. Genaro, dia após dia, gastava o dinheiro dos pais, furtava toca-fitas, até nos supermercados surripiava mercadorias, entrava sem jaqueta e saía vestindo uma nova, o mesmo fazendo com os tênis. A primeiro prisão: Genaro furtando toca-fitas, e os pais culpando a polícia. E assim ele foi caindo; passava até três dias sumido da família, escondido em alguma chácara se drogando; isso só ocorria quando o grupo conseguia muito dinheiro proveniente de assaltos. Os pais agora tinham a certeza de que Genaro era um problema sério, mas mesmo assim relutavam em submetê-lo a um tratamento. E Genaro era visto caído, aqui e ali, e só usava camisa de manga comprida para não mostrar as veias necrosadas. O jovem rico, filho único, descia até a sarjeta da vida, rastejando nas calçadas, no asfalto dos logradouros públicos. Os pais, embora agredidos, tudo faziam por ele, tentando colocá-lo em um hospital, mas muito tarde. Genaro era um toxicômano em última fase, difícil de ser tratado. Todas as vezes que Genaro aprontava das suas, os pais continuavam ainda a brigar com os vizinhos, com os parentes e até com a polícia. Nem parecia que fizera apenas dezoito anos, olhos azuis tristes, saltados das órbitas, lábios ressequidos, nariz sempre com coriza, pele escamosa, o cabelo começando a rarear; já estava intoxicado pela droga. Os pais desejavam buscar a cura, mas Genaro, sentindo-se aprisionado por aqueles que sempre lhe defenderam, fugiu de casa, entregando-se definitivamente aos assaltos.

Um dia, altas horas da noite, aquele casal ainda jovem recebeu a notícia: o seu único filho estava no necrotério todo furado de balas, a mortal alojada em seu cérebro. A mãe desmaiou, o pai desesperou-se. Perguntaram um ao outro: onde erramos? Acho que nenhum dos dois soube responder. Como pode alguém, criado com tanto amor, desprezar tudo pelo mundo do crime? Mas ali estava o drama de Genaro e para os nossos estudos assistimos às trevas apoderando-se do corpo físico e perispiritual do jovem. E o garoto, amado por seus pais, foi vampirizado pelos trevosos, depois, usado como "avião": colava-se ao consumidor de drogas e após voltava ao reduto da organização para que os chefes se drogassem, aspirando através dele os tóxicos da droga. Se nada conseguia, levava surras e mais surras. Ele era para os trevosos como um pequeno traficante. No início, logo ao desencarnar, Genaro conseguia aspirar pó dos seus companheiros, mas com o passar do tempo, foi enfraquecendo, aí as surras eram terríveis, redobradas. Mas um dia ele encontrou o Centro espírita e foi socorrido. Senti pelo garoto imenso carinho. Ele chorava, querendo ver os pais. Rayto lhe prometeu, dizendo:

— Agora terá de esperar. Quando você ficar melhor o levaremos.

E, na primeira oportunidade, Rayto cumpriu o prometido. Os pais conservavam o quarto, as roupas, todos os pertences de Genaro e lá comprovamos o desespero da saudade. A casa era o museu de Genaro, em tudo estava a sua lembrança. Nossa equipe se viu louca, pois Genaro corria pela casa toda, e os pais chorando de saudade. Todos os dias a mãe preparava o prato de um alimento que ele gostava e colocava na mesa para que não sentisse fome onde estivesse. Todas as noites ela cobria sua cama com um bom cobertor, como se ele ainda fosse sentir frio. Genaro, abraçado aos pais, chorava. Rayto, então, indagou-lhe:

— Por que você, amando-os tanto, não os poupou da dor?

— Eu não sabia, não compreendo como pude fazer-lhes tanto mal. Até certo tempo eu só tirava ótimas notas no colégio, ganhava muitas medalhas, fazia até ginástica olímpica, entretanto um dia conheci Luana e foi ela quem me fez o primeiro coquetel de drogas. Depois, o dinheiro fácil me levou a experimentar outras drogas, para chegar no inferno da coca e da heroína. É um caminho duro e sujo. O corpo grita: quero! A consciência diz: chega! A sociedade nega-nos auxílio e os colegas nos chamam de covarde. E assim a gente vai caindo até a total destruição.

Enoque levou Genaro de volta ao Centro espírita que o protegia; Nari era um verdadeiro pai, tratava-o com muito carinho. Mas estava na hora de Genaro ser levado para tratamento nas Casas transitórias. Olhando-o, sentia um aperto no coração ao verificar que o seu perispírito continha tantas vibrações pesadas que iria demorar muito a sua cura, mas até lá tudo faríamos por ele. Lílian perguntou a Rayto:

— E o jovem através do qual ele aspirava o tóxico?

— Ele continua se suicidando, não sei até quando. Já o livramos uma vez, mas agora se ele se exceder vai desencarnar, não podemos servir de babás para quem não deseja ajuda.

— Rayto, eles sofrem, e muito. A abstinência do tóxico maltrata demais o indivíduo e a droga em si também é uma violência à alma.

— Mas, então, por que se drogam?

— Porque o homem não aprendeu ainda a se respeitar.

Fomos rever Genaro que, de volta ao seu quartinho, tinha as pernas cruzadas, meio deitado na cama, olhando para cima. De repente, começou a gritar:

— Tire esses monstros daqui! Tire esses monstros daqui!...

Nari o socorreu; ele ficou gemendo, gemendo, até acalmar-se.

— O que aconteceu? perguntei ao oriental.

— As trevas às vezes o atingem com projéteis de vibrações pesadas e aí Genaro volta a levar surras e mais surras; mesmo à distância, ele capta, ou melhor, liga-se aos antigos companheiros. Por isso precisamos levá-lo para os departamentos espirituais de socorro.

Cheguei bem perto de Genaro, falando-lhe:

— Desligue, cara, fixe o seu pensamento nesta Casa e verá os miosótis germinando em cada gesto. Não pense mais nos tristes fatos do passado, tudo está morto. O hoje é o que importa e Maria de Nazaré desceu o Seu manto sobre você, é Ela quem o abriga na Sua Casa do Caminho.

— Quero ir até meu lar, morro de saudades dos meus pais, principalmente da minha mãe.

— Calma, logo o levaremos lá; mas não se esqueça de que você teve muito tempo para curtir sua mãe, e o que fez? Agrediu-a, não só verbalmente, mas ainda fisicamente. Sua mãe o ama, Genaro, agora o que você precisa é sarar, ficar livre dos remorsos, ir à luta contra as suas imperfeições.

Ele, olhando-me, falou:

— Parou de pregar?

— Ainda não, enquanto eu puder lhe direi: lute para se curar, até hoje você nada fez de bom. Até um dia, Genaro.

Bateu palmas e disse, zombeteiramente:

— Magnífico, doutor!

Curvei-me, agradecido. Ele deu uma gostosa gargalhada e disse, mudando de tom, quase sussurrando:

— Venha cá, quero lhe dar um abraço, amigo.

Voltei-me e ele chorou, abraçado ao meu pescoço. A princípio, quis dar uma de durão, mas logo estávamos chorando juntos. E assim Genaro tornou-se, para cada Raiozinho de Sol, um filho necessitado de carinho. Nari o trata muito bem, assim como o Dayal. Os Lanceiros da Casa tratam o doente como se fosse um bebê. Fomos convidados a deixar Genaro dormir. Nari acrescentou:

— Ele sofre demais, esperamos que logo sare. É muito triste o que acontece com esses meninos. Hoje a juventude está muito visionária, o mercado da droga bastante sofisticado; encontramos, com a cooperação do comércio, embalagens para todas as drogas, desde os frascos para *crack*, cachimbos, até embalagens para heroína, sem falar nas máquinas de enrolar maconha, que se compram em algumas lojas.

Os Lanceiros ficaram com suas tarefas e nós oramos pelos viciados, junto àquela família espírita, e diversos dependentes, como Genaro, foram socorridos. Ninguém pode imaginar o belo trabalho da prece. Como ajuda os Raiozinhos de Sol! E a Casa que abriga Jesus se faz coberta de rosas brancas. É Deus segurando em Seus braços os filhos sofridos.

Já voltávamos para o nosso quarto, quando percebemos alguns trevosos rondando a Casa. Chamei Rayto e ele sorriu, tranquilizando-me:

— Deixa eles.

— Deixá-los? Mas não é perigoso? alertei.

Nem acabei de falar e a rede magnética dos Lanceiros "pescou" quatro espíritos em estado deplorável.

— O que vão fazer com eles?

— Nada, só perguntar se desejam alguma coisa.

Minha cabeça deu um nó, porque logo os quatro foram levados para a ala forte da Casa.

— O que está acontecendo? perguntei.

— Sendo hoje dia de preces aos toxicômanos, muitos são socorridos. Hoje foram somente esses quatro.

— Socorridos? Mas me pareceu que foram apanhados à força!...

— Não, estavam apenas assustados. Ao constatarem que estão sendo protegidos, ficam gratos. Aqui irão receber todo o tratamento necessário à cura.

Calei-me e fui andando, tranquilo. Ainda ouvi alguns gritos, mas logo uma voz muito linda cantava: "O Senhor é meu pastor, nada me vai faltar...", e as luzes foram-se apagando uma a uma; só a luz divina manteve-se acesa.

Cheguei ao meu quarto e imaginei todas as Casas espíritas nos ajudando, mas muitos médiuns só sonham em receber espíritos e longe se encontram da Doutrina de Jesus, que é servir, servir e servir. Naquela Casa o trabalho era a bandeira e a ajuda eterna. Recordei-me de cada cena da vida de Genaro e pensei: "em muitos lares os pais não dormem à espera dos filhos, que às vezes nem voltam. E são crianças debruçando-se sobre um mundo que não conhecem". É preciso, irmãos, auxiliar o mundo espiritual com suas preces. Os Tongos[1] existem não só no mundo dos espíritos, como também no mundo físico: são os grandes traficantes, os donos desta bomba que mata e aleija — o tóxico.

Ali fiquei meditando. Abri o Evangelho por acaso e li a *Segunda Carta de João,* versículo 4:

Fiquei muito feliz quando soube que alguns de seus filhos vivem de acordo com a verdade, como o Pai nos mandou.

Fechando o livro sagrado, meu coração orou por todos os jovens que, corajosamente, dizem *não* às drogas, aos vencedores desta época, que conseguem pisar nos espinhos sem se ferir, a esses cabras fortes que, com fé, levam uma vida digna. Felizes os pais que têm em seus lares esses jovens, tão raros hoje em dia.

---

(1) N.E. — Tongo: personagem encontrada no 4º volume da Série Luiz Sérgio — *Na Esperança de Uma Nova Vida.*

Capítulo 26

OS TREVOSOS E SUAS TÉCNICAS

E assim, voltamos ao plano espiritual, porém dirigindo-nos diretamente às cidades trevosas. À proporção que nos aproximávamos, o corpo ia ficando mais denso e o ar tão pesado que a respiração tornava-se precária. Ao chegarmos, mais uma vez a curiosidade era grande, principalmente por defrontarmo-nos com vários espíritos vestidos de maneira diferente, como se fantasiados. Os gritos eram estridentes e percebi que estávamos visíveis aos trevosos, porque algumas jovens tentaram convidar o Damian e o Carlos para um "programa". Desandei a rir.

— É, o semelhante atrai o semelhante, brinquei com eles.

— Estás com inveja porque elas te ignoraram, retrucou Carlos.

— É mesmo? Por que será?

— Feiura, nego! disse Damian.

— Parem com isso, falou Nagi, não é prudente. O que precisamos fazer é orar, e muito.

— Queria saber, doutor, o que estamos fazendo aqui.

— Ao descobrirmos que parte daqui o controle do tráfico de drogas, vimos para fazer alguma coisa.

Ao passarmos por uma ruela, quatro trevosos tentaram barrar nossos passos. Um deles, olhando para mim, falou:

— Bibelô, como demorou a chegar, ansiosa me encontrava! falava com trejeitos bem femininos.

A hora não era para brincadeiras, mas Damian não resistiu: segurou a cintura e falou:

— Que lindinho!

Tudo fizemos para não rir, mas os garotões partiram para cima de mim, desejando me aprisionar. E o pior é que Enoque e os Lanceiros nada fizeram para impedi-los. Por sorte minha, Carlos e Damian também foram levados por eles. Meu coração encheu-se de preocupação, mas os quatro, muito felizes, iam-nos levando para suas casas. Lá, encontramos mais três espíritos em péssimo estado vibratório; deitados em lençóis sujos, retorciam-se, completamente doidões. Observei de pronto que em seus corpos as úlceras eram terríveis.

— Que têm eles? perguntei.

— Os otários se picavam e assim contraíram a maldita, e agora gemem de dor, respondeu-me um deles.

"O que estamos fazendo aqui, nas mãos desses loucos? E o Rayto, que nada faz por nós", pensei.

Os jovens nos ofereceram alimento e bebidas, tudo para nos conquistar. Nisso, notei que o chefe deles, o Liberato, foi ficando diferente. Quando Sileno me segurou forte, ele gritou:

— Deixe-o!

— Não, agora não. Vamos indagar de onde eles vieram.

Dirigindo-se a mim, falou:

— Fale logo, beleza: de que zona você veio?

— Da luz, respondi de imediato.

— O quê? Da luz? Nós não conhecemos, ela é fogo?

— Se é. Mais que fogo, ela é a glória de Deus.

Quando pronunciei o nome de Deus, Liberato tampou o rosto e caiu por terra. Nisso, entraram os nossos amigos e Enoque magnetizou os dois; mas os três aidéticos começaram a gritar. Logo me abracei a eles, fazendo-os calar. Enoque também os magnetizou e assim os levamos para uma das inúmeras caravanas de socorro, reunindo-nos novamente. Sentei-me, alquebrado, dizendo:

— Por favor, não demorem tanto em nos prestar auxílio, vocês nem imaginam o que estava para acontecer.

Sadu, com aquela cara de tibetano sério, falou:

— E o seu magnetismo, para que serve?

— Para pedir ajuda aos amigos como você, respondi.

Eles riram e Damian, olhando-me maliciosamente, gracejou:

— Vem cá, bibelô...

Depois, voltamos à praça e novas tarefas realizamos. Uma delas, com uma jovem: Edênica. Fomos até sua casa, que parecia local de “programa”. Deitada em seu leito, dava a impressão de delirar, às vezes gritava tanto que a chefe lhe dava algumas bofetadas para acalmá-la. Quando as meninas deram com a nossa presença, aproximaram-se, bem tagarelas. Perguntei o que tinha Edênica. Carlota respondeu:

— Loucura mesmo, ela grita dizendo que as manchas grudadas no seu corpo são os abortos que ela fez.

— Ela sempre fica assim? perguntou Carlos.

— Não, ela é a rainha desta casa. Quando encarnada, ganhou vários concursos de beleza e nunca desejou ter filhos, querendo continuar bela e cobiçada.

Aproximei-me de Edênica e ela me falou:

— Lindão, hoje não estou para programa, é o dia que eles me cobram a maternidade. São uns vampiros... Mate-os! Mate-os, por favor! gritava.

Firmei os olhos naquela bela mulher e divisei várias fisionomias retorcidas grudadas em seu corpo. À medida que as analisava, as figuras iam ficando maiores e tenebrosas. Mal pensei no que ia fazer, quando os Raiozinhos de Sol entraram, magnetizaram a garota e a retiraram dali.

— Não vão levar as outras? interroguei.

— Se você deseja levá-las para sua casa, pode, disse-me Carlos.

— Engraçadinho! Adorei a piada... falei, saindo ligeiro dali.

Uma delas gritou:

— Esperem, gente, logo vocês serão atendidos!

Atingimos rapidamente a rua e entregamos Edênica, desmaiada, para o grupo de socorro. E nós ali ficamos tratando dos casos mais sérios. Foi quando Lílian gritou:

— Sérgio, venha aqui!

Em um bueiro daquela rua um jovem, ali jogado, gemia. Lílian o reconheceu: era aquele de quem ela se servira para entrar no Vale do Brilho.

— Sua vigarista! Por sua causa estou aqui preso! gritou, ao reconhecê-la.

Enoque logo o retirou dali. Muito machucado, dizia a Lílian:

— Por que você me traiu?

Atônita, ela não sabia o que responder, mas eu o fiz por ela:

— Deixe de ser bobo, garoto, não está vendo que Lílian veio lhe salvar? Feche os olhos e pense em Deus.

Assim fez e Enoque também o entregou às equipes de socorro. Lílian segurou meu braço, trêmula.

— Sérgio, não me perdoo por tê-lo levado àquele estado. Como deve ter sofrido!

— Esquece, menina, o importante é que já está a salvo.

Estávamos ali, retirando os mais necessitados, quando aproximaram-se de nós dois espíritos trajando fardas vermelhas, dizendo:

— O nosso chefe mandou chamá-los.

— Sabe para quê? perguntou Sadu.

— Não, só que há muito o seu grupo está sendo observado. Temos conhecimento do que estão fazendo aqui e o nosso chefe irá levá-los até nossa usina científica.

Eu orava desesperadamente, assim como todos os outros. Enoque lhes falou:

— Muito obrigado, estava mesmo pensando de que maneira poderíamos aproximar-nos do chefe desta cidade. Feliz estou pelo convite — e fez uma reverência. Iremos sem demora.

Os dois deram "aquele" sorriso e estremeci, temendo o que nos esperava. Enoque sentou-se em posição de lótus e orou, ligado ao plano mais alto, colocando o departamento divino a par da nossa situação. Demorou apenas alguns minutos, mas os dois soldados estavam já impacientes. Aí, fomos andando, seguindo a guarda trevosa. Encontrava-me louco para perguntar ao Rayto, ou a um dos médicos da equipe, o que seria de nós. Por mais que tentasse uma ligação mental, não conseguia me fazer compreendido. Foi Sadu que me esclareceu, sério:

— Vamos ser transformados em bruxos ou em sabão.

Sorri... É melhor sorrir do que chorar. À medida que íamos aproximando-nos do palácio do chefe, minhas pernas pesavam cada vez mais. Olhei os outros e percebi a respiração ofegante de Lílian, Sara e Damian. Pensei: "Oh, Deus, proteja-nos!" E, assim, varamos um longo corredor todo acarpetado, de cor vermelha; nas paredes muitos quadros, alguns até bonitos. Entramos na sala do chefe, adornada com cortinas pesadas, nas cores alaranjado e vermelho. Enoque, reverenciando, cumprimentou o chefe e seus assessores, Kilon e Uda.

— Quem é o chefe de vocês? perguntou o líder.

Rayto respondeu:

— Não temos chefe, somos os servos de Jesus e de Maria.

Ele deu uma gargalhada.

— Da mulher que foi virgem antes, durante e depois do parto? e riram estridentemente.

— Maria, a mãe de Jesus e também da Humanidade, falou Rayto.

— Cala-te, não mintas para nós! Não gostamos dela; ele, ainda admiramos, apesar de não concordar com a sua doutrina. Ele manda a gente se rebaixar. Como aceitar isso, se sempre que o fazemos somos acertados pelas costas?

— Queria saber o que vocês desejam de nós. Por que estamos presos?

— Não dramatizem, vocês não estão presos, são nossos convidados. Não vieram aqui para descobrir os nossos laboratórios e nossos departamentos reencarnatórios? Vamos mostrá-los para vocês, e depois vamos ver o que o chefão vai determinar.

Olhando para Nagi, falou:

— Já o conheço. Um dia fui à sua colônia pedir três reencarnações e vocês gentilmente nos atenderam, mas trabalharam tanto na mente dos nossos companheiros que perdemos o domínio sobre eles. Agora, com a chegada de eminentes cientistas em nossa organização, estamos partindo para a encarnação elaborada pelos nossos competentes companheiros.

O doutor Khan, da nossa equipe, interveio:

— Gostaríamos muito de cooperar com os senhores. A volta à terra é uma bênção e vocês estão aptos para esses momentos de amor. Tudo faremos para ajudar a organização de vocês.

Os trevosos olharam-no com espanto, dizendo:

— Vamos até alguns dos nossos laboratórios, mas antes queremos revistar o seu grupo, não gostamos de aparelhos, principalmente dos irmãos do Cordeiro.

Com eles à frente, não alcançamos a rua, porém penetramos no interior do prédio, antecedendo-nos uma guarda de seis espíritos trevosos, altos, mal encarados e cheirando a lodo. Parecia que eu era um anão, tão pequeno me sentia. Nada falava, e por mais que apressasse os passos, eu ia ficando para trás; eles andavam bem ligeiro e alguns dos nossos também. Quando chegamos a um dos imensos salões, iluminado por tocheiros, uma equipe nos observou, um de cada vez. Eles eram os técnicos que liam através das auras o sentimento de cada um e nós passamos muitas vezes por eles; por mais que se esforçassem, eram impotentes para penetrar na nossa casa mental. Um deles perguntou à guarda:

— Por que o chefe deseja a companhia desses vampiros?

— Não sabemos, respondeu o guarda.

Pensei: "por que não perguntam aos chefes. Eles estão ali na nossa frente, conversando..."

Um dos técnicos me deu um pescoção, dizendo:

— Cala-te, nanico, senão vais ter comigo!

Enoque, de um salto, se entrepôs entre nós.

— Não foi nada, só um pequeno agrado, falei.

Logo nos levaram a um salão repleto de aparelhos, onde vários cientistas trabalhavam. O chefe perguntou:

— Qual de vocês é o grande cientista do Senhor?

— Nenhum. Somos apenas aprendizes do Evangelho.

Olhando Nagi, falou:

— Você eu já conheço, e sei que pertence ao departamento reencarnatório. Venha aqui para frente.

E um dos cientistas trevosos perguntou ao doutor Nagi:

— Podemos considerar um ser vivo como sendo u'a máquina?

"É agora. O que fazer, Nagi?", pensei. Mas ele respondeu tranquilamente:

— Não podemos considerá-lo máquina, se ele é composto de combustíveis que são integrantes do próprio organismo. Máquina é máquina, o ser é obra de Deus e nele os Seus mistérios se fazem presentes, devido à ignorância do próprio ser. No dia em que o ser evoluir, os véus dos mistérios cairão e nós penetraremos no universo dos seres. Sabemos que a vida começou na água, e na profundeza dos oceanos existem verdadeiros laboratórios de experiências biológicas.

— Acha difícil conseguirmos os elementos para a redução perispiritual?

— As palavras difícil e impossível não encontram guarida no vocabulário espiritual. O que facilita a redução espiritual é a técnica divina, respondeu Nagi.

— E o irmão a conhece?

— Não. Ainda sou um simples estudante da matéria Reencarnação.

— Pois o seu grupo vai assistir às nossas experiências, falou um deles.

E foi trazido um espírito que, através de um trabalho magnético, teve o seu perispírito reduzido à condição fetal.

— Que acha, doutor?

— Quase perfeito, respondeu Nagi.

— Por que quase?

— Onde se encontram os fragmentos energéticos que mantêm os corpos nivelados? Se observarem bem o perispírito reduzido, vão perceber que ele nos parece embrulhado por todos os fios energéticos que, como um paraquedas, se abrem no momento da ligação embrionária.

— E por que não podemos fazer os fios se desprenderem? indagou um deles.

Aproximando-se do perispírito do irmão, Nagi tentou, mas ele continuou apenas diminuto. O chefe, meio zangado, aproximou-se de Rayto, dizendo:

— Se vocês nos ajudarem, tudo bem; se não, sentimos muito, mas serão nossos prisioneiros.

— Como podemos ajudá-los, se não possuímos capacidade para tanto? respondeu Nagi. Confesso que, ao sabermos do progresso dessa organização, viemos para ver como vocês procedem.

— É mesmo? falou o chefe, todo orgulhoso.

— Nós, continuou Nagi, não temos uma teoria exata e desconhecemos a morfogênese. É mistério para nós como uma gota de protoplasma, o ovo fecundado, finalmente se transforma numa arquitetura do organismo multicelular. Não é por que somos tarefeiros de Jesus que tudo sabemos.

— Está bem, mas o que você acha dos nossos laboratórios?

— Achamos que a organização de vocês vem encontrando uma ajuda muito grande, não só dos encarnados como de grandes inteligências desencarnadas.

— Tem razão. Vamos descansar um pouco e logo teremos novos esclarecimentos.

Assustei-me. "Descansar? Nós não estamos cansados!..." Mas nem pensei duas vezes, alguns espíritos mal-encarados já nos empurravam para um imenso quarto mobiliado e com certo conforto. Enoque indagou do chefão:

— A que horas voltaremos ao estudo?

— Vou pensar, nem sei por que não os prendi ainda, respondeu de mau humor.

— Porque conhece o nosso trabalho e sabe que nada fazemos que ultraje a vontade do nosso próximo, respondeu Enoque.

— É isso, garoto, fique na sua, falou o chefe, fechando a porta.

Juntamo-nos em prece e vi os nossos amigos orientais servirem de médiuns para outros espíritos superiores, que orientaram o grupo como agir.

— Por que não ficamos incógnitos? perguntei, depois.

— Porque é preciso estarmos aqui nas mesmas condições que eles.

Cheguei à janela e percebi umas pessoas diferentes das outras que víamos. Chamei Enoque para vê-las.

— Esses são irmãos encarnados que fogem para cá quando dormem, explicou-me.

— O quê? Como pode ser isso?

— Olhe bem para eles e veja como estão felizes! E quando acordam, dizem que não dormem com os pesadelos...

— Pode esclarecer-nos por que estamos ao lado desses cientistas loucos?

— Estamos aqui e visíveis, simplesmente porque queremos saber até que ponto os encarnados estão ajudando essas organizações, respondeu Sadu.

Nisso que ele se calou, entrou Gino, junto com quatro espíritos de fisionomias carregadas de ódio. Dirigiu-se ao Rayto:

— Você é audacioso! Por que veio até aqui? Os filhos da luz já não respeitam o livre-arbítrio? Ou desejam juntar-se a nós na salvação da Terra?

Enoque fitou-o com "aquele" olhar e demorou a responder:

— Estamos aqui em viagem de turismo. Vim com uma nova turma de aprendizes e resolvi mostrar-lhes a organização de vocês.

Ele deu um sorriso de alegria e vaidade.

— E o que colheram?

— Muita coisa. Estivemos no departamento científico e lá muito aprendemos.

— Fiquei ciente, e poderemos entrar em acordo: vocês nos ensinam o que não sabemos ainda, e nós relatamos as nossas descobertas, propôs Gino.

— É por isso que aqui estamos, disse Sadu. Vêm ocorrendo certos fatos na crosta da Terra alheios ao nosso conhecimento.

— Sendo esta a causa, voltaremos aos laboratórios. Lá, trocaremos experiências, falou Gino.

Disse para mim mesmo: bonzinho, o moço. Ele se virou e me olhou com aquele olhar trevoso, tão comum nas pessoas encolerizadas, sem nada dizer. E assim voltamos ao laboratório onde outros nos esperavam. Gino falou:

— O Enoque está com uma nova equipe de alunos e deseja ensiná-los algo sobre as nossas conquistas científicas.

Os trevosos sorriram, felizes.

— Que vitória! disse um deles.

Nagi, com a sua disciplina oriental, foi o nosso porta-voz, quando Antero indagou-lhe:

— Por que vocês, do departamento reencarnatório, nos obrigam a levarmos os espíritos que desejam reencarnar para submetê-los ao humilhante processo ultrapassado da regressão espiritual, quando sabemos que hoje nos encontramos aptos para levar à terra os espíritos munidos das suas vontades, e não apenas um disco apagado, propenso a receber uma nova gravação, que às vezes nem deseja? Levado para os departamentos do Cordeiro, o espírito é obrigado a aprender o Evangelho e tornar-se frouxo, o que vocês chamam de humilde. Estamos estudando o inconsciente passado e o inconsciente atual e constatamos que estas zonas são a consequência de certos campos energéticos que apresentam funções específicas. Os campos vibratórios que esbarram no corpo físico são os sugadores daquelas energias. Então, como vocês desejam apoderar-se do consciente e do inconsciente em nome do Cordeiro, se ele sempre pregou a liberdade? Não seria mais fácil deixar o espírito escolher a sua forma de vida? Se existe liberdade, por que vocês interferem tanto?

— O irmão está bem longe da Doutrina do Cristo. Os espíritos, quando desencarnam, são socorridos e cursam escolas redentoras; só depois eles mesmos buscam o mergulho na carne. Não são obrigados.

— Como não obrigados?! disse um dos cientistas. O espírito, quando passa muito tempo sem reencarnar, vai perdendo a memória, vai ficando caduco, sofre lesões perispirituais terríveis. Se ele não mergulhar no líquido amniótico não tem condição de ficar no plano espiritual, principalmente em nossas organizações.

Nagi voltou a dar explicações:

— É isso mesmo. Enquanto o homem necessitar reencarnar, ele terá de fazê-lo, não importa onde esteja hospedado, se nas colônias espirituais ou nos umbrais.

— Mas onde está a justiça divina?

— Deus deseja que todos os Seus filhos cursem a faculdade moral e a intelectual. Com essa finalidade, oferece-lhes pátria, lar, paz e até um guia espiritual para instruí-los nas decisões da existência física. O espírito, ao reencarnar, recebe um corpo físico, inteiramente novo, corpo com o qual vai tentar percorrer os caminhos terráqueos para retificar as lições em que haja falido, por automerecimento, não por bondade divina. Quanto à organização trevosa ter de obedecer ao departamento da encarnação, não estamos capacitados a responder, desconhecemos, ainda, por imperfeição nossa, as verdades da vida, por isso nada podemos fazer por vocês a não ser estudarmos, juntos, o motivo da existência dos planos divinos e das zonas umbralinas. Sabemos nós que o semelhante atrai o semelhante, e estas zonas são como para-raios: captam as mentes ligadas ao ódio, à vingança e ao egoísmo. Deus não as criou, foram as mentes não ligadas a Ele que as criaram.

— Cala-te, umbralino! disse um deles.

— Desculpe, falou Enoque.

— A reencarnação é mesmo necessária à evolução do espírito? perguntou Antero.

— Sim, e aqueles sem evolução são admitidos em instituições hospitalares e bons espíritos magnetizadores aplicam-lhes passes e os fazem adormecer. Bendito esquecimento, pois assim são colocados na veste física para cumprir com o plano de Deus. Entretanto jamais serão esquecidos, sempre estará um espírito de luz ajudando-os a serem bons e a vencerem as dificuldades da imperfeição.

— Mas é isso que não queremos! O que estamos realmente precisando é fundar um departamento reencarnatório bem longe do do Cordeiro. Se Deus ofereceu a liberdade, por que Jesus deseja aprisionar?

— Engana-se, o que Jesus deseja é salvar.

Aí, iniciaram o estudo das rodas energéticas, principalmente os centros de força do perispírito. Eles desconhecem a quantidade deles, conhecendo somente os considerados principais. As rodas energéticas do duplo são guardiãs de cada órgão e os chacras mais importantes comandam os outros e são seus fiéis protetores. Mas eles só conheciam os chacras como captadores energéticos dos corpos, portanto, onde eles gostam de atuar para vampirizar. Perguntou um deles:

— Os chacras têm alguma importância na composição dos corpos? Sabemos que é através deles que o espírito se alimenta dos fluidos espirituais.

— Não temos conhecimento mais detalhado do assunto, respondeu rápido Enoque.

— Deixamos vocês entrarem aqui porque julgamos que trocaríamos informações, mas agora constatamos que estão aquém dos nossos conhecimentos, falou Gino.

— Tem razão, falou Rayto. Talvez vocês nos julguem cientistas divinos e nós somos apenas socorristas.

— Socorristas? Somente isso? E o que faz o doutor Nagi com vocês?

— Dado o grande número de abortos, senti a obrigação de juntar-me a eles para buscar a causa e constatamos que é devido à droga, explicou Nagi.

— Droga? e se entreolharam. Então a causa de vocês chegarem até aqui foi em busca de drogados?

— Sim, estamos buscando somente aqueles que querem ser socorridos.

— E nós julgando que vocês fossem hábeis cientistas do departamento reencarnatório!...

Todos deram boas e gostosas gargalhadas. Nós também. Aí Laerte falou:

— É mesmo, ao ter visto o Luiz Sérgio entre vocês pensei: "mas ele nem é médico..."

Assustei-me. Os trevosos me conheciam, e muito bem!

— Desculpem, irmãos, não foi essa a nossa intenção. Estamos aqui em busca de alguns nomes da colônia de socorro, o núcleo de orações. E depois, ficamos curiosos, à medida que aqui recebíamos excelentes lições científicas. Mas acreditamos que não violamos as leis desta organização.

— Se vocês tivessem aqui entrado sem autorização, aí sim, seriam punidos, mas se andam atrás de viciados, podem ir buscá-los nos arredores da cidade, eles só nos dão trabalho, são verdadeiros farrapos humanos.

— Obrigado, falou Nagi. Levarei para o departamento reencarnatório o pedido de vocês de separarem o intercâmbio existente há muito tempo, de levar os espíritos daqui à carne.

— Ficaremos gratos, mas recorde-se de que estamos estudando um meio de também o fazermos e temos a certeza de que logo o conseguiremos.

— Gostaríamos de nos retirar, e a permissão de limpar a cidade de vocês, falou Enoque.

— Ótimo, podem retirar-se. Querem alguns soldados guias para levá-los até os drogados?

— Não é preciso, chegaremos lá. Com a licença de vocês, agradecidos nos retiramos, falou Enoque.

— Antes, vocês não desejam banquetear-se com a nossa equipe? Hoje teremos um almoço de rei, foram trazidas muitas iguarias.

— Não, obrigado. Se possível, vamos sair imediatamente.

Um deles, rindo, falou:

— Vocês se esquecem de que os irmãos do Cordeiro não se alimentam? Eles são “santos”...

Todos riram e Gino, com seu porte altivo, nos levou até a porta, desejando bom trabalho. Samita, ao aproximar-se dele, disse-lhe:

— Um dia, Gino, Guiditta me falou de você.

Ele barrou os passos de Samita e eu gelei. “Estamos perdidos!”, pensei. Mas a bela médica completou:

— Guiditta o ama muito. Você sempre foi o seu grande amor, ela não o esquece e ora sempre por você.

Ele, com olhar de ódio, retrucou rispidamente:

— Não conheço ninguém com esse nome. Diga a essa mulher que não brinque com coisa séria. Odeio o passado, para mim só existe o hoje, e, por sinal, ele toma grande parte do meu tempo.

— Está bem, me desculpe. Mas quando lhe disse que viria aqui, implorou-me que lhe desse isto — e entregou-lhe uma carta, que Gino rapidamente guardou no bolso.

E assim ganhamos a rua e eu nem olhei para trás. Que medo daqueles espíritos nos prenderem! Mas Enoque estava tão calmo que me tranquilizei, pois sempre vai lá.

— Você ficou louca? falei para Samita.

— Não. É tão lindo o amor da mulher por ele, que só esse amor poderá tirá-lo daqui.

— Você me conta?

— Sim. Depois que chegarmos a uma das Casas transitórias, contarei o desencontro das almas gêmeas.

Fomos andando pela cidade trevosa, sob um nevoeiro que encobria o céu. Nossos passos eram dados com dificuldade e andávamos enfileirados. A vegetação era de um aspecto desolador e as aves pareciam pré-históricas, feias, pavorosas, gritavam sem parar, e às vezes atacavam os transeuntes. Vimos até uma dessas aves atacar um jovem e levá-lo preso. Fiz menção de ajudá-lo.

— Estás louco? Essas aves são leais vampiros da organização, fui advertido.

O jovem era picado pela ave e gritava estridentemente. Continuamos a caminhar e já íamos saindo da cidade, quando Lílian avistou Celso caído ao chão, um trapo humano. Ela correu até ele, alisando-lhe o rosto. Ele abriu os olhos e, ao vê-la, murmurou angustiado:

— Dê no pé, garota. Aqui é o inferno, não queira me salvar. Vá embora!

Corri a ajudá-la e levantamos Celso. Apavorado, segurava-me com uma força de gigante. Com a fisionomia animalesca, nem parecia aquele jovem que serviu de aviãozinho para os trevosos, no início do livro. Celso era a expressão da dor e do desespero.

— A droga me jogou no inferno, não só quando na carne como também aqui com eles.

Com Celso junto à nossa equipe, fomos saindo. À medida que ganhávamos terreno, parecia que volitávamos. Que bom é a liberdade! Que bom é viver ao lado de Deus, segurando as mãos de Jesus! Que bom é ver o sol novamente e sentir o perfume das flores e acariciar as folhas das árvores amigas. Como é bom viver em paz!

Capítulo 27

A SAGA DE GINO E GUIDITTA

À medida que íamos saindo daquele lugar, dávamos graças a Deus. A cidade dos trevosos era uma penitenciária da dor, mas, deixando-a para trás, sentimos o coração apertado. Pensava eu que muito pouco fizéramos pelos irmãos sofredores daquele lugar.

— Perceberam todos que estamos sendo seguidos até aqui? falou o doutor Nagi, apreensivo.

— Eu não, respondi, confesso que nada percebi.

— Devemos agradecer ao Gino. Graças a Deus pudemos sair de lá sem precisar do socorro da Espiritualidade Maior. Gino nos permitiu a retirada sem problemas.

— É mesmo. Por mais que domine aquela região, ele ainda possui dentro de si as lembranças e as saudades. Agora compreendi a do Gino: só consentiu que saíssemos graças à Samita, que é amiga do seu grande amor.

— É mesmo, Sérgio, fiquei admirada. Como pode um homem tão duro curvar-se diante de um simples nome de mulher?

— Por favor, Samita, conte-nos a história de Gino e Guiditta.

— Guiditta era filha única de abastado comerciante na Sicília. Aos dezesseis anos, ficou noiva de próspero médico, mas um dia conheceu Gino, um milionário da região, dono de verdadeiro império, pouco mais velho que ela, e foi amor à primeira vista. Gino nunca mais deixou a sua amada, não regateando esforços para possuí-la. Os pais de Guiditta, Giácomo e Enricheta, desaprovaram o casamento da filha com Gino; sua fama de mulherengo era muito grande, pois só vivia cercado de mulheres, e depois, ninguém conhecia a origem do seu dinheiro. Mas a filha desejava aquele homem e os pais, que a amavam, consentiram no enlace, que se realizou com grande pompa, comentado em toda a Itália. Três dias de festa. E assim Guiditta tornou-se a senhora Gino Giuseppe. Nos primeiros meses, o casal foi conhecer o mundo e quando veio o primeiro filho, este nasceu mongoloide. Gino desejou matá-lo e Guiditta, desesperada, viu que o marido era mau. Daí, começou o seu inferno de vida para proteger o filho, que Gino não queria aceitar. Ele fugia para junto de outras mulheres, enquanto a esposa sofria com a sua indiferença. O filho viveu pouco tempo, logo desencarnou. Guiditta queria mais um filho, mas o marido tinha pavor de ver nascer mais um doente. E, assim, aquele arrebatador sentimento, mesmo sendo imenso, não se completava pelas inúmeras exigências de parte a parte. Os dois morriam de ciúmes um do outro e só eram felizes quando ficavam sozinhos; até parecia que as pessoas falavam outra língua, diferente da deles. Um dia Gino conheceu Emma, uma lindíssima mulher. Ela o envolveu de tal maneira que Guiditta já nem o via mais. Ferida de ciúme, começou a frequentar todas as festas da cidade e, sendo muito jovem e bonita, via-se assediada pelos rapazes. Gino, sentindo que ia perder a esposa, voltou para ela. E Guiditta ficou grávida. Isso era o que ele desejava, para que ela se afastasse da sociedade e ficasse distante das inúmeras festas. Julgando que o marido ia mudar de vida, ela se entregou a ele de corpo e alma. Mas Gino, enfeitiçado por Emma, retornou para ela muito mais dominado, enquanto Guiditta, grávida, sentindo-se traída e infeliz, decidiu voltar para a casa dos pais, onde foi recebida carinhosamente não só por eles, como pelo antigo noivo, o médico Lourenço, que jamais a esquecera e não se casara. Um dia, Lourenço apareceu cravejado de balas. Havia sido assassinado, sem ninguém ficar sabendo quem fora o autor do crime. Somente os pais de Guiditta desconfiaram, pois já sabiam dos maus antecedentes do genro e que sua imensa fortuna era ilícita, além de pertencer a uma organização poderosíssima na Itália. Temendo pela vida da filha, Giácomo foi falar com Gino. Disse-lhe que, mesmo divergindo dele, desejava a felicidade da filha. Gino respondeu que não acreditava que o filho fosse dele, que estava só esperando o seu nascimento para matar a criança. Antes, precisava certificar-se de que era mesmo filho do antigo noivo de Guiditta. O velho

Giácomo tentou em vão convencê-lo de que a filha era incapaz de trair alguém, principalmente o homem que amava. Gino colocou o sogro para fora de sua sala e este, chegando à casa, achou mais prudente fugir para outra cidade. A filha não compreendeu o motivo, mas acabou aceitando. E, assim, aquela família vendeu tudo o que possuía e saiu da Sicília. Foi quando nasceu Francesca, lindo retrato da mãe. Guiditta nem acreditava que tinha nos braços uma filha, fruto de um imenso e louco amor. Porém o sossego daquela família durou pouco. Um dia, tiveram a casa invadida pelos homens do Gino que raptaram Francesca e mataram o velho Giácomo. Guiditta, alucinada, tudo fez para recuperar a filha, mas a organização a qual Gino pertencia lhe barrou os passos e ela foi colocada num sanatório de doentes mentais. Sua mãe, completamente louca, lhe fez companhia. Um dos médicos daquele hospital apaixonou-se pela triste e bela siciliana e lhe prestava muito auxílio, principalmente por ocasião do desencarne de sua amada mãezinha. Guiditta alertou o doutor Vittorio sobre a organização de Gino, mas ele era um homem justo e tudo fazia por ela. Enquanto isso, Gino mantinha em seu poder a menina Francesca. Às vezes a olhava com carinho, mas o ciúme era maior que o amor paterno; dizia a Emma que logo mataria a filha, aguardando somente os resultados do exame sanguíneo, pois ele iria provar se ela era mesmo sua filha e frisava bem que tinha certeza de que não era dele. Francesca, criança muito sozinha, era guardada a sete chaves, quase não tinha amigos. Quando teve a comprovação de que ela era mesmo sua filha, não sabia o que fazer para agradá-la, e depois, ela era o retrato de Guiditta. Um dia, resolveu ir ao hospital buscar a esposa e quando lá chegou ficou sabendo que um dos médicos daquele estabelecimento a retirara de lá. Enfurecido, buscou o casal e, ao encontrá-lo, praticou mais um cruel, injusto e covarde crime. Guiditta mantivera-se fiel a ele, jamais se entregara a alguém; estava na casa do médico juntamente com os pais deste; ele a levou para lá, porque ela jamais fora louca. Desesperado por ter matado Guiditta, afundou-se na droga e logo desencarnou. A heroína o separou do corpo físico. Aí buscou os amigos e junto a eles vive na cidade da dor.

— E Guiditta, por onde anda?

— Logo iremos conhecê-la. Ela luta para salvá-lo, só vive nesta região de sofrimento para um dia levá-lo para Deus.

— E o que foi feito de Francesca?

— Gino a fez casar-se e ela cumpriu com o seu dever de esposa e mãe, levando vida normal, apesar de ter sido criada quase junto a uma das mais terríveis organizações que se conhece. Ela jamais soube que o pai era um fora-da-lei, adorava-o e ele morreu amparado em seus braços. Francesca caminhou no lodo, mas jamais se deixou contaminar.

Ouvíamos, em silêncio. Quando Samita parou, desejei saber onde ela conhecera Guiditta, mas o local era tão gostoso de estar, que quase não fiz perguntas. Vagávamos havia algum tempo. Eis que avistamos o portão florido da Colônia da Luz. Ele se abriu devagar para nos dar passagem. Olhei ao redor e ninguém vi.

— Eletrônico este portão, Damian?

— Não.

— Então, como se processa?

— Pergunte para eles.

Calamo-nos. Um senhor de roupas brancas nos recebeu no jardim, e que jardim! As flores me pareceram molhadas, como se tivesse chovido àquela hora. Enquanto parei para admirar o local, os outros se foram e eu nem percebi. Mas aí o espírito que nos recebeu veio buscar-me. Apesar do seu porte majestoso, havia tanta doçura e humildade nele que, meio sem graça, lhe perguntei:

— Para onde foram os meus amigos?

— Estão logo ali esperando por você, respondeu.

Quase morri de vergonha.

— Sabe, adoro flores e não resisti, parei para saudá-las.

— Sabemos disso, e feliz o homem que louva as coisas de Deus e as respeita.

Fui caminhando ao seu lado e logo encontrei a turma, que conversava com outro senhor. Rayto me apresentou:

— Este é Luiz Sérgio, Honorato.

— Sejam bem-vindos. Quanto a ti, Luiz Sérgio, desejo que aprecies, e muito, as nossas flores. Logo adiante tenho um viveiro de orquídeas de todas as espécies.

— Verdade? Quando posso vê-las?

— Quando desejar, falou, despedindo-se.

Entramos no belo prédio e Nagi despediu-se de nós. Ele era esperado em outro local, uma ala de gestantes. Nos corredores muitas e muitas fotos, e por sinal de gente bem conhecida. Chegamos ao pátio interno, onde várias mulheres que conversavam, gentilmente, sorriram para nós. Não sei por quê, ao mirar uma delas, falei para mim: esta é Guiditta. Era linda, linda, linda! Fiquei meio apatetado, olhando-a. Ela estendeu a mão e falou:

— Sejam bem-vindos. Que notícias nos trazem?

— Estivemos no Vale do Brilho, mas pouco fizemos por ele, respondeu Enoque.

Ela baixou um dos mais belos olhos que já contemplei, dizendo:

— Verdade, Enoque? Então o Gino não enfraqueceu ainda?

— Guiditta, me perdoe, mas falei em seu nome, disse Samita, aproximando-se dela.

— Fizeste bem. Estou pensando seriamente em ir buscá-lo. Acho que já chega de só causar lágrimas e sofrer também. Gino não é mau, a terra o transformou; ele recebeu dos pais o comando de terrível organização e, sendo ótimo filho, o que fez foi para agradá-los. A mãe de Gino foi uma das mais temíveis participantes dessa organização e levava o marido à frente de todos os negócios.

Aproximei-me e disse:

— Quando desejar ir buscá-lo, estarei pronto a ajudá-la. Gostei do Gino. Graças a ele nós de lá saímos.

— Então ele ajudou vocês? Não digo que o Senhor nos fez todos bons? Quem nos coloca essa tinta difícil de sair somos nós mesmos.

— A senhora tem razão, o Senhor é bom Pastor.

— Agora, quero apresentar-lhes as outras. Esta é Enricheta, que na vida física foi minha idolatrada mãe.

Meu Deus, que dignidade! Parecia uma santa

— Esta é Prescilla, minha grande amiga e irmã; esta outra é Joaquina. Todos nós as reverenciamos, sendo convidados a chegar até a sala de chá. Ali, Guiditta, sentada ao piano, cantou esta canção:

“Senhor, onde ele está, me diz,
Quero logo ir buscá-lo
É tão bom ser feliz, Senhor,
Ele vai-Lhe pedir perdão

De joelhos, se preciso for,
Estenda as Suas benditas mãos
Meu amado Senhor.
Os meus olhos estão cansados de chorar,
Os meus passos querem logo o alcançar,
Nos meus lábios a prece a murmurar:
Venha, meu amor,
A eternidade está a nos esperar,
Graças ao Nosso Senhor,
Graças ao Nosso Senhor."

Sua voz, não existe no meu vocabulário palavras para descrevê-la.

Outras músicas ela cantou, mas nenhuma com tanto sentimento quanto esta. Também interpretei algumas das minhas músicas e eles gostaram muito de "Criança Querida". Não resisti e lhe perguntei:

— Irmã, quando Gino desencarnou, a senhora não pôde ajudá-lo?

— Não, Sérgio. Tudo fiz para livrá-lo dos seus inimigos, mas eles eram tantos! Gino comandou uma das mais poderosas organizações mundiais da droga, sendo este o motivo de ali estar.

— Como a senhora deve sofrer por vê-lo ali!..

— Sim, quem pode desfrutar das delícias da vida, quando deixa para trás um pedaço do seu coração?

— Desculpe, mais uma pergunta.

— Pode fazer, meu filho.

— Sendo Gino a sua alma gêmea, como pode ele ser tão mau, e a senhora tão boa?

— Não sei se ele é o meu outro pedaço, mas sei que somos almas irmãs, porque o conheço muito bem, e ele não é tão mau quanto aparenta.

— Não é?

— Não. Tenho um relatório de tudo o que fez; embora tenha feito algum bem, o que ele fez de mal pesou muito na sua ficha divina, pois ele foi contra as leis de Deus.

— A senhora o ama muito?

Arrependi-me da pergunta. Ela cerrou momentaneamente os olhos e respondeu:

— Amei-o ontem, amo hoje e sei que vou amá-lo amanhã. O amor não morre, o verdadeiro amor é imortal. O que termina são as atrações físicas que a imperfeição do homem chama de amor. O sentimento verdadeiro é laço fluídico que ninguém vê, mas se percebe, porque a criatura amada resplandece em lembranças em nossos corações. O amor é estrela que jamais fica ofuscada pela escuridão da dor ou da injustiça. O amor para mim é uma floresta que se renova a cada minuto, e que agradece sem cessar a Deus, por ter-lhe dado vida. O amor é muito mais que corpos se entrelaçando, são olhos que se fitam num grito de esperança de que jamais deixarão de enxergar um ao outro, mesmo estando separados. O amor, Luiz, é o perdão em ação. Quem ama, ama verdadeiramente, nada exige da pessoa amada, mas tudo faz pela sua felicidade. O amor pode nos parecer uma gota de orvalho, mas quando o coração é uma flor, ele se sente alimentado. Aquele que não conheceu o verdadeiro amor é uma rocha que jamais foi lapidada. O amor é fruto criado por Deus e amadurecido por duas criaturas que se propuseram a viver juntas eternamente. De um ser que jamais amou pode-se dizer que nada conhece da vida. Para mim, o amor entre duas pessoas são duas folhas de porta se abrindo mansamente para que outros passem por elas, mas no dia em que se reencontram novamente — porque as portas têm de se fechar — elas gritam de felicidade ao bom Deus que as criou.

Aqueles belos olhos estavam marejados de lágrimas. Então recordei-me de Gino, na organização das trevas. Como o homem ainda é ignorante e infeliz! Teve a glória e a luz junto dele e preferiu o inferno. Vários Ginos existem que jogam a cada minuto as oportunidades fora.

Contemplávamos aquela belíssima mulher que estava à espera de salvar o seu grande amor.

— Irmã, por que não vai até aquela cidade? disse-lhe.

— Estou pensando nisso, esperando só a permissão do Alto.

Enoque convidou-nos a nos retirarmos. Beijei as mãos de todas e, quando dali saímos, disse à Karina:

— O meu amor por você é uma embarcação que naufragará se por acaso não estiver bem ancorada nas águas dos seus sonhos.

— Oh, meu querido. O meu amor por você é mais que um amor, é um sentimento fraterno que nos une até a eternidade.

— E o meu por você, Luiz Sérgio, disse Enoque, é...

— Não estrague o meu lirismo, não venha com suas brincadeiras. Você nem sabe o que é o amor de duas criaturas...

— Como você me conhece mal, hem, Luiz Sérgio? Ainda bem que não lhe foi permitido contar a vida de seus colegas de trabalho. Tem razão, o meu amor chama-se Jesus Cristo, a minha obrigação, os jovens, minha felicidade, possuir os melhores amigos do mundo: vocês, falou sorrindo, reverenciando e cruzando os braços sobre o peito.

Capítulo 28

ENCONTRO E DESENCONTRO

— Perdoe-me, amigo, não precisa apelar, estava brincando. Nada sei do seu passado.

— Um dia, vou ditar minha vida para você, prometo.

— Não me diga! Como vai ser o título do livro?

— "Um Raiozinho de Sol".

— Não brinque comigo, Enoque, e depois você sabe: o que a gente promete, a Espiritualidade Maior carimba.

— Então você me cobra, está bem?

Será que terei oportunidade de escrever o livro do Enoque? Não sei, não. Mas agora tenho é de narrar os fatos que estamos vivendo aqui nesta Colônia, onde um pássaro que pode voar permanece no pântano da dor, procurando buscar um pedaço da sua alma. Guiditta me pareceu um anjo de ternura em missão na terra, enquanto dificilmente se acreditaria que Gino fosse alguém muito importante para ela.

Com o nosso grupo reunido, fomos chamados por Catarina. Adentramos em tácito auditório e imediatamente fomos envolvidos por uma vibração divina. A música que docemente soava foi-nos enlevando de tal maneira, que me senti flutuando. Damian falou baixinho:

— Sérgio, que vibração!

Demoramos ainda algum tempo ali, creio eu que para reequilibrar-nos, pois vínhamos da cidade trevosa. Não sabíamos se ficaríamos em solilóquio ou teríamos uma palestra normal. Mas logo deu entrada Guiditta, que proferiu esta bela oração, inspirada no *Salmo* 23:

— O Senhor é nosso Pastor e nada vai nos faltar. Percorremos prados verdejantes protegidos por Ele, o nosso amado Pai. Somos guiados mansamente a águas tranquilas. Ele aplaca a nossa alma, guia-nos pelas veredas da justiça. Mesmo nos momentos difíceis nada tememos, porque o Seu cajado nos consola. Só teremos amigos fiéis nos ensinamentos de Jesus, cujo cálice transborda de bênçãos para toda a Humanidade. Ajuda-nos a habitar a Sua santa Casa para que os nossos dias sejam longos de paz e felicidade. O Senhor é nosso Pastor, nada nos faltará.

Quando Guiditta silenciou, os meus olhos estavam marejados de lágrimas. Em seguida, o palestrante nos cumprimentou, iniciando a sua elucidação:

— Irmãos em Jesus, temos por obrigação estender as nossas mãos até o próximo, e buscá-lo quando se encontra perdido. Como trabalhadores, precisamos enfrentar qualquer situação, principalmente junto aos menos esclarecidos. Esses, por mercê de Deus, são minoria, mas encontram nos irmãos encarnados os cooperadores. A cada dia a dor, o desespero e a tristeza se alojam no coração da Humanidade. Hoje se cultua o corpo e o sexo, obras divinas que estão sendo profanadas por mentes sem conhecimento, esquecidas de buscar em Deus a razão da própria vida. Enfrentamos, hoje, nos departamentos da reencarnação e no da desencarnação, sérios problemas referentes ao desconhecimento da existência do mundo dos espíritos. O homem mata e morre a cada minuto, desobedecendo às leis da natureza, que são sábias. O homem e a mulher brincam de fazer sexo, quando o sexo é a eclosão do amor. O sexo é um órgão com finalidade quase igual a de outros órgãos, só que ele é órgão-rei, porque é através dele que se dá o intercâmbio divino. Na atualidade, o homem tem desvirtuado a sua função orgânica, ou melhor, a vem destruindo. Nunca se viu uma humanidade tão doente sexualmente; o que está acontecendo é que muitos julgam que o sexo é a razão única do viver e esta ignorância vem levando o homem à impotência, às doenças sexualmente transmissíveis, ao homossexualismo, enfim, o homem brinca com o sexo como se ele fosse algo eterno e lhe pertencesse. Consideramos o sexo uma chave que pode ser utilizada na porta do inferno ou do paraíso. Nessa concorrência sexual — homens e mulheres — quem vem perdendo é a família. Nunca se viu crianças tão infelizes, jovens tão perdidos. Os pais esquecem que o seu compromisso maior é para com os filhos e muitos deles são filhos abandonados, mesmo vivendo junto dos pais. As meninas julgam que a virgindade é fardo pesado de carregar e se entregam ao primeiro namorado. Daí, passam a viver várias experiências, às vezes bem traumatizantes. A garota perde a virgindade e mata os seus sonhos, tornando-se mulher infeliz, doente e traumatizada. Porém, de quem é a culpa? De toda a família, que não orienta seus filhos para a responsabilidade divina. É no lar que o homem recebe elucidações morais; e se eles, desde pequenos, forem criados sem respeitar Deus, jamais respeitarão a família. Se os órgãos de comunicação, as religiões e as instituições educativas não se unirem por um mundo melhor, em breve todos os lares serão atingidos. Nós, que convivemos com os jovens, temos constatado que tirar a roupa e mergulhar no sexo são atos hoje em dia bastante vulgares, contudo, bem tristes de presenciar. Esta luxúria que se expande no plano físico dificulta a reencarnação planejada pelos Filhos de Deus; a reencarnação tem de obedecer a certas leis divinas, todavia o homem e a mulher estão criando para si a lei do sexo livre e terão de aguentar as consequências. Assistimos a uma conferência que tratava dos abusos contra o menor e tomamos conhecimento de que é nos países ricos que mais se abusa da inocência do menor. Alguns até nos assustaram; apesar de ricos, as suas crianças são maltratadas, espancadas, violentadas, sodomizadas, mal-cuidadas, e até morrem de fome. Nos países extremamente pobres, elas morrem de fome por carência de alimentos. Nos países ricos, elas morrem, porque os seus pais não têm tempo para alimentá-las. São extremamente sozinhas e às vezes morrem de solidão. Enquanto isso, o sexo livre, as orgias de álcool e droga se alastram. Estamos expondo para vocês esses fatos, porque as trevas tentam realizar as encarnações e isso se deve simplesmente ao fato de hoje o homem procurar os trevosos e não os filhos da luz. Trouxemos vocês até aqui para aliviar as suas preocupações com referência a esta busca dos trevosos. Há dias eles sequestraram um dos nossos cientistas e ele constatou que naquelas organizações o progresso está muito aquém dos laboratórios divinos. Mas, mesmo assim, entre eles há notáveis inteligências. Ontem destruímos o laboratório visitado por Nagi e por vocês. Quando lá estiveram, Sara colocou um demolidor energético e voaram para os ares todos aqueles aparelhos que vocês viram. Neste instante, os trevosos choram essa perda, contudo, até que se organizem novamente, já teremos trazido para casa muitos dos cientistas que lá atuam. Eles julgam que Gino os traiu, motivo pelo qual o maltrataram e o jogaram nos arredores da cidade, sendo de pronto socorrido pela caravana de Ocaj. Dizem eles que foi Gino que os deixou sair da cidade. Gino os protegeu até transporem o portão. Graças a ele, vocês se encontram aqui. Muitos irão perguntar-me por que vocês não destroem a cidade. Por mais estranho que possa parecer, e embora precariamente, essas organizações também nos ajudam. Elas existem, porque as mentes humanas não procuram imitar as abelhas que no favo colocam o mel. O homem ainda utiliza o seu ferrão, por isso sofre tanto alimentando as cidades trevosas, todavia, dia após dia, os seus dirigentes "morrem" para viver, conforme ocorreu com Gino. Não obstante o esforço que se faz para que os homens sejam felizes, eles buscam as trevas por companhia, sem atentarem para o constante chamado de Deus, que manda a Sua mensagem de várias maneiras. Os cegos e surdos não a veem, nem a ouvem. Todos os dias a luz dissipa as trevas, mas o homem prefere a escuridão. Dias atrás, a caravana socorrista limpou os arredores do Vale do Brilho, mas logo lá estarão muitos outros mais. Desejamos aos irmãos muita paz e que todos estejam sempre de mãos estendidas ao próximo.

Terminada a preleção, ainda fiquei por ali. Estava louco de vontade de correr até Guiditta para ver o Gino. Imagine a alegria dela ao rever o seu grande amor! Nisso, Sara me chamou:

— Luiz, vamos embora.

Fomos saindo, devagar, até chegarmos ao pátio, onde nos despedimos. Fui até a biblioteca e lá encontrei um jovem que puxava de uma perna. Ele me reconheceu.

— Você não é o Luiz Sérgio?

— Sim, sou eu. E você, de onde vem, o que lhe aconteceu?

— Sofri um desastre e aqui estou de passagem, já era para ter ido para outro lugar, mas a irmã Matilde me trata tão bem que reluto em sair daqui, o que farei só quando reencarnar.

— E pode?

— Não, mas eles não nos forçam a nada.

— Meu jovem, você deve ter vergonha de dizer o que está a me dizer. Se foi socorrido por esta Casa, deve respeitá-la com seu amor, e não levar os seus diretores a cometerem um ato de indisciplina por sua causa. Este lugar é belo, mas se ficar aqui não terá oportunidade de aprender e o homem que não aprende retarda a sua chegada ao "paraíso".

— Por que está me dizendo isso?

— Simplesmente, porque você permanecendo nesta Casa vai demorar a ficar bom dessa perna. O que você faz aqui?

— Leio, tomo sol, escuto música e adoro a prece das cinco horas, quando todos os Lanceiros de Maria se unem para orar pela Humanidade encarnada e desencarnada.

— É, Flávio, você está deixando passar o tempo, e ele não perdoa aqueles que o negligenciam. Gostaria que você se juntasse aos trabalhadores do Senhor e saísse a semear amor e humildade.

Ele baixou os olhos e eu fui-me retirando, quando o ouvi dizer:

— Luiz Sérgio, logo estaremos juntos, espero.

— Também espero, Flávio. É muito triste nada esperarmos da vida, e me sentirei muito feliz em saber que está trabalhando.

Reuni-me novamente ao meu grupo, mas Rayto me falou que Guiditta estava esperando-me na enfermaria dez. Agradeci e fui até lá, assobiando uma canção de amor. Quando entrei, Gino ali estava, deitado em uma cama coberta por lençóis bem alvos. Ao lado, Guiditta, segurando sua mão. Gino, à minha chegada, fitou-me com ódio. Falei para Guiditta:

— Que bom que ele veio!

— Sim, mas fico triste por ele ter sofrido tanto.

O corpo de Gino estava em péssimas condições, fazendo-o gemer de dor, entretanto, Guiditta ali estava, ao seu lado, dando-lhe proteção e carinho. Notei que o olhar de Gino para ela era mais que um olhar, era a paixão faiscante do desejo. Era belo demais vê-lo junto à sua ex-esposa. Admirava a cena e ele adormeceu. Sua cama estava cercada de placas metálicas, isolando-o de qualquer contato com outras pessoas. Vendo que adormecera, ela ajeitou a coberta e foi saindo, levando-me junto.

— Está feliz, irmã?

— Sim, Luiz Sérgio. Agora, com o socorro de Gino, posso deixar esta Casa, já está na hora de elucidar o meu espírito. Só desejo que Gino logo se recupere, só assim poderei partir em paz.

— Não irmã, não pode deixá-lo! Há quanto tempo vocês estão separados!...

— Luiz, a separação continua, apesar de estarmos tão perto. Há muito Gino destruiu o laço do nosso relacionamento, e por mais que desejemos, ainda está longe o dia do nosso reencontro. São águas que já passaram por baixo da ponte e já ganharam o grande rio. Buscá-las, para quê? É quase impossível!

— Mas não vá agora, espere até que fique bom.

— Prometi a Deus tirá-lo de lá, mas também prometi aceitar nova separação.

— Posso beijar o seu rosto?

Ela sorriu. Apanhei uma magnólia e lha ofereci, beijando-a.

— Seja feliz, irmã, e diga ao Gino que orarei para ele o *Salmo* 57, até o versículo 11: *Tem misericórdia de mim, ó Deus, tem misericórdia de mim, porque a minha alma confia em ti; e à sombra das tuas asas me abrigo, até que passem as calamidades...*

— Deus lhe pague, meu filho, e que todas as flores do esclarecimento se abram em seu caminho.

Despedimo-nos. Ela deixou no meu coração o perfume constante da sua presença.

Capítulo 29

OVOIDES, COMPROMISSO COM A NATUREZA

Gino, o terrível Gino, ali se encontrava ao lado da sua metade, porém, até quando? Ninguém sabe. Creio que Deus não separa aqueles que se amam de verdade. Gino, praticando o mal, foi o mais atingido. Conheceu o amor, mas não soube vivê-lo. Com estas lições, eu estou aprendendo que não existem pessoas realmente más, porque todos nós possuímos algo de bom no nosso interior, é a chama eterna criada por Deus. Saí para reencontrar meu grupo; no meu coração expandia-se o perfume do agradecimento, esperando eu que chegasse até Deus. De longe avistei a turma, que conversava com o doutor Khan. Fui chegando devagar e nem se deram conta da minha presença, tal a atenção na conversa. Perguntava Enoque:

— Daqui os doentes irão para onde?

— Ao aportarem aqui, eles recebem um tratamento especial e, de imediato, um banho energético para retirar os miasmas pesados dos vales. Logo depois, iniciam o tratamento: sessão de análise, tratamento perispiritual com choque anímico, tentando livrar o doente dos antigos companheiros.

— E a evangelização não começa aqui?

— Não, aqui são beneficiados com a prece e a meditação; depois de conduzidos para outro hospital é que começa a cura do espírito, mesmo assim, gradativamente. Não adiantai dar ao doente, de uma só vez, vários remédios.

— Depois de todo esse acolhimento, algum irmão já resolveu voltar para os vales?

— Sim, mas muito poucos. Quando aqui chegam é porque já estão cansados de sofrer.

— O Gino era um dos chefes, por que desejou vir?

— Quando vocês saíram do Vale do Brilho, não perceberam, mas receberam uma proteção de longe, dos servos do Gino. Graças a ele o seu grupo não ficou prisioneiro no vale, pois a ordem era para acorrentá-los. Julgando que estavam a serviço de Guiditta, Gino se expôs demais para socorrê-los. Entretanto, não sabia ele que Antero, um dos seus servos, o delatou. Aí o Gino sofreu tudo o que antes fizera os outros sofrer.

— E como vocês souberam?

— O Vale está repleto de trabalhadores do Senhor e Guiditta foi informada do sofrimento de Gino, mandando imediato socorro. E, graças às equipes de Jesus, ele já está a salvo.

— Mas não é só porque nos ajudou que ele se salvou, não é mesmo? inquiriu Damian.

— Gino, apesar de socorrido, leva na consciência a carga pesada do remorso e da saudade.

Já no fim da conversa, Lílian me viu e ficou ao meu lado. Gostaria de perguntar mais alguma coisa, mas eu estava triste, muito triste, e ela percebeu.

— Por que a cara desolada?

— Nada, só um pouco preocupado.

— Com quê, posso saber?

— Sim, com todos aqueles que se amam e não se compreendem, estão juntos e não se respeitam.

— De que fala?

— Das almas afins, daqueles que têm uma missão divina e que, quando juntos, só conseguem esgotar por momentos suas energias sexuais nos corpos um do outro, julgando que isto seja amor, sem procurar descobrir a verdade de tantas semelhanças entre eles. Se essas almas se autoanalisassem, iriam viver no paraíso, mesmo estando no purgatório da carne. *Assim não são mais dois, mas uma só carne. Portanto* o *que Deus ajuntou não o separe* o *homem* (*Mateus,* cap. 19, v. 6). Mas em vez de se completarem, vivem uma batalha fria e desumana: a do ciúme.

Enoque, virando-se para mim, falou:

— Tudo certo?

— Tudo mais que certo, certíssimo.

Despedimo-nos do médico Khan e fomos buscar a doutora Salette, que nos recebeu sorridente; era muito jovem e, com carinho, nos mandou sentar.

— Irmã, falou Carlos, aqui nos encontramos em uma tarefa socorrista e gostaríamos de passar pela sala energética para sermos analisados.

— Está bem, já tenho tudo preparado, fui avisada de que vocês viriam. Espero que a missão tenha sido vitoriosa.

Nisso, entraram dois enfermeiros que gentilmente nos cumprimentaram. Convidados a acompanhá-los, seguimo-los através de um corredor ladeado por celas muito confortáveis. Ao olharmos para dentro delas, vimos seres que exalavam odores fétidos, repugnantes, uma mistura de fumo, álcool e droga. Alguns deles se debatiam em convulsões. Apesar de as celas estarem muito limpas, o odor era insuportável. Nada falamos, até ultrapassarmos aquele lugar onde os seres enjaulados urravam como se fossem bichos. Chegamos a um pátio onde a médica já nos aguardava com mais outros dois médicos. Pensava eu: "o que irão fazer conosco?" Mas logo a médica falou:

— Prestaram atenção nos doentes?

— Sim, esta turma está bem alucinada, não é mesmo, irmã?

— Às vezes abrigamos irmãos em pior situação.

— E eles, quando reencarnam? indagou Enoque.

— Reencarnar? E podem, Enoque? falei sem sentir.

— Podem e precisam, respondeu a médica. Não temos condição de tratá-los aqui. Terão de voltar logo à terra, onde chegarão com várias deformações que, apesar de tratadas aqui, só o plano físico encontra o meio de abrigá-los. Já receberam do Hospital de Maria os mais modernos tratamentos, mas só o plano físico pode aliviar suas dores. A reencarnação é o remédio amargo, mas necessário. Esses irmãos vão reencarnar bastante doentes, alguns débeis mentais, e passarão pouco tempo no plano físico. Lá, sofrerão a "cirurgia plástica"; só a ida ao corpo material abrandará suas dores.

— E por que vocês aproveitam os trevosos?

— Não os aproveitamos, são eles mesmos que, julgando nos iludir, tudo fazem para que antigos viciados, e subjugados por eles, voltem à Crosta. O que não esperam é que reencarnem impotentes para a realização dos seus objetivos. Estes irmãos não possuem condição de frequentar o departamento reencarnatório, por isso ficam aqui até o momento do retorno ao corpo físico. São espíritos muito enfermos, incapazes de raciocinar, pois os vícios lhes tolheram a liberdade.

Meu Deus, ninguém poderia dizer que eles um dia tiveram fisionomia humana, mas a encarnação vai-lhes permitir que recomponham suas forças agora deprimidas. Nestes casos, quem muito os auxilia são os sérios grupos mediúnicos. Estes irmãos recebem dos médiuns encarnados benéficos fluidos.

Ainda fiquei olhando aqueles irmãos e como orei por eles! Meditei sobre a grandeza daquele lugar, onde abnegados irmãos cantavam, curavam e elucidavam os irmãos dementados. Em uma das enfermarias, vi uma senhora que resplandecia ternura, segurando um espírito disforme em seu colo, acariciando-o.

— É mãe dele, e tudo faz para reavivar sua memória, falou-me o médico Kelvin.

Outros espíritos também recebiam tratamento especial. Queira Deus que ao retornarem à terra sejam tratados com igual carinho. Quando dali nos afastamos, ganhei o grande pátio e, emocionado, sentei-me num banco, deixando cair as lágrimas. Nesse momento senti á presença da irmã Kläre e convidado fui a visitar outra ala daquela colônia transitória. Limpei as lágrimas do rosto e ela me falou, ternamente:

— Bendita seja a lágrima fraterna naquele que se emociona diante da dor de um irmão. Um dia, no nosso planeta, a paz irá reinar, a dor vai tresmalhar da terra.

— Deus lhe ouça, irmã.

— Estou levando você para junto dos outros caravaneiros.

— É mesmo, distanciei-me demais e nem tive a curiosidade de lhe perguntar para onde vamos.

Ao terminar a frase, já estávamos no local em que toda a minha turma me esperava. Adentramos um pátio muito bonito, onde as flores nos saudavam à medida que a brisa as acariciava. A tudo examinávamos, quando começamos a perceber que não estávamos sozinhos. Ali parecia um viveiro, as plantas eram lindíssimas, as folhagens imensas. Era um bosque em miniatura. Todo o nosso grupo encontrava-se em silêncio, quando a irmã nos levou até certo local cujo chão era verde, gelatinoso. Então, começou a cantar. Surpreendentemente, foram surgindo umas coisas disformes; por mais que quiséssemos enxergá-las, elas deslizavam naquele rio gelatinoso. Para nosso espanto, aquelas "coisas" possuíam olhos e bocas. Lílian perguntou:

— O que é isso?

— São irmãos nossos comprometidos com as leis da Natureza. Eles a insultaram, destruindo prematuramente o que só ela tem poder para decidir. Quando no corpo físico, não buscaram a origem de tudo e, distante de Deus, ficaram com o demônio do ódio; e este veneno deformou suas vestes divinas: os perispíritos. Estes irmãos já estão em situação privilegiada, encontram-se neste recinto aguardando também o momento de voltar à carne.

— O quê? À carne? Mas como, se eles nem possuem corpos?

— Ao voltarem a reencarnar, poucas horas ou alguns dias permanecem na veste física, mas são momentos muito proveitosos para a evolução deles.

— Por que gostam de deslizar sobre este pântano gelatinoso?

— Acostumaram-se, porque o baixo umbral fica numa zona lodacenta. Quando são tirados de lá, colocamo-los nesta substância energética, que muito os beneficia. Daqui a algum tempo, estarão transitando por este bosque mais livremente.

— Sem forma humana?

— Sim, sem forma humana. Eles destruíram todos os pontos e canais energéticos, e terão que esperar; só o tempo vai curá-los. O espírito não retrograda, mas a forma degrada-se, quando no coração só existe ódio.

As formas ovoides eram tratadas por médicos iluminados, que se esmeravam no tratamento daqueles infelizes. Dois deles aproximaram-se de nós. Eram tão disformes, que pareciam um disco, com olhos, nariz e boca. No mesmo instante, apareceu um outro semelhante a uma lesma, de aspecto repugnante. Lílian segurou-me o braço.

— O que fizeram eles?

— A irmã nem pode imaginar; torturaram, mataram, levaram a dor e o desespero a milhares de criaturas.

Pensei: "como pode uma pessoa ser assim:

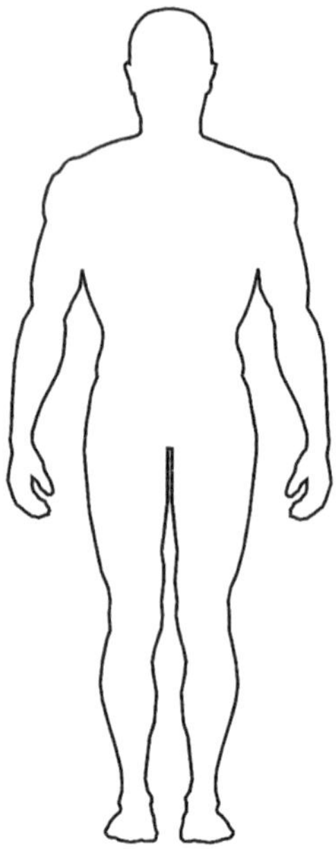

e ficar assim:

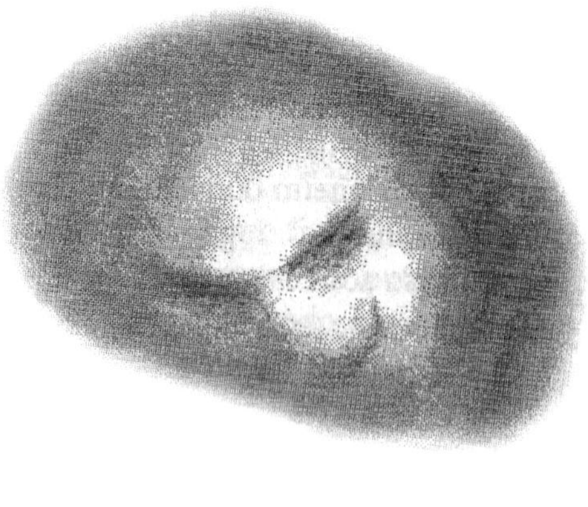

Perder tudo, até sua veste de espírito: o perispírito"?

Um deles gritou:

— Vão embora, demônios! Por que vocês gostam de presenciar a nossa desgraça? Se pudéssemos, nós sairíamos daqui.

Outro retrucou:

— Cala essa boca imunda! Recorda que estamos aqui por que Deus nos ama e logo voltaremos a ter um corpo normal.

Aqueles irmãos, que chegaram ao fundo do poço, destruíram a veste perispiritual e ali se encontravam deformados. Os ovoides eram tratados com o mesmo carinho dedicado a outros doentes, só que de uma maneira diferente. Por ter sido destruído o corpo perispiritual, é necessária a permanência neste local para receber os fluidos indispensáveis para que ele se recomponha; e estas energias se encontram nos riachos e nas florestas. O corpo perispiritual volta a precisar das energias do vegetal e do mundo animal. Não se esqueça de que só o perispírito retroage, o espírito jamais.

Era um bonito lugar e ali ficamos por algumas horas. Contudo, a lágrima e a dor se faziam presentes. Quando se fechou o portão, sentei-me em um banco.

— É triste, muito triste, falou Enoque, constatar-se a violência do homem para consigo mesmo. Ninguém causa dor a outrem, nós é que somos os nossos algozes. Que Deus nos ajude a não cair em tentação, *porque Vosso é o reino e a glória.* Sem Deus, o homem não caminha, rasteja no mar da dor e do desespero. No dia em que cada encarnado abraçar o Evangelho de Jesus, a caridade vai vestir suas almas e todos eles verão a Deus e Ele, Pai bondoso, nos dará de novo o paraíso. Até lá, estaremos caminhando junto à dor e ao infortúnio. Os irmãos menores deste pátio já foram socorridos, mas existem muitos e muitos lugares onde o ser perverso está confinado, porque é tão animalizado que não pode conviver com as criaturas humanas. Deus não cria os umbrais, é o homem que, com seu ódio, cria as correntes do desespero. Mas esperamos que um dia as consciências despertem e o materialismo se distancie do ser, dando a cada um a consciência das coisas do Senhor e a liberdade de si mesmo, para a glória da paz. Ninguém deve afundar-se nos rios do egoísmo, porque neles não se encontra o ouro do perdão. É bom ser pobre de espírito, mas todos nós precisamos nos tornar ricos de amor, pois só assim encontraremos a felicidade. O homem julga que não tem de obedecer às leis de Deus, e dia após dia vai destruindo a sua "veste nupcial".

Como diz a parábola de Jesus, muito poucos não terão acesso à Casa do Pai. Os que restarem, sabemos, serão levados pelo turbilhão de um planeta primitivo, onde a vibração é semelhante a de alguns homens. Quando ele se aproximar da Terra os espíritos de fluidos semelhantes serão atraídos e levados pelo chamado "chupão", e lá existirá o ranger de dentes. Muitos podem julgar que seja castigo, mas como não existe penitenciária, quando os fora-da-lei se avolumam em ódio e maldade contra o seu próximo, esses lugares trevosos são penitenciárias redentoras para espíritos bem endurecidos. A História sempre nos narra a violência do homem para com o homem. Os espíritos que causam dores vão, pouco a pouco, perdendo a forma humana. O ódio é tanto que eles tomam a forma de um animal; não nos esqueçamos de que o espírito de um homem jamais pode alojar-se no corpo físico de um animal. Eles apenas moldam o seu corpo com o aspecto de um animal feroz. Mas Deus, como todo bondoso Pai, não os esquece e permite que todos sejam tratados, mesmo que o corpo perispiritual já esteja totalmente deformado. O homem é inimigo dele próprio; ele é que se autodestrói. A corrida para o poder e a ganância do ganho fácil levam numerosas pessoas a se comprometerem por demais. O traficante que destrói a vida de um adolescente é cruel pelo que faz; o jovem que se inicia na droga morre para a sociedade, torna-se um pária, e de quem é a culpa? Dos gananciosos que, esquecidos de Deus, matam os próprios irmãos de maneira desumana. Hoje, até as crianças já se encontram nas mãos de inescrupulosos traficantes. Logo a sociedade vai deparar-se com outro cruel crime: o do sequestro[1], com mentes doentias comandando verdadeiras falanges dispostas a tudo. Onde colocar estes seres quando desencarnam? Nas penitenciárias da espiritualidade, para ficarem confinados, porque, soltos, eles voltariam a fazer novas vítimas. Estas criaturas que vimos deformadas e já socorridas não tinham dentro de si o amor a Deus, por isso a agressão às Suas leis.

— Rayto, e os pais desses irmãos?

— São espíritos abnegados que se propuseram a ajudá-los; outros irão recebê-los por afinidade.

— Mas não é mau para eles possuírem pais sem moral?

— Não se esqueça, Sérgio, de que dificilmente uma forma ovoide dura mais que oito dias no mundo físico. Como nasce e desencarna rapidamente, tanto

(1) N.E. — Este livro foi psicografado no ano de 1989, antes da enorme onda de sequestros que estão acontecendo no Brasil.

faz a evolução moral dos pais. Apenas servem de meio físico para os espíritos. Lembre-se de que o parto e o desencarne são cirurgias plásticas nos perispíritos. As formas ovoides terão de sofrer imensas cirurgias até voltarem a possuir forma humana; até lá, irão pagando ceitil por ceitil todas as dores, todas as lágrimas e todo o desespero pelos quais fizeram alguém passar.

— Estes irmãos aqui nesta Casa estão recebendo um tratamento especial, mas e os outros do "Vale do Tormento"?

— Também para lá Deus envia os Seus mensageiros, porém é comum serem repelidos. Graças à proteção de Deus, tem aumentado o número de socorridos. O que nos causa tristeza é que esses espíritos doentes, antes do socorro divino, são usados pelas organizações das trevas. Eles são colocados nos órgãos físicos, para levarem as pessoas ao desequilíbrio. São chamados de parasitas, porque gostam das energias dos encarnados.

Continuou:

— Ontem eles eram poucos, hoje aumentam assustadoramente, e por mais que Deus mande a mensagem, está proliferando o materialismo, com a corrida desenfreada ao ouro e ao poder. O homem não se detém para analisar seu invólucro físico, como ele é frágil, como está ilhado de vísceras, órgãos, sangue, moléculas etc. e tal, e que tudo isso apodrece; só não se extingue a luz, chamada espírito. E por que não cuidar desta energia eterna? Não se cuida do espírito, porque muitos não acreditam que são um espírito, julgam que são bonecos que um dia morrerão eternamente e não terão de prestar contas do que fizeram no mundo físico. No dia em que todas as criaturas descobrirem o espírito, encontrarão Deus, que é o Maior dos Seres, e com Deus ao seu lado darão as mãos a todas as criaturas. Reinará, então, a harmonia na Terra e nos Céus, e todos nós ouviremos a cantiga da paz.

Os nossos olhos marejaram de lágrimas ao ouvir tão sábias palavras, proferidas com muita emoção pelo nosso querido Rayto de Sol.

Capítulo 30

UMA AULA COM NAGI

Em mais uma Casa, que podemos chamar de Hospital de Jesus, defrontávamo-nos com irmãos comprometidos com o mal, mas socorridos pelos Filhos de Deus, que se propuseram a buscar com amor as ovelhas desgarradas. Aquelas formas ovoides me perturbaram por demais. Como pode o homem chegar a tal situação? Aproximei-me do médico Nagi para solicitar elucidações e ele, muito gentilmente, explicou:

— O perispírito, veste do espírito, é matéria fluídica muito sensível. O corpo físico é pesado e denso. Quando o perispírito está ligado ao físico — vida encarnada — em vez de o físico ajudar o perispírito ele amortece todas as sensações. Portanto, o espírito, sem o corpo físico, está mais livre. Vamos imaginar que no corpo físico o espírito está fantasiado com uma máscara que lhe tolhe a liberdade. Mas nessa fusão espírito-corpo físico existem os pontos energéticos que dão ao espírito liberdade — as rodas energéticas — chamadas pelos hindus de chacras. Estes pontos, se desenvolvidos naturalmente, dão ao espírito encarnado uma visão bem ampla do mundo espiritual e, sendo assim, o homem, mesmo vivendo na carne, está ligado ao plano astral. Os seus pontos energéticos são desenvolvidos naturalmente, com as energias do amor, da caridade e da humildade. Vejamos o contrário: se o homem vive violentando o físico no sexo, na droga, no álcool e no ódio, ele também desenvolve as rodas energéticas (chacras), mas em vez de captar intuições benéficas, liga-se às mentes trevosas e se afunda com mais intensidade nos vícios. Cada ação má exercida sobre ele age como se um tiro de arma de fogo perfurasse seu perispírito e este, em cada violência, tende a enrugar-se, como um material sintético que se queima; portanto, o perispírito, sendo a veste do espírito, está assim:

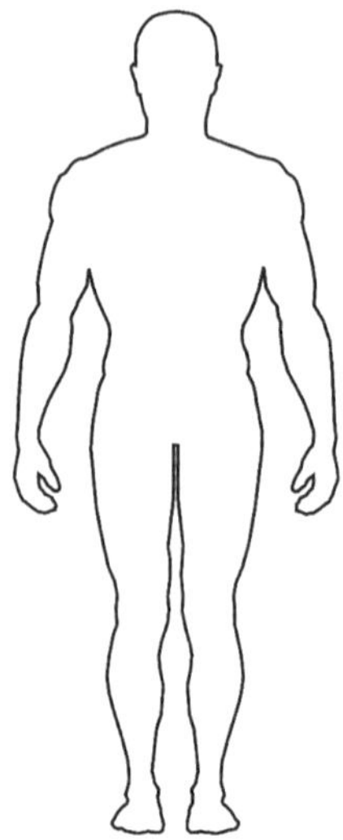

quando atingido, vai ficando assim:

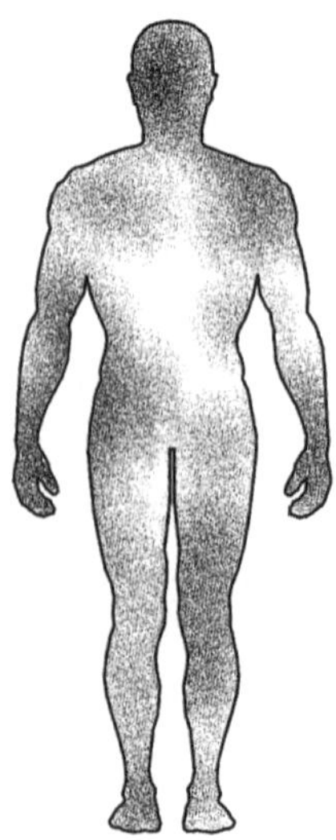

até encolher-se totalmente, perdendo a forma:

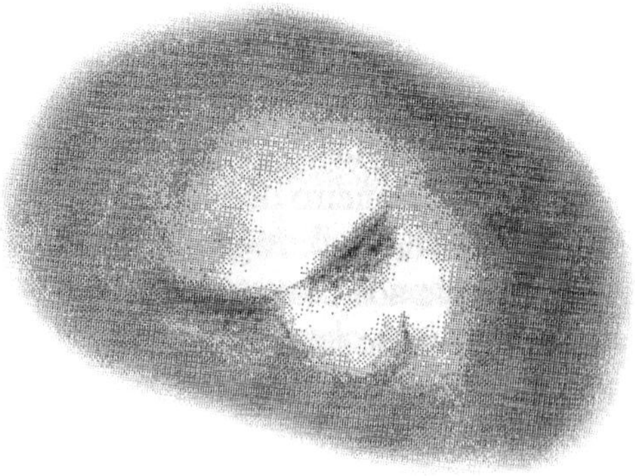

Os viciados, ligando-se aos trevosos, vão tendo as suas rodas energéticas invadidas pelos vampiros e estes, encontrando facilidade nessa invasão, dominam suas vítimas. Muitos deles sugam sem esforço, pois as rodas energéticas possuem pás que impulsionam os fluidos para dentro do corpo. Os invasores, aproveitando o desequilíbrio do espírito, alojam-se nestas rodas. Então o corpo não recebe o alimento, são eles os que se beneficiam. Aí, surgem as obsessões e as doenças. Quem leva uma vida desregrada é sede de espíritos trevosos e os vícios contribuem para a destruição do perispírito. Os centros de força nele alojados captam da aura espiritual os fluidos para o equilíbrio do espírito e de seus corpos; se um elemento estranho trevoso está bloqueando estes canais, surge o enfraquecimento e o espírito deixa de ter ligação com o plano mais alto, passa a ser teleguiado, e por mentes muitas vezes perversas. A função destas rodas é manter nivelados os corpos, o equilíbrio dos mesmos. Outro grande perigo — continuou Nagi — é o desenvolvimento de médiuns sem nenhum critério. É através destas rodas energéticas que se dá a ligação plano espiritual-plano físico. Se em um Centro espírita pessoas sem capacidade forçarem alguém a desenvolver a mediunidade, poderá levar a criatura ao desequilíbrio, pois a roda responsável pela mediunidade gira também de fora para dentro; parece um exaustor de dez pás, do tamanho de um pires comum, de cor verde, e está localizado mais ou menos à altura do umbigo. Esta é uma das rodas que, se desenvolvida naturalmente, faz o contato mundo espiritual-mundo físico; se desenvolvida forçadamente leva o médium a um desequilíbrio, ele viverá nervoso, angustiado e temendo o amanhã.

Quem a tem desenvolvida naturalmente nada sente. Ela opera equilibradamente. Devemos saber que todas as rodas servem de contato com o mundo espiritual, mas é bastante perigoso o desenvolvimento sem critério. Quando o homem é prisioneiro do vício, estas rodas ficam alteradas, elas não têm a sua função normal. Jogando tóxico no organismo, ele as atinge, devolvendo a energia aos centros de força do perispírito e este, não suportando a sobrecarga, vai-se retorcendo, a ponto de perder a forma humana. Quando as rodas giram normalmente, nós parecemos um barco em águas tranquilas. De forma contrária, somos frágil embarcação bombardeada sem piedade. Estou aproveitando para falar sobre mediunidade, porque todos os homens são médiuns, qualquer ser possui os canais de contato com o mundo espiritual, uns apresentando esses canais mais desenvolvidos que outros.

— Irmão, então cada chacra é um ponto de comunicação com os espíritos desencarnados?

— Sim. No chacra básico ligam-se os obsessores, aqueles que se servem das energias deste chacra para praticarem o sexo, mesmo estando desencarnados. Se bem desenvolvido a sua energia é muito benéfica para a ortopedia. O *esplênico* — na altura do baço, dá vitalidade ao organismo, distribuindo as energias pelo corpo e também armazenando as sobras. Se não bem desenvolvido, os espíritos se ligam nele e absorvem toda a vitalidade do encarnado. O *umbilical* — é nesta roda que se ligam espíritos sofredores nas sessões mediúnicas. Já falamos nele, da sua importância. O *cardíaco* — localizado na altura do coração, é por ele que os mentores espirituais atuam. O *laríngeo* — é através dele que se dão as psicofonias e a incorporação inconsciente. *Umeral* — situa-se entre as escápulas, nele se liga a psicografia automática. *Frontal* — é o responsável pela vidência. *Coronário* — situa-se no alto da cabeça, ele é a grande antena que capta as mensagens do plano espiritual com clareza divina. Este chacra poucos médiuns o têm desenvolvido; para o seu desenvolvimento, torna-se preciso que a criatura esteja desprendida de quase todos os bens temporais. Por isso, Luiz Sérgio, dizemos: todos possuem mediunidade, mas poucos a têm educada. Esses irmãos ovoides, que acabas de ver, não cuidaram dos seus pontos de ligação e abusaram desastrosamente de alguns deles; violentaram por demais o perispírito, chegando ao ponto que chegaram. Deus criou o espírito para ser feliz.

— Irmão, cada um de nós pode ser comparado a uma casa. Uns conversam na janela, outros nas portas, outros em cima do telhado, outros por telefone, mas todos podem conversar, não é mesmo?

— Sim. Ao vestirmos o corpo físico, este possui fios fluídicos que se ligam àqueles que já se encontram em outro plano. O homem, mesmo encarnado, não está distante do mundo espiritual, faz parte desse mesmo mundo. Vamos compará-lo a um mergulhador que atinge o fundo do mar; ele leva equipamentos para manter a respiração e se proteger. Quando encarnado, o homem também possui aparelhos, chamados rodas energéticas ou chacras, que não o deixam sucumbir; mas, se não se cuidar, arrisca-se a viver muito mal, pois outras mentes — os obsessores — podem roubar o seu oxigênio. E estes só buscam aqueles que lhes são afins. Essa disformidade é prova da invigilância do homem, que hoje está cada vez mais distante de Deus. O sexo, os vícios adentram nos lares e os chefes de família, inebriados pelo modernismo, ou modismo, nada fazem para os expulsar.

— Nagi, estou agradecido, muito agradecido. Espero que muitas pessoas se beneficiem com estas suas palavras, porque existem muitos desejando desenvolver sua mediunidade, não sabendo do perigo de o fazerem sem uma orientação séria. Penso eu que o melhor seria dar primeiro o trabalho da caridade a cada um que busca a Casa espírita e orientá-lo no estudo das obras básicas, para ir desenvolvendo naturalmente, sem violência, as rodas energéticas. Nagi, elas estão citadas no Antigo Testamento e eu já mencionei isso no meu livro *Chama Eterna*.

— Tudo obedece a um só Ser: Deus. E Suas leis são imutáveis.

Nisso, Enoque nos falou:

— Vamos nos despedir, está na hora de descermos ao plano físico.

— Novamente? perguntei.

— O que tens contra? inquiriu-me Sara.

— Nada, boneca, é que eu adoro ficar aqui no plano espiritual aprendendo com os queridos irmãos.

— É mesmo, Luiz? indagou Damian, ironicamente.

— Engraçadinho!... falei.

— Vamos partir logo mais, o descanso é apenas para as despedidas.

Aproveitei e fui despedir-me de todos aqueles trabalhadores do Senhor, em agradecimento às esplêndidas aulas recebidas.

Capítulo 31

DE VICIADO A TRAFICANTE

Já no plano físico, adentramos o pronto-socorro da Casa espírita, superlotado, onde os médicos espirituais prestavam auxílio; os da nossa equipe integraram-se imediatamente ao grupo socorrista. A parte espiritual dessa Casa é um oásis de amor. Nela, os Lanceiros também prestam socorro divino a todos os doentes.

Ali fiquei ao lado de um médico que desencarnara bem jovem. Para dar à família um certo conforto, ele corria de um hospital para outro. Com espanto, fiquei sabendo que era suicida, pois não se cuidara: a ganância o levou à morte. Ainda sonolento, era atendido e para os médicos foi transmitido um exame realizado no seu corpo físico. Detectaram excreção irregular de potássio e sódio, como também do hormônio adenocorticotrópico. Esta substância, bem como a adrenalina, está associada às reações orgânicas ao estresse. Aquele jovem médico não teve tempo para a família, já que era exaustiva máquina caça-níqueis, correndo de cá para lá. Resultado: a jovem esposa o trocou por outro e a filha do casal, que era sua alegria, ficou com a mãe. Inconformado, iniciou-se na droga e na bebida para fugir dos fatos tristes de sua vida e a *overdose* o tirou do corpo físico. Fora ali socorrido, mas até quando? Não sei. Sei apenas que percorri toda a enfermaria da Casa espírita e constatei que a maioria dos internos era composta de jovens, colhidos pela "morte" violenta: desastre, atropelamento, assassinato, enfim, quase todos vieram antes do tempo previsto. E perguntei ao Senhor: "por quanto tempo ainda o homem ficará longe do Seu Evangelho? Só ele nos ensina a vivermos na terra com o coração no céu".

Parei diante de uma jovem senhora que chorava baixinho. Tinha sido assassinada pelo filho de dezesseis anos. Ele, querendo vender uma joia de família, lutou com a mãe e esta caiu, batendo com a cabeça na ponta da mesa de mármore. Ela nem se importava com o seu estado, só pensava no único filho que a droga lhe roubara. Alisei seu rosto e ela me falou:

— Leandro, é você, amado filho? Não fique triste, não foi nada, só um tombinho. Não diga para ninguém que foi você quem me empurrou, não fale, não. Filho, abandone a droga, ela ainda vai-lhe matar.

Diante desse quadro, fui saindo, devagar, observado por Karina, que logo se juntou a mim e nós dois, abraçados, deixamos as lágrimas molharem nossos rostos. Apesar de lutarmos contra a droga há vários anos e termos presenciado casos tão tristes como este de Leandro, ainda sofremos com eles. Nós, os espíritos, sabemos que aumenta cada vez mais o consumo da droga em nosso país, com a agravante de estar a faixa etária decaindo. Quase todos os estudantes se afundam nos tranquilizantes, na maconha, na cocaína ou na cola de sapateiro. A maconha é tão corriqueira que até nos esquecemos dela, mas daqui alerto as famílias: se têm em casa jovem de dez anos para cima, olho vivo nele, porque pode estar dando os primeiros passos na estrada do desespero. Ninguém pode imaginar a angústia de um jovem em abstinência de tóxico, ele fica furioso. Hoje a droga está caríssima, o que leva o jovem a consumir várias misturas.

O que a gente pode dizer aos jovens? Apenas que eles se respeitem, porque o homem de hoje possui memória muito fraca, não quer enfrentar o caso, quando se depara com ele. Enquanto isso, vamos estudar a razão da vida, depois lutar para nos tornarmos dignos do Cristo. Muitos jovens julgam que religião é coisa de fanático, mas eu jamais vi um drogado feliz. Olha que cada dia bate à porta da espiritualidade não um drogado, mas caravanas deles.

Há dias, fomos chamados à casa de Donana. Lá, seu único filho se encontrava completamente alucinado. A mãe, desesperada, orava sem parar. O jovem Bernard, terceiroanista de Medicina, ali se encontrava à minha frente com as veias todas arrebentadas; antes, aspirava cocaína, mas, com o tempo, passou a injetar a droga na veia. Drogava-se tanto que a família se reuniu, decidindo interná-lo. Imaginem a cena: os enfermeiros entrando, Bernard gritando e partindo para cima deles com o semblante desfigurado. Tive muita pena! Mas logo se acalmou, e me perguntei: até quando? Ele vai receber proteção e esperamos que se cure. Ali ainda ficamos e não sei por que não tive coragem de perguntar mais nada.

Fiquei sabendo depois que Bernard fora internado e, da clínica, comandou uma das mais perigosas quadrilhas de tóxico. Esta clínica fica fora do Brasil, em um grande país, onde a droga extermina os seus jovens. Bernard saiu da clínica e continuou o seu sujo comércio. A família brasileira se orgulhava dele: rico, viajado, dono de várias empresas. Quando eu soube, falei ao Rayto:

— Como sucede isso? Não acredito que a família não desconfie. Se ele era malandro aqui no Brasil, como justificar esse enriquecimento tão rápido?

— É mais fácil para os familiares ignorarem a procedência da fortuna; além disso, com ele bem longe, fica mais fácil enganar a sociedade dizendo que o filho é próspero homem de negócios.

— Percebo, Enoque, que este não é um caso isolado. Vários traficantes do Brasil estão vivendo em outro país, fazendo o tráfico das drogas. E não são descobertos!

— Calma, Sérgio, logo defrontaremos com suas fotos enfeitando os jornais internacionais.

— E Bernard, se curou?

— Sim. Não se droga mais, como fazia antes, agora decidiu-se pelo narcotráfico.

— Como consegue não ser preso?

— A organização da droga lhe dá ampla cobertura. Espere, amigo, e logo a janela vai abrir-se e veremos muitas cabeças de fora. Até lá, oremos por todos aqueles que estão distantes da droga.

— A família sabe, mas finge que ignora, não é mesmo?

— Bernard, quando em seu país, gostava de traficar ácido; LSD era o seu preferido. Hoje ele trafica tudo o que lhe cai nas mãos.

— Coitado, o seu perispírito deve estar uma peneira.

— Mais que isso, um papel alumínio amassado, e bem amassado.

— Enoque, a droga se alastra em nosso país. Preciso se faz que os professores e a sociedade se unam num grito de socorro, sem esperar ordem do governo.

— Sim, deve partir de competentes profissionais o início da campanha Também as mães de drogados deveriam unir-se dando as mãos e gritando em praça pública a sua dor e o seu desespero, para que as mães de adolescentes abram mais os olhos e não permitam que suas crianças busquem as turmas que se afundam nas madrugadas da vida. O início da vida noturna está ocorrendo com as crianças de doze anos ou menos.

Se seu filho não frequentar festinhas, não importa, mais tarde ele vai compreender que você o livrou da besta do Apocalipse. Se ele se julgar infeliz, também não importa, é preferível algumas lágrimas de revolta, do que chorar eternamente de remorsos. A droga está nas esquinas, nos lares, nas lanchonetes, nos colégios, mais ainda nas festinhas que o seu filho tanto gosta. Cuidado, pois o drogado é uma semente que depois de atingida dificilmente germinará no jardim da paz. Cuide de sua semente com a água do amor e da energia.

Capítulo 32

O RETORNO À COLÔNIA DOS VELHOS PATRIOTAS

Sei que alguns não compreendem meu trabalho, mas sei também que muitos esperam pelos meus livros, porque se encontram no fundo do poço do desespero. E é para estas famílias que eu escrevo. Beijo o coração de cada uma delas, dizendo: eu oro por vocês. Um dia, não muito distante, todas as famílias dormirão em paz, não ficarão acordadas à espera do filho que se droga. Quem diz que não devo me preocupar, ou que exagero, não conhece o problema, vive distante dos acontecimentos tristes da nossa sociedade. O egoísta lê as páginas policiais dos jornais e nem imagina que pode ser a próxima vítima, porque a praga não dá só no jardim do vizinho, o nosso também pode ser atingido. Nós, da equipe dos Raiozinhos de Sol, sussurramos em seu ouvido: "ajude-nos a orar, mas também ajude-nos a salvar seu filho. Dê-lhe as lições de Jesus: trabalho e humildade. Não crie seu filho para você somente, e sim para fazer parte de toda uma sociedade sofrida e desigual".

Cada jovem que tomba na sarjeta da vida é uma estrela que se apaga no céu do planeta. Existem países que quase não têm mais estrelas. Quando encontrar um jovem drogado, não o recrimine nem aos seus pais, ore para que ele ressuscite, porque todos os viciados estão "mortos", não têm amanhã. O traficante, que julga que seu corpo é eterno, queremos pedir por ele. É desesperadora a viagem de alguém que roubou a paz dos lares e assassinou os sonhos de uma criança ou de um jovem.

Meu Deus, se eu pudesse segurar bem forte as mãos de todas as crianças pequenas, resguardando-as dos vícios, eu o faria. Nada é mais deprimente para mim do que uma roda de tóxico, e hoje é o que se vê nas festinhas. Acordem, minha gente, e se armem contra a "besta", ela é terrível, mas não invencível, juntos com Jesus vencê-la-emos.

— Sérgio, por que Deus não diz basta?

— Só sei que Ele é poder e bondade.

Assim, fomos deixando aquele lugar e, para surpresa minha, reencontrei Aécio, grande amigo. Já realizamos muitos trabalhos juntos. Acercando-me dele, perguntei:

— Por onde anda, companheiro?

— Tive de me deslocar para fazer alguns trabalhos na Colônia dos Velhos Patriotas. O país deve passar por uma transformação e estamos orando para que tudo ocorra na santa paz do Senhor. Estou aqui para levá-los até a Colônia de onde partem as emanações de amor dos queridos patriotas.

— Não sei como agradecer-lhe, Aécio.

Olhei o nosso grupo; ele estava enorme, e sorri feliz: sempre gostei de viver rodeado de amigos.

— Ismael deve estar preocupado com a droga em nosso país, não é mesmo?

— Todos os patriotas vivem apreensivos com a pátria que foi escolhida para celeiro do mundo, respondeu-me Aécio.

— Tem razão, amigo. Quando caminhamos pelas cidades brasileiras, surge a dúvida: como poderá o Brasil tornar-se a Pátria do Evangelho, quando as famílias estão sendo exterminadas pelos vícios e cresce a falta de dignidade; quando as mulheres, esquecendo-se do seu dever de mães, muitas lutam pela liberação do aborto? Mas o Brasil a tudo resiste e logo deixará de ser o gigante adormecido, porque em um futuro não muito distante uma brisa refrescante de liberdade irá levantá-lo para que o mundo o respeite.

Fomos andando e, ao nos aproximarmos da colônia, ouvimos os pássaros cantarem alegremente no campo que surgiu à nossa frente; as árvores eram frondosas, o verde brilhante de luz compunha com as flores amarelas, brancas e azuis a beleza da nossa bandeira. O Sol brilhava tanto que quase nos cegava. Só aí percebi que o grupo não era mais tão numeroso quanto antes e, aproximando-me de Rayto, perguntei:

— E os outros?

— Lembre, Sérgio, que você é o convidado.

— Eu? Mas que fiz eu de tão importante?

— Não sei. Logo, quando lá chegarmos, você ficará sabendo.

Estremeci. Meu coração batia rapidamente. Cerrei os olhos, visivelmente emocionado. Enoque abraçou-me e assim fomos recebidos na bela e irradiante Colônia dos Velhos Patriotas[1]. A colônia é lindíssima. As construções fazem lembrar o Brasil antigo. Depois da entrada principal, fomos recebidos por Irmã Maria. Cumprimentando-me, disse:

— Seja bem-vindo mais uma vez à nossa colônia.

Pensei: "da outra vez que aqui estive não cheguei a conhecer esta parte, só fiquei nos arredores, onde fica o grande hospital".

Foi-nos levando até o auditório e, sentados, aguardamos. Ao nos darmos conta, o recinto estava repleto de gente.

— Quem são eles? indaguei do Rayto.

— Todos os que trabalham pelo Brasil, para que ele se torne a Pátria do Evangelho.

Agradeci aos meus amigos, muito feliz por ter um dia aceito o chamado de Jesus. Logo deu entrada no palco um iluminado espírito, muito ligado ao crescimento da nossa Pátria. Iniciou a preleção:

— "Queridos compatriotas. Temos por dever entrelaçar nossas vibrações em prol do progresso do Brasil, mais ainda lutar pela união do seu povo. E para que isso aconteça, torna-se necessária a melhoria do homem, o respeito de um para com outro, a fim de que não venha a ocorrer injustiça. Só o Evangelho bem vivido dá os esclarecimentos necessários para o homem não se considerar o dono do seu próximo. As trevas vêm lutando para que o Brasil jamais se torne o país da luz; e para nossa tristeza recebem elas a cooperação de vários homens públicos, esquecidos de que são eles os representantes do povo. Estamos aqui

(1) N.E. — Esta colônia foi anteriormente citada no livro *Novas Mensagens*, 2° volume da Série Luiz Sérgio, no capítulo "Colônias e Hospitais Espirituais".

em nome de Ismael e de toda a sua equipe, agradecendo e pedindo a cooperação de amigos, hoje mais do que nunca, quando no Brasil se fará nova escolha dos homens públicos[2]. Não podemos deixar passar em vão o momento, preciso é que estejamos juntos na prece em prol da paz no nosso País. A cada homem é dado o direito do voto, mas queira Deus que quando for marcar o "x", ele não esteja colocando uma cruz no ombro do Brasil e do seu povo. As falanges de Ismael precisam alimentar o pobre, agasalhá-lo e, principalmente, mostrar o Caminho, a Verdade e a Vida, que é o Evangelho do Senhor Jesus. Precisamos levar até as Casas espíritas a força para que elas se tornem celeiro de bênçãos em prol da Humanidade carente e sofrida. Que nesses templos o Evangelho seja a bandeira e os seus frequentadores os apóstolos da humildade, trabalhando para o crescimento espiritual da nossa Pátria. Precisamos irrigar a água benfazeja da prece nos corações, principalmente nos mais endurecidos, tornando-nos, se preciso for, peregrinos da esperança em todos os lugares, tendo sempre uma palavra de consolo. Onde estiver a bandeira "Deus, Cristo e Caridade", Ismael estará lado a lado, carregando-a com suas abençoadas mãos. A Doutrina nos oferece a oportunidade de nos tornarmos patriotas sem ideologia política, mas tudo fazendo para que o povo brasileiro seja digno de verdadeiros patriotas políticos. Só assim nossa Pátria receberá o halo que resplandece em luz por todo o seu território. Inatacáveis são as nossas regiões geográficas, nada irá demoli-las, nem a ganância de alguns inimigos do Senhor. A Pátria do Cruzeiro sofrerá algumas tormentas, mas sabemos nós que do passado surgirá o remédio, remédio este manipulado pelos corações repletos de amor à Pátria amada. Uma plêiade de espíritos está atenta ao progresso do Brasil e logo o nosso gigante irá levantar-se. Aí veremos chegar as primeiras florações no chão que se tornará o celeiro do mundo. Apesar da precariedade do concurso dos homens, os operários espalharam-se pelo País, cada qual com a força e a ferramenta que tem nas mãos. Os irmãos que aqui se encontram, nesta assembleia, há muito lutam pelo progresso espiritual do Brasil. Somos gratos e pedimos mais cooperação, porque estamos vivendo importante momento político que pode elevar a nossa Pátria para a glória ou mergulhá-la no caos. Não podemos assumir compromissos políticos; mas devemos ter apreço a todas as autoridades, devotamento ao bem comum, sem olvidar a instrução ao

---

(2) N.E. — Refere-se às eleições de 1989.

povo sobre as verdades do espírito. É hora de reflexão, a História desejará voltar a governar, mas em cada coração brasileiro a intuição precisa fazer-se presente para uma feliz escolha. Nos dias de tormenta, como nas horas de ventura, estejamos irmanados numa aliança de fraternidade e paz indestrutíveis, dentro da qual devemos esperar as claridades do futuro. O Brasil não necessita de armas revolucionárias para defendê-lo, ele precisa de homens de bem e cônscios patriotas para fazer germinar as sementes adormecidas no seu solo, sementes estas destinadas a alimentar a Humanidade. As nossas riquezas, bem dirigidas por homem digno e manso, irão fazer da nossa Pátria uma nação livre, podendo dar ao seu povo o que de direito lhe pertence: a paz. Não queremos uma nação poderosa, lutamos, sim, por uma Pátria digna e evangelizada, onde as criaturas se amem e se respeitem. A política sofrerá as alternativas do direito de força, quando o planeta atingir a perfeição social. Que o momento político decorra em ambiente fraterno e que o vencedor seja aquele escolhido para tornar palpável o sonho de Ismael, fazendo da Pátria amada o celeiro da Humanidade e o coração do mundo. O trabalho é árduo, companheiros, mas para os irmãos de Jesus não existem obstáculos e sim vitórias, pela luta de cada um de nós". Kacá

Nisso, o coral entoou a música de Francisca Theresa: *Brasil, Pátria do Evangelho*. Ao seu término, saímos devagar e eu com os olhos marejados de lágrimas. Samita e Karina seguraram meus braços e assim chegamos ao jardim. Desejava correr para perto de Kacá e lhe dar aquele abraço, mas ele estava junto aos encarregados da paz do Brasil.

Decorridos alguns minutos, inquiri ao Enoque:

— Por que só viemos nós? Os outros não foram convidados?

— Damian e Lílian foram participar de outra conferência, mas um dia eles virão aqui, não se preocupe.

Desejava sair correndo e conhecer todos os lugares da Colônia, mas me deparei com os antigos políticos que ali na praça se juntavam para conversar e com carinho eu os fitei, divisando o nosso querido Candango; cumprimentei-o e ele logo juntou-se a nós.

— Como passa, excelência?

— Irmão. Pode me chamar de irmão, fico mais à vontade.

— O que o senhor espera do momento político nacional?

— Espero que o homem brasileiro não se deixe enganar com palavras e promessas; que saiba escolher bem aquele que Deus determinou para tornar a nossa Pátria uma Pátria feliz. Sinto-me um pouco apreensivo, são muitos os candidatos e muitos sem qualquer vínculo político com o passado. Só dois estão aptos a fazer do Brasil a terra prometida Os outros podem comprometer-se e atrapalhar os desígnios de Deus. Os patriotas estão unidos pelo progresso e pela fraternidade em nossa Nação.

— Quem vai ganhar a eleição, irmão?

— Não sabemos, a escolha é do povo brasileiro e não tenho capacidade para dizer o nome do vencedor. Mas oro para que o escolhido tenha Jesus no coração e nas mãos o cajado da responsabilidade. Nossa Pátria está cansada de sofrer com a indiferença ao seu povo, ela pede justiça e caridade para com o seu solo.

— Irmão, é verdade que o senhor psicografa com muitos médiuns?

Ele sorriu.

— Estamos sempre nos recordando daqueles que ficaram e orando a Deus pela nossa Pátria. Até logo mais, irmão.

Despediu-se. Acompanhei-o com os olhos até vê-lo desaparecer na Praça da Esperança. Antes, ele me acenou com aquele sorriso que só as grandes almas são capazes de dar.

Conheci ali muitos departamentos e nada me emocionou tanto como os museus espirituais. São tão lindos! Neles, eu conheci muitas peças que não estão nos museus da terra Algo que muito me empolgou foi a prova da reencarnação de vários políticos brasileiros, muitos de volta à terra e deixando de cumprir com o plano de Deus.

É isso, meus amigos, a Colônia dos Velhos Patriotas grita para os brasileiros: não deixem morrer a semente do Evangelho em nossa Pátria, o seu cultivo pede a colaboração de cada um.

Capítulo 33

ISMAEL E OS VELHOS PATRIOTAS

Encontrando-me na Colônia dos Velhos Patriotas, sentia-me tão feliz que a tudo examinava enlevado: os canteiros floridos, as palmeiras, as cascatas de águas cristalinas; em cada edifício tremulava a bandeira da paz. Curvei-me diante delas, almejando que na terra elas também enfeitem todas as sedes de governo. Pedi ao Enoque para entrarmos em certo edifício, e logo estávamos admirando as tapeçarias de pano branco, verde e azul celeste, pendentes de cordões de linho fino e púrpura e argolas de prata, e as colunas de mármore. Esse prédio é um dos imensos ministérios de socorro espiritual à nossa Pátria. Muitos espíritos estavam ali trabalhando.

— Sempre há esse movimento, Enoque?

— Aproxima-se a eleição brasileira, por isso esses irmãos estão assim atarefados. Eles mantêm na crosta da Terra equipes de abnegados espíritos de políticos que intuem e ajudam os candidatos dignos.

Era um vaivém muito disciplinado. Deixamos o interior do prédio e alcançamos o jardim, onde uma imensa estrela formada de grama trazia no centro a palavra "paz".

— Agora, disse-nos Enoque, vamos conhecer os arredores da Colônia.

Assim o fizemos. Na Colônia dos Velhos Patriotas, os seus arredores são compostos de casas-escolas e pequenos hospitais que prestam auxílio aos políticos. Ao ver as casas abrigando espíritos velhos e doentes, sob o amparo de abnegados enfermeiros, perguntei:

— O mau político não vai para o umbral?

— No mundo espiritual não há privilégios. Antes de ser político, o homem é um espírito e, como tal, se ultrapassar as leis de Deus, terá de pagar. Assim como existem os departamentos da arte ou da música em outras colônias, existe esta Colônia dos Velhos Patriotas. Prestem atenção: a colônia não tem o nome de grandes políticos, porque aqui é abrigado desde o vereador humilde até os grandes presidentes; todos recebem o mesmo auxílio, conforme o seu merecimento. Se lesarem o povo, sofrerão as consequências. Esta colônia sempre esteve e estará aberta para abrigar todos os que se propuseram a servir à Pátria, mesmo os falidos.

Nisso, aproximou-se de nós a irmã Maria, que carinhosamente nos levou até os hospitais. Lá, defrontamo-nos com muitos irmãos bem dementados, ainda ostentando os gestos de um político. O humilde hospital continha somente dez leitos. O aposento maior reservaram ao auditório, onde muitos, naquele momento, recebiam aula de evangelização. Nós participamos dela e me emocionei quando a figura de um grande brasileiro cumprimentou a todos e iniciou a preleção:

— "Prezados irmãos, companheiros de caminhada evolutiva, Deus, Sublime Arquiteto do Universo, condensou os fluidos mais puros, criou o corpo e a este logo soprou, dando vida à forma. Estávamos criados. *Porque o Senhor Deus formou, pois, o homem do barro da terra e soprou no seu rosto um sopro de vida e o homem tornou-se espírito, pessoa vivente* (*Gênesis*, cap. 2, v.7). Portanto, o homem só é importante porque foi criado por Deus, que é uno, indivisível e eterno. Cada ser, ao receber o livre-arbítrio, recebeu também a consciência e, junto com ela, o plano de Deus: evoluir. Aquele que recebe a tarefa de liderança tem por obrigação dar bons exemplos. Um homem público precisa policiar-se para não levar ao seu próximo algo pernicioso. Sofrer, morrer por um ideal é dever desse homem, se ele recebeu de Deus a tarefa de levar o progresso à sua pátria. Quem deseja aplausos na vida pública deve antes consultar a sua consciência e ver se de verdade já está apto a renunciar em prol do crescimento do seu país. Não existem cargos políticos, existem responsabilidades políticas, e ai daquele que fracassa. O humilde vereador é respeitado se ele faz do seu mandato um sacerdócio longe dos bens temporais, porquanto o ideal de um homem é medido pela grandeza das suas ações. Quem se abraça à bandeira do seu país tudo deve fazer para honrá-la; os vales de sofrimento estão repletos de políticos que enganaram o povo, lesaram a nação e abusaram do poder. Aqui vimos para receber no hospital-escola um tratamento especial com Jesus, o Maior dos médicos, almejando que os queridos companheiros estejam em breve tempo junto às nossas equipes de ajuda ao momento brasileiro, quando a nossa Nação irá escolher um novo presidente; queira Deus seja aquele que irá plantar a semente do Evangelho de Jesus. Sei que os irmãos se sentem impotentes, mas, à medida que vamos vivendo como espíritos, vamos adquirindo o conhecimento de nós mesmos. A "morte" é a parada obrigatória, que nos dá grande oportunidade de reflexão sobre o que fizemos, ou o que deixamos de fazer, levados pela sede de poder. Deus espera que cada filho cumpra com seu dever. O homem público recebeu de Deus o cajado da responsabilidade, o qual terá de devolver florido de obras de amor. Aceitem o orvalho de Maria, a brisa de Jesus e o perfume de Deus e se sentirão curados, aptos para o trabalho que os espera. Sejam bem-vindos."

Os meus olhos não só marejaram-se de lágrimas como o meu coração sussurrou baixinho: "obrigado, meu Deus". Aquela bela figura foi-se retirando. Olhei-o com respeito e desejei que progredissem em espírito aqueles homens públicos que ali se encontravam internados na Colônia dos Velhos Patriotas. Uns ainda conservavam o ar autoritário, outros, bem humildes, choraram de emoção por ter ouvido o querido amigo. Irmã Maria perguntou se gostaríamos de visitar outros hospitais-lares. Sadu agradeceu, preferindo as pequenas casas. Ela se despediu sorridente. Um irmão encarregou-se de nos levar até lá, Felipe, o seu nome. Muito simpático, mas caladão, em todo o trajeto nenhuma palavra nos dirigiu. Eu estava louco para lhe fazer perguntas, mas me contive. Quando chegamos, ele se despediu, mas antes nos apresentou Ana. Ela, muito simpática e cortês, convidou-nos a entrar. Examinei a casa, muito simples: a sala era rodeada de estantes repletas de livros. Ana falou:

— Estava aqui esperando por vocês, sejam bem-vindos. Esta casa é habitada por políticos que já se encontram em trabalho na terra; alguns passam o maior tempo aqui, os que possuem família em outras colônias as visitam sempre. Nestas casas eles estudam e prestam auxílio ao país. Neste instante em que se aproxima a escolha de um novo presidente, esta colônia vem esmerando-se no trabalho para que os irmãos se respeitem e que a bandeira brasileira tremule sobre a cabeça do escolhido.

— Vocês já sabem quem vai ganhar?

— Não, mas o plano de Deus recaiu sobre alguém que beijou a poeira do país, abraçou o leme do navio e gritou: liberdade. Mas a cada brasileiro Deus ofertou uma cédula em branco; está nas mãos na Nação o seu governante. Nós não podemos influir na decisão do povo, temos de orar para que o escolhido dos homens seja o mesmo escolhido por Deus. Um dia, Jesus, o Governador da Terra, se fez homem, mas o povo não O aceitou e gritou: Barrabás! e até hoje estamos pagando por essa escolha. Pedimos ao Senhor que o povo brasileiro faça uma boa escolha, nossa Pátria querida foi escolhida para tornar-se a "Pátria do Evangelho, o coração do mundo, o celeiro da humanidade"[1]. Mas se Deus ofertou a Terra, também ofertou ao homem o direito de escolher seus governantes terrenos.

— Irmã, perguntei, é justo o país sofrer por causa de uma escolha mal feita ao votar?

— A atmosfera de um país é formada pelos fluidos dos seus habitantes; se nós só assimilarmos fluidos negativos, atrairemos contendas, lágrimas e tristeza, apreensões e desespero.

Quando Ana nos fornecia exemplos, chegaram dois irmãos que, muito gentis, nos cumprimentaram. Ali ficamos conversando com eles e concluímos que o político vem à terra em missão e aquele que não está registrado no plano divino com essa tarefa poderá ser eleito, mas terá breve vida política. É algo que vem de vidas e mais vidas sucessivas, mesmo que em muitas delas tenha fracassado como político. Francisco e Mário prontamente iam-nos elucidando sobre a vida na colônia, todavia pareciam preocupados. E eu lhes perguntei:

— O Brasil corre o risco de perder o prêmio dado por Deus de tornar-se a Pátria do Evangelho?

— Sim. Se o País não fizer jus à escolha, o templo divino se deslocará para outra pátria, onde a dignidade e o amor devem reinar.

— Mas não é mais fácil desencarnar os que não a respeitam, do que o país ser sacrificado?

— As religiões que ensinam o homem a ser bom estão cooperando para o progresso espiritual do Brasil. Ismael, com sua falange de luz, ora a Deus para

---

(1) N.E. — Refere-se ao livro "Brasil, Coração do Mundo, Pátria do Evangelho", escrito por Humberto de Campos e psicografado por Francisco Cândido Xavier, editado pela FEB.

que o Brasil não deixe passar em vão a oportunidade de crescimento e seja a terra da redenção.

— Irmão, falou Samita, como pode o Brasil tornar-se a Pátria do Evangelho quando nos defrontamos com a pobreza, o vício, a prostituição, os sequestros, assassinatos e roubos, enfim, com a violência imperando?

— Tem razão, Samita, hoje o Brasil atravessa momentos dramáticos. A família está ameaçada, a moral se dissipa diante do modernismo; mas mesmo assim as esperanças de Ismael são imensas, ele acredita que a Estrela-Mãe brilhará sobre o Brasil. Estamos chegando ao clímax da falta de moral, recordando mesmo Sodoma e Gomorra, mas não nos esqueçamos de que o corpo, não sendo imortal, não suporta a violência, explode; então o espírito, vendo-se desnudo, curva-se diante da verdade e, repleto de remorso, procura a redenção.

— Irmão, dia a dia aumenta a miséria, em cada ruela defrontamo-nos com irmãos em completo abandono, comentou Enoque.

— À medida que o homem transforma o seu interior para melhor, ele olha o seu semelhante, e quando isso acontecer amplamente não mais veremos tais criaturas tão infelizes.

Disse-me Francisco:

— Muitos julgam que seremos uma grande potência. Jamais o Brasil terá o direito de escravizar outros povos. Ele crescerá com Deus. Seremos a Canaã prometida, alimentando o mundo, mas um país sem palácios e sem miséria.

— Então não teremos uma moeda forte? O nosso Cruzado[2] não será uma moeda universal? perguntei.

— Não é esse o crescimento previsto por Deus, trata-se do crescimento espiritual. O Brasil terá de se transformar num jardim divino, de onde remeteremos os fluidos salutares para todo o mundo, principalmente para as regiões onde o ódio do homem causou destruição. Os espíritas têm por obrigação pregar a mensagem divina através de exemplos. Não importa se lá fora a falta de moral se alastra, se o homem mata o homem; o que importa é que nós cremos em Deus e estamos lutando por uma pátria renovada. Os homens passam, mas o país perma-

(2) N.E. — Ao tempo da psicografia que se constitui neste volume, ainda era o Cruzado a moeda corrente do Brasil.

nece, esperando pelos seus verdadeiros filhos. Desejo convidá-los para assistir na Praça da República à oração pelo Brasil.

— Agradeço, irmão, e até mais ver.

Despediram-se e nós demos em retirada.

Perguntei:

— E agora, Enoque, para onde vamos?

— Quem desejar conhecer a colônia pode fazê-lo, eu terei de me reunir com outros caravaneiros no Departamento do Trabalho, mas vocês podem percorrer a colônia. Até já.

— A que horas é a prece? perguntei.

— Às dezoito horas, na Praça da República.

Samita, Sadu e Carlos ficaram conversando na pracinha em frente à casa. Eu e Karina buscamos os arredores da colônia. Algo me chamou a atenção: de um certo edifício partiam caravanas de socorro para a terra. Interpelamos um irmão que participava de uma delas e indaguei:

— Para onde vão?

Ele me respondeu:

— Para a terra. Hoje ocorrerão vários comícios e nós estamos encarregados de proteger aqueles que só desejam louvar seus candidatos.

— Coitados... falei sem sentir.

— Coitados, por quê? retrucou Karina. Você acha que ser babá de viciado é melhor do que proteger fanático político?

— É mesmo, Karina, não sei o que é pior.

— Os dois são dignos trabalhos de socorro, no entanto, este momento político é curto, enquanto que o nosso é uma batalha que parece sem fim.

— Acho que não, falou Karina. As campanhas terminam, mas creio que Ismael sempre desloca os seus auxiliares para ajudar os políticos sérios. Tenho certeza de que isso acontece, caso contrário, o que seria do querido povo brasileiro?

A colônia era linda, muito linda. Toda a sua vegetação nos oferecia a fragrância das rosas. Os pátios imensos davam sequência às galerias, aos jardins, às fontes. Enfim, olhando o refúgio dos patriotas, pensei: "coitado daquele que brinca com um mandato político".

Assim, conhecemos a Colônia dos Velhos Patriotas e, como já se aproximava a hora da prece, seguimos para o local indicado, a Praça da República. As músicas me emocionaram bastante; muitas delas eram orquestradas, mas quando tocou "Brasil, Pátria do Evangelho", o meu corpo balançou de emoção. Brasil, Brasil querido, estás guardado no coração de Jesus. A praça já estava quase repleta. Fiquei observando o velho edifício, cuja construção é belíssima. À sua frente, em tamanho natural, erguiam-se estátuas de grandes vultos da nossa História. À medida que as músicas eram cantadas, as estátuas iam recebendo uma chuva de flores. No chão, adornado com a flor amor-perfeito, lia-se: "Sete de Setembro".

Eu vivia uma emoção incalculável. Estávamos ali, orando pelo Brasil. Ainda procurei as estátuas dos grandes patriotas e a figura de Tiradentes me emocionou profundamente, não só a dele, mas também a de D. Pedro II, o querido Imperador do Brasil. Alisei esta última estátua e falei:

— O Brasil lhe pertence, Velho Patriota, estaremos orando para que o pavilhão nacional lhe volte às mãos, e gritei: liberdade, liberdade, Pátria amada.

Nisso, pararam as músicas e um clarim tocou, emocionando a todos. Uma claridade se fez na estátua de D. Pedro II e depois percorreu outras figuras, que estão cumprindo suas tarefas reencarnatórias; alguns políticos brasileiros, que ontem compuseram a História, hoje labutam nos meios políticos, acertando e errando, mas recebendo do Mais Alto vibrações de amor.

A voz de Ismael se fez ouvir:

— Sejamos benditos, filhos do Nosso Pai. Sejamos dignos irmãos, respeitando a terra-mãe, como Jesus. *O domínio sobre um país está nas mãos de Deus, e é Ele que a seu tempo suscitará um governador útil* (*Eclesiástico*, Cap. 10, v.4); *Não há coisa mais injusta do que amar o dinheiro porque um tal homem vende até sua mesma alma, pois que se despojou em vida das próprias entranhas* (*Eclesiástico*, Cap. 10, v.10); *Deus destruiu o trono dos príncipes soberbos e em seu lugar colocou os humildes* (Eclesiástico, Cap. 10, v.17). Quanta grandeza encontramos nas Escrituras! Nelas está contido o chamado do homem ao dever. Se ele ouvisse as palavras de Deus, hoje a Terra não estaria vivendo época tão violenta, na qual irmãos matam sem piedade uns aos outros e as guerras fazem vítimas, tudo porque o homem ainda desconhece Deus. E Ele, por amor à Sua família, perdoa, ofertando oportunidades de regeneração. Mesmo assim, o ódio, a injustiça, a pobreza, a fome, as doenças, os vícios e os crimes se alastram, contaminando o chão e fazendo nascer a dor e o desespero. Nós precisamos vibrar pelo planeta, para que nele reine a paz, não esquecendo que em cada ponto existe uma bandeira demarcando um país, e a do Brasil está brilhando de luz, as suas cores se destacam, simbolizando as riquezas do seu solo; mas ao buscar a ordem e o progresso percebemos que eles quase se apagam diante do fanatismo de alguns irmãos que, negligenciando o patriotismo, jogam deslealmente com os seus compatriotas, sem lembrar que pátria feliz é aquela onde todos vivem em paz. Estamos apreensivos, o país caminha para algumas reformas; queira Deus que sejam elas previstas por Ele; que o homem não atrase o crescimento do país; que nós, que nos propusemos a ajudar o Senhor na transformação, estejamos aptos a agir sem preferências partidárias, apenas cumprindo com o dever de brasileiros, que desejam que o país seja o Coração do mundo. Temos de orar muito para que a nossa Pátria não se vista de negro para ocultar as deformações das injustiças. O plano de Deus um dia se fará, e queira Ele que ninguém tenha retardado esse momento, pois sentirá o ranger de dentes por ter feito um borrão nas páginas da História. Defrontamo-nos com momentos difíceis, quando as nossas Casas religiosas têm por obrigação fazer brilhar a espada de Jesus, recordando a cada mortal que a pátria é a universal, que nós somos apenas soldados alojados no batalhão brasileiro; cabe a nós defender os projetos divinos referentes ao crescimento do Brasil. Unidos estaremos, junto aos políticos, orientando-os para que sejam mais patriotas e que a verdade faça brilhar na bandeira uma bela canção de esperança. O país há muito vem sendo preparado, mas o homem orgulhoso esmaga as sementes da paz, que abnegados Ministros de Deus tentam germinar nessas terras. Não podemos forçar o homem a aceitar a glória, mas como fiéis discípulos de Jesus, devemos incentivá-lo a cultivar na terra o Seu Evangelho de paz. O poder é uma tiara dourada, cuja luz cega o homem sem humildade, fazendo-o presa fácil e o levando a cometer injustiça sobre injustiça. Mas nós, os servos de Deus, temos de acreditar nos homens e no seu amor à Pátria, pois sabemos que receberam do Governador a incumbência de torná-la Pátria Universal. Se hoje os vícios, a imoralidade, a maldade e o orgulho crescem diante dos nossos olhos, também vemos Jesus fazendo descer sobre o Brasil a Sua falange de luz. O tempo para nós não conta, só esperamos que os brasileiros se conscientizem na boa escolha, porque o plano de Deus é imutável. Quem, por direito, receber a incumbência de dar à Pátria o que ela há tanto espera, que essas mãos iluminadas levantem o gigante adormecido, que vem a ser as reservas ecológicas brasileiras, escondidas no solo pátrio à espera de quem possa fazê-las progredir. Neste instante, a paz entre os irmãos é a nossa meta de trabalho. Conscientizaremos o povo a amar a liberdade, mas a liberdade ofertada por Deus. *Bem-aventurados aqueles que lavam as suas vestiduras no sangue do Cordeiro, para que tenham direito à árvore da vida, e possam entrar na cidade pelas portas. Ficarão de fora os cães e os feiticeiros, e os que se prostituem, e os homicidas, e os idólatras, e qualquer que ama e comete a mentira* (*Apocalipse,* cap. 22, vv. 14 e 15). Sabemos nós que a luta é grande, mas Jesus estará junto à Humanidade tudo fazendo pela transformação da Terra. Não podemos deixar de mencionar os versículos 19 e 20 constantes do capítulo 19 do *Apocalipse: Eu vi a besta, e os reis da terra, e os seus exércitos reunidos, para fazerem guerra àquele que estava assentado sobre o cavalo, e ao seu exército. E a besta foi presa, e com ela o falso profeta, que diante dela fizera os sinais, com que enganou os que receberam o sinal da besta, e adoraram a sua imagem...* Jesus é o cavaleiro da paz; se alguém, não obstante as dores e as predições, quiser continuar no mal, que continue. Deus o deixa agir, mas o desespero será terrível. O plano de Deus não se deterá diante da conduta do homem, seja ele quem for. Serão afastados todos aqueles que, de alguma forma, tiverem agido contra a lei divina, para os quais não haverá prêmio e gozo, pois serão lançados na segunda morte, na infelicidade, pelo remorso de não ter escolhido o caminho da redenção. Deus nos ofertou a glória do trabalho, e Jesus nos ensinou como orar. Nesta colônia protetora do Brasil, todos nós pedimos ao Senhor que a Pátria só irradie fluidos benéficos para outras pátrias irmãs; que do seu solo abençoado possa surgir o abastecimento mundial; que Jesus, no Seu cavalo branco irradiando luz, possa nos ajudar a levar ao homem a certeza de que os bens temporais e o poder se dissipam com o tempo, mas a dignidade do ser cresce à medida que ele se torna humilde. Oremos pela paz mundial e pelo crescimento do Evangelho do Brasil, para que todo o seu povo expulse a besta do Apocalipse, conscientizando-se de que só o Cristo é a salvação.

Quando a voz de Ismael silenciou, cantamos todos esta canção:

"Brasil, terra amada,
Coração do mundo
Ainda não explorado
Por um amor profundo.

Brasil, Pátria do Evangelho,
Acreditamos em ti,
O pavilhão verde amarelo
Ao teu povo sorri.
Das tuas matas hospitaleiras
Vemos surgir a esperança
Bendita terra brasileira
Um dia a paz te alcança.
E agora, Cristo Senhor,
Ensina-nos a trabalhar
Nestas belas paisagens
Sê uma bandeira no ar.
Celeiro da humanidade,
Tuas fontes cintilantes
Banham as tuas cidades
Dessedentando o viajante.
Pátria amada,
Gentil mãe,
Serás logo respeitada,
És uma grande Nação.
Jesus, o Governador,
Nós, os vassalos submissos,
Ele é o nosso Senhor
Dando-nos sempre serviço."

Todos na praça ainda permaneceram imóveis, orando muito pela paz mundial e pela transformação do Brasil, não uma transformação dura, mas uma transformação divina; todos nós oramos para que o plano de Deus se concretize. Se nós preferirmos Barrabás, existirá sobre a nossa pátria muita lágrima.

E assim a praça se esvaziou.

— E agora, amigo, para onde vamos? perguntei ao Enoque.

Ele me sorriu.

— Como está-se sentindo?

— Não existe no meu vocabulário uma palavra que signifique o agradecimento por tudo o que venho recebendo de Deus. Só espero ser digno de tanta bondade.

— O que achou de Ismael?

— Confesso que sua luz me cegou; não o vi claramente, somente o escutei. Também, não fiz força. Senti-me um verme diante de tanto esplendor.

Assim, fomos andando até uma outra ala da colônia, e lá fomos muito bem recebidos pelo nosso Kacá, muito conhecido através dos livros espíritas.

— O senhor acredita mesmo que o Brasil será uma grande nação? indaguei.

— Sim, no dia em que desencarnarem todos os maus brasileiros.

Conversando, ele nos levou até um auditório, onde uma figura brasileira muito querida ia iniciar uma palestra e, sabendo Kacá que nós gostamos muito dele, para lá nos encaminhou. Eu esperava ansiosamente por sua presença e, no momento determinado, ele apareceu.

— Queridos amigos. Quando o meu nome surgiu neste painel, voltoume à lembrança o passado de lutas, e acreditei que Deus é que escreve a verdadeira história do homem, pois só Ele conhece o seu interior. Sou um homem que lutou por um ideal e que contou com grandes amigos. Como cidadão, brasileiro e homem público, acreditei na justiça de Deus, na intimidade de minha fé. Graças a ela hoje aqui me encontro na Colônia dos Velhos Patriotas, ainda lutando por minha Pátria. Guardo na lembrança a força do homem, obra divina, quando precisei de seus braços para concretizar um sonho. Às vezes, o travesseiro era o único companheiro das minhas noites de insônia, dado o acúmulo de preocupações. Porém, ao presenciar a luta do homem levando o progresso até o chão ressequido, sentia que Deus reservara um plano para mim e que eu precisava realizá-lo, mesmo contra a vontade de inúmeras pessoas. As vitórias foram maiores do que os ataques, e vimos surgir, no Planalto Central, Brasília, a capital do Brasil. Os radicais, porém, ainda insistiam em manter acesa uma chama que já não resplandecia, mas apenas bruxuleava. Não aceitavam o progresso do Brasil. Ao fechar o grande portão de ferro do Palácio do Catete, vimos também fechar-se um trecho da História da pátria e viramos a página da História do Brasil. Hoje, quando ainda nos defrontamos com a dureza do coração humano, fico preocupado com o país. Mesmo que ele permaneça firme, como gigante que é, os homens têm como dever não passar por ele em vão. O povo espera por dias melhores e um homem público não pode decepcionar o povo, principalmente se esse mesmo povo depositou nele as suas esperanças. O poder muitas vezes tolhe a liberdade do político, mas ele, quando possui a nação plasmada em seu espírito, voa até os seus patrícios, não importando quem seja, apenas estendendo a mão num gesto de patriotismo. É decepcionante ver um homem que convidado foi a servir à sua pátria fracassar por incompetência. Na Colônia dos Velhos Patriotas reencontramos vários amigos e companheiros de ideal, mas também nos defrontamos com ferrenhos adversários que hoje, longe da matéria física, ainda guardam na lembrança as injustiças do ataque, por não comungarem dos nossos ideais. Mesmo assim, unidos estamos por um só objetivo: o crescimento espiritual do nosso país. Esperamos que cada brasileiro, no dia 15 de novembro, ao marcar o "x" na cédula, o faça consciente de que não só está cumprindo com um dever cívico como, antes de tudo, cooperando para a liberdade, a paz e a prosperidade do país. Não venha o homem encarnado a colocar sobre os próprios ombros a cruz pesada do remorso; a escolha se fará, e esta colônia ora para que todos os eleitores, políticos, governantes, tenham, acima de tudo, amor ao Brasil. Que os falsos políticos não possuam o comportamento do mata-pau, sugando a nação, tirando-lhe o viço da prosperidade. Ao assumir um cargo público, deve o homem ter em mente, antes de mais nada, desarmar os espíritos, de forma a poder assegurar um clima de integral liberdade para todos, liberdade esta que deve ser capaz de constituir a súmula dos ideais humanos. Um país não pode ser livre com uma população faminta, doente e vítima do desespero. Um país só é verdadeiramente rico e livre se o seu povo for feliz, e o Brasil, sendo o escolhido, tem de tudo para alçar voo, só precisando, para isso, que os parasitas o deixem livre. Aproximam-se as eleições e desta colônia espiritual partem caravanas de socorro, tendo Ismael como guia. Sabemos do entusiasmo pelo pleito, pois todos esperam ardentemente por isso, quando a vontade do povo irá ser manifestada livremente, e que os eleitos, quer da direita, do centro ou da esquerda, sejam empossados. Queira Deus que as esperanças do povo transformem-se, de fato, em realidade. Entretanto, as massas estão politizadas, mas precisando ainda ser educadas para a compreensão da realidade nacional. Aceitam muitos, com ingenuidade, a argumentação capciosa: casa própria para todos, maior salário-mínimo, reforma agrária, restrições ao capital estrangeiro. A massa ainda acredita nas promessas e isso nos preocupa, porque o eleitor não busca o homem, a sua bagagem política, o seu caráter, mas temos fé de que o povo sofrido sorrirá, que os hospitais não terão filas, que as marquises não serão o lar das crianças carentes, que a fome se distanciará do nosso povo, que em cada coração brasileiro brilhará a luz da felicidade. Para isso estamos trabalhando, e acreditamos que Deus irá nos ajudar, confiante de que a Pátria do Evangelho surgirá das terras brasileiras. Acreditamos que o povo saberá escolher. O país espera pela participação de cada brasileiro. Daqui diviso a capital do país. Brasília é uma cidade diferente, edificada num cenário que lembra a paisagem espiritual, digna portanto da audácia dos seus arquitetos, dos candangos, enfim, dos seus construtores. Brasília é um cântico de amor; nela, tudo se transforma em alvorada e, de braços abertos, ela espera o futuro. Estamos em setembro, louvando a data nacional e recordando muitas outras em que o pavilhão nacional era beijado pela brisa da capital do país. Criança ainda, Brasília viveu a emoção de receber um presidente eleito pelo povo e, menina ainda, apenas engatinhando, foi palco de fatos que ficaram gravados em sua História. O mês de setembro é muito marcante em minha vida, devido ao meu nascimento, as datas como a de dezoito e trinta de setembro e muitas outras hoje estão vivas em minhas lembranças. Brasília foi crescendo, crescendo, crescendo. Hoje já é uma mulher independente e livre e logo irá abrigar o escolhido do povo, queira Deus seja Dele também. E que todos nós estejamos segurando bem forte a bandeira de Ismael para que possa operar na nossa terra levando sempre a paz. Tenho fé nos meus patrícios como um dia tive fé em mim mesmo, quando cheguei a bordo de um DC-3, desembarquei no chão vazio — o Planalto Central — e construí no cerrado a capital do Brasil. No dia 21 de abril de 1960 — três anos e cinco meses depois, a cidade estava inaugurada. O novo Presidente do país não vai encontrar as dificuldades de ontem, a poeira não castiga mais as ruas todas asfaltadas, hoje Brasília é uma bela e fulgurante realidade. Queira Deus continue pura e nada venha a destruir sua beleza. Que dos seus Ministérios possam sair as decisões mais acertadas e jamais em um deles seja praticada uma injustiça sequer. Seja quem for o eleito, estamos vibrando pela paz do Brasil, pedindo a Deus que esse escolhido mantenha coesa a unidade nacional. Agradeço do fundo do coração a todos os trabalhadores brasileiros de todas as categorias, às quais me sinto indissoluvelmente ligado. Estarei sempre ao lado de cada um deles, participando das suas alegrias e das suas lidas, orando pelas suas vitórias. Um abraço a todos os patriotas que aqui se encontram e que a vibração divina chegue até o plano físico. O meu eterno agradecimento ao nosso povo simples e bondoso, que sempre se recorda deste servo de Jesus com saudade e respeito. Um candango.

Naquela praça, a voz de um grande homem dava a todos nós uma bela demonstração de amor. Desejei falar-lhe, mas nesses momentos torna-se difícil. Como você pode notar, leitor amigo, os patriotas estão atentos aos últimos acontecimentos e torcendo pela paz do país. Acerquei-me de Enoque e disse:

— Obrigado, muito obrigado por ter-me trazido aqui; da primeira vez que aqui vim, nem imaginei que esta colônia fosse um ministério da defesa brasileira. Gostaria de conhecê-la melhor.

E, assim, fomos visitando tudo: prédios imensos, bosques, praças, biblioteca, galeria, enfim, percorremos o belo lugar. Sadu perguntou ao nosso cicerone:

— O que são aqueles edifícios? Parecem quartéis.

— E são mesmo quartéis.

— O quê? Quartéis? indaguei.

— Sim, sem fardas e sem armas.

— Então o militar que desencarna vem para cá?

— Sim, aqueles que não traíram a pátria e não foram contra as leis de Deus. Somente os simples e bons desembarcam nesta colônia. Aqui são alojados todos os que na terra lutaram em defesa da pátria. Só vêm trabalhar aqueles que vestiram a túnica da humildade. Todos os países possuem a sua guarda espiritual. Graças a ela, o nosso país vive em paz, e queira Deus que os brasileiros continuem pacíficos.

— É mesmo, nem pensei nisso, se existe o departamento da arte, havia de ter o da defesa também.

Parei, emocionado, diante da bandeira da paz, coloquei a mão no peito e cantei o Hino Nacional. Quando parei, todos choravam de emoção, pois as flores do jardim em forma da bandeira nacional recebiam uma vibrante luz amarela em espetáculo radioso.

É uma bela colônia e muito simpática para todos nós. Sara perguntou:

— Os maus políticos e militares voltam para casa?

— Não. Quem não exerce bem sua profissão, ao rasgar a carteira de identidade do plano físico, também perde o emprego. Quem não dignificar a sua profissão, perdê-la-á, e não é fácil retornar para nós.

— É muito justo, respondi.

Assim, fomos saindo dali. Enoque e Samita dirigiram-se ao Templo da Paz, de onde receberam as elucidações de Ismael, agradecendo a nossa estada ali. Ficamos na Praça da República, e não sei por que senti um amor imenso por D. Pedro II, e pensei: "ninguém tira do homem o que de fato lhe pertence". Em seguida, Enoque e Samita juntaram-se a nós e assim ganhamos as alamedas daquele belo lugar. Quando ultrapassamos o portão, perguntei:

— Para onde vamos agora?

— Para casa.

— Verdade?

— Sim. Só precisamos reencontrar os outros.

— É mesmo, pena que a Lílian não pôde vir, mas um dia ela chega lá.

Passamos pelo posto trinta e dois e lá tomamos passes e reencontramos Palário[3], que me perguntou:

— Como foi o aprendizado?

— Meu Deus, nem tenho palavras para agradecer. Diga, por favor, a todos os encarregados do meu crescimento espiritual que lhes sou grato, muito grato, por tudo, e que estarei esperando por novos trabalhos.

— É isso, Luiz Sérgio. O servidor é aquele que se mantém sempre vigilante ao chamado. Agora vamos até a Universidade Maria de Nazaré.

E assim o fizemos. Logo estávamos no belo anfiteatro da Universidade, onde a música tocava serenamente. O perfume de jasmim era o mesmo de sempre. Voltei a olhar as paredes, elas me pareceram fluídicas, a tonalidade azul celeste estava ainda mais transparente. A cadeira duzentos e trinta e três me abrigou novamente, agora estava mais tranquilo e ela não me rejeitou. Sentei-me e orei baixinho, depois olhei todas aquelas fisionomias e adorei os meus companheiros, que lutam no mundo espiritual por uma terra renovada, e dei graças a Deus por ter escutado o chamado. Sorria para Enoque, Samita, Karina, Sadu, Lílian e Damian, enfim, para todos eles, quando Lourival deu entrada no palco, dizendo:

— Deus seja louvado, irmãos. Agradeçamos a Ele toda a proteção ao nosso trabalho e que novas responsabilidades nos chamem. Podemos pensar que,

(3) N.E. — Ver *O Voo Mais Alto*, 7° livro da Série Luiz Sérgio.

por mais que trabalhemos, não conseguiremos deter a droga, mas, antes de tudo, devemos dar graças por estarmos tentando detê-la. Fizemos uma longa e proveitosa viagem e não só constatamos que hoje o vício toma conta da sociedade, como nos defrontamos com todos os seus problemas. Conhecemos as cidades trevosas, as organizações, o mundo físico cooperando com elas; a criança sendo mal educada, a prostituição, a falta de amor. Defrontamo-nos também com a responsabilidade de cada espírito com o país onde nasce. Sabemos hoje que driblar a dor é buscar na mentira a arma para afastar-se dela, arma muito perigosa, pois ela se volta sempre contra o próprio dono. Na terra, o homem tenta driblar tudo, só não consegue driblar a consciência. Agradecemos a todas as equipes de trabalho e pedimos ao Senhor sucesso sempre, esperando que no retorno de vocês ao plano físico as condições já estejam melhores. Muita paz.

Terminada a palestra, caminhei até o pátio, onde muita gente cantava e tocava violão; era setembro, as flores perfumavam o meu caminho e continuei, devagar, recitando o *Salmo* 70, vv. 15 a 18:

Minha boca anunciará a tua justiça e todo o dia publicará a tua Salvação, visto que ainda não conheço toda a ciência. Ensinaste-me, oh, Deus, desde a minha mocidade e eu anunciarei as tuas maravilhas agora e até a velhice e os cabelos brancos. Não me deixes até que eu anuncie o teu braço a todas as gerações, o teu poder e a tua justiça a todo aquele que há de vir.

É isso, amigo, aqui vou ficando, na certeza de que logo voltaremos a estar juntos e, queira o Senhor, com melhores notícias das que lhe transmiti neste pequeno livro, feito com a alma e o coração repletos dos meus sonhos e das minhas vitórias.

Um abraço do irmão em Cristo,

Luiz Sérgio

Obras do Espírito Luiz Sérgio

O mundo que eu encontrei — Psicografado por Alaíde de Assunção e Silva
Novas mensagens — Psicografado por Alaíde de Assunção e Silva
Intercâmbio — Psicografado por Alaíde de A. e Silva e Lúcia M. S. Pinto
Na esperança de uma nova vida — Psicografado por Irene Pacheco Machado
Ninguém está sozinho — Psicografado por Irene Pacheco Machado
Os miosótis voltam a florir — Psicografado por Irene Pacheco Machado
O vôo mais alto — Psicografado por Irene Pacheco Machado
Um jardim de esperanças — Psicografado por Irene Pacheco Machado
Mãos estendidas — Psicografado por Irene Pacheco Machado
Consciência — Psicografado por Irene Pacheco Machado
Chama eterna — Psicografado por Irene Pacheco Machado
Lírios colhidos — Psicografado por Irene Pacheco Machado
Driblando a dor — Psicografado por Irene Pacheco Machado
Deixe-me viver — Psicografado por Irene Pacheco Machado
Dois mundos tão meus — Psicografado por Irene Pacheco Machado
Cascata de luz — Psicografado por Irene Pacheco Machado
Na hora do adeus — Psicografado por Irene Pacheco Machado
Universo de amor — Psicografado por Irene Pacheco Machado
Amigo e Mestre — Psicografado por Irene Pacheco Machado
Ensina-me a falar de amor — Psicografado por Irene Pacheco Machado
Mais além do meu olhar — Psicografado por Irene Pacheco Machado
Eu Te busco — Psicografado por Irene Pacheco Machado
Cabana de sonhos — Psicografado por Irene Pacheco Machado
Rios da oração — Psicografado por Irene Pacheco Machado

Obras de Espíritos diversos psicografadas por IRENE PACHECO MACHADO

CD Viver de Amor — Músicas de Francisca Theresa
Reflexões de Jacó — Pelo Espírito Jacó
Nós amamos você — Por Espíritos diversos
Reflexões de Jacó II — Pelo Espírito Jacó
Alicerce da Fé — Pelos Espíritos Lázaro José e João Batista
Sonhos & Realidades — Pelo Espírito Jacó
Um rosa em meu caminho — Pelo Espírito Rosália
Corações amigos — Por Espíritos diversos
Cântico de paz — Pelo Espírito Jacó
As flores também choram — Pelo Espírito Jacó
O Gênesis — Pelo Esp. Cecília (Série *A Bíblia na Linguagem Espírita* — v. 1)
Êxodo — Pelo Esp. Cecília (Série *A Bíblia na Linguagem Espírita* — v. 2)
Levítico — Pelo Esp. Cecília (Série *A Bíblia na Linguagem Espírita* — v. 3)
Deuteronômio — Pelo Esp. Cecília (Série *A Bíblia na Linguagem Espírita* — v. 5)
Josué, Juízes, Rute — Pelo Esp. Cecília (Série *A Bíblia na Linguagem Espírita* — v. 6)

Livro de Samuel — Pelo Esp. Cecília (Série *A Bíblia na Linguagem Espírita* — v. 7)
Reis, Crônicas — Pelo Esp. Cecília (Série *A Bíblia na Linguagem Espírita* — v. 8)
Esdras, Neemias — Pelo Esp. Cecília (Série *A Bíblia na Linguagem Espírita* — v. 9)
Tobias — Pelo Esp. Cecília (Série *A Bíblia na Linguagem Espírita* — v. 10)
Judite, Ester — Pelo Esp. Cecília (Série *A Bíblia na Linguagem Espírita* — v. 11)
Macabeus — Pelo Esp. Cecília (Série *A Bíblia na Linguagem Espírita* — v. 12)
Livro de Jó — Pelo Esp. Cecília (Série *A Bíblia na Linguagem Espírita* — v. 13)
Salmos — Pelo Esp. Cecília (Série *A Bíblia na Linguagem Espírita* — v. 14)
Provérbios — Pelo Esp. Cecília (Série *A Bíblia na Linguagem Espírita* — v. 15)
Eclesiastes, Cânticos — Pelo Esp. Cecília (Série *A Bíblia na Linguagem Espírita* — v. 16)

Obras de autores diversos

O barco de Maria — Mauricio Maia Soutinho
A longa estrada — Mauricio Maia Soutinho e Jab Sousa Silveira

ATENDEMOS PEDIDOS PELO REEMBOLSO POSTAL
ATRAVÉS DO SEGUINTE ENDEREÇO:
Livraria e Editora Recanto
Caixa Postal 03732
70084-970 Brasília DF BRASIL
www.rema.org.br e-mail: rema@rema.org.br